四川省社科规划项目资助（项目编号：SC21C077）
西南交通大学法学专项研究项目资助（项目编号：SWJTU SPAL01）

国际投资法中的
国民待遇条款研究

张倩雯 ／ 著

四川大学出版社

图书在版编目（CIP）数据

国际投资法中的国民待遇条款研究 / 张倩雯著. — 成都：四川大学出版社，2023.10
（博士文库）
ISBN 978-7-5690-6380-6

Ⅰ. ①国… Ⅱ. ①张… Ⅲ. ①国际投资法学－研究 Ⅳ. ① D996.4

中国国家版本馆 CIP 数据核字（2023）第 192335 号

书　　名	国际投资法中的国民待遇条款研究
	Guoji Touzifa zhong de Guomin Daiyu Tiaokuan Yanjiu
著　　者	张倩雯
丛 书 名	博士文库

丛书策划：张宏辉　欧风偃
选题策划：曾　鑫
责任编辑：曾　鑫
责任校对：傅　奕
装帧设计：墨创文化
责任印制：王　炜

出版发行：四川大学出版社有限责任公司
　　　　　地　址：成都市一环路南一段 24 号（610065）
　　　　　电　话：（028）85408311（发行部）、85400276（总编室）
　　　　　电子邮箱：scupress@vip.163.com
　　　　　网　址：https://press.scu.edu.cn
印前制作：四川胜翔数码印务设计有限公司
印刷装订：成都市新都华兴印务有限公司

成品尺寸：170 mm×240 mm
印　　张：15.25
字　　数：272 千字
版　　次：2023 年 12 月 第 1 版
印　　次：2023 年 12 月 第 1 次印刷
定　　价：78.00 元

扫码获取数字资源

四川大学出版社
微信公众号

本社图书如有印装质量问题，请联系发行部调换

版权所有　侵权必究

序　言

当前我国面临百年未有之大变局，全球治理体系深刻重塑。在此背景下，习近平总书记在中央全面依法治国工作会议上强调，要坚持统筹推进国内法治和涉外法治建设。伴随我国深度参与全球治理，国际法在保护我国国家和公民利益方面发挥着日益重要的作用。

国际投资法的国民待遇是投资东道国根据国内法或者国际投资条约，对外国投资赋予的一种投资待遇，是外国投资者与东道国之间投资争端的主要诱因。20世纪90年代以来，我国逐步推进向外国投资者提供国民待遇，但这种国民待遇是有限度的。随着《外商投资法》的实施，提供全方向的国民待遇已经成为我国的基本外资法律政策。在此背景下，有必要深入研究国民待遇条款在实践中可能出现的问题，从而便于我国政府依法施政，减少与外国投资者的争端及被诉风险。本著作的主要创新性表现在以下三个方面：

第一，对国际投资法国民待遇条款进行了系统性研究。虽然国民待遇在国际投资协定和国际投资仲裁中均十分重要，但以专著的形式对国民待遇进行讨论在学术界还是非常少见的。尤其是，在《外商投资法》实施后尚未发现有系统性的研究成果。在我国《外商投资法》首次采用准入前国民待遇加负面清单管理模式的背景下，结合国际投资仲裁案件对国民待遇开展研究具有重要的理论价值和实践意义。

第二，很好地结合了文本研究和实证研究的方法。本书文本和案例资料翔实，运用了多种研究方法。其中，本书对国际投资条约国民待遇各要件的分析并未停留于对条约的文本分析，而是结合了大量国际投资仲裁案例开展实证研究，这是本书的亮点之一。此外，本书还对国际投资法与国际贸易法的国民待遇开展了比较研究。作者论证较为充分，提出了诸多新见解。

第三，较好地遵循了国内法和国际法互动的研究思路。本书在明确国际投资条约和国际投资仲裁对国民待遇条款释义的基础上，对我国如何在本国立法和缔结国际投资条约时完善国民待遇相关规定提出了对策。在我国深化对外开放的过程中,本书的出版将有助于我国完善《外商投资法》配套立法和推动我国参与国际经贸规则谈判。

总体而言,该专著在国内相关研究中具有一定的创新性,值得我国学界、涉外实务部门以及跨国企业积极关注。

杨翠柏

二〇二二年三月二十五日

目 录

第一章 国民待遇条款概述 ……………………………………………（1）
第一节 国民待遇条款的定义 ……………………………………（1）
第二节 内部发展 …………………………………………………（5）
第三节 外部借鉴 …………………………………………………（7）
第四节 适用步骤 …………………………………………………（14）
本章小结 ……………………………………………………………（17）

第二章 国民待遇条款适用的前提条件 …………………………（19）
第一节 投资准入的两种模式 ……………………………………（19）
第二节 "投资"的定义 ……………………………………………（21）
第三节 "投资者"的定义 …………………………………………（24）
第四节 "领土"的认定 ……………………………………………（27）
本章小结 ……………………………………………………………（39）

第三章 国民待遇条款适用的构成要件 …………………………（43）
第一节 相似情形 …………………………………………………（43）
第二节 不低于待遇 ………………………………………………（54）
本章小结 ……………………………………………………………（66）

第四章 国民待遇条款适用的例外 ………………………………（68）
第一节 国民待遇条款适用例外之起源与正当性空间 …………（69）
第二节 协定文本例外条款的内容扩张 …………………………（74）
第三节 仲裁实践例外条款的限缩适用 …………………………（86）

001

第四节　与国际贸易法国民待遇例外规则的比较……………………（ 94 ）
　本章小结……………………………………………………………（105）

第五章　国际投资仲裁中国民待遇条款的价值平衡……………（107）
　第一节　国际投资仲裁中国民待遇条款的价值平衡样态…………（107）
　第二节　国际投资法和国际贸易法中国民待遇条款的价值平衡比较……（117）
　第三节　国际投资仲裁机制改革背景下国民待遇条款的完善路径………（125）
　本章小结……………………………………………………………（135）

第六章　国际投资协定国民待遇条款的中国实践………………（138）
　第一节　国民待遇条款设计的"需求—类型—供给"分析框架……（139）
　第二节　中外双边投资协定中国民待遇条款的实践：历史的视角……（141）
　第三节　准入前国民待遇条款的选择分析及适用影响……………（154）
　本章小结……………………………………………………………（165）

第七章　中国外商投资国民待遇条款的完善路径………………（168）
　第一节　完善国民待遇条款的整体思路……………………………（168）
　第二节　中国双边投资协定中国民待遇条款的完善路径…………（171）
　第三节　完善国内外商投资立法中的国民待遇配套措施…………（182）
　本章小结……………………………………………………………（188）

结　论………………………………………………………………（191）

附　录………………………………………………………………（195）

参考文献……………………………………………………………（208）

第一章 国民待遇条款概述

第一节 国民待遇条款的定义

一、国际投资法国民待遇条款的研究文献综述

尚未有统一规定国民待遇条款的具体内涵和适用规则的国际法律文件，各仲裁机构和各国法院对国民待遇的阐释也各有不同。国际投资协定文本对国民待遇条款的规定通常较为原则化，但实践中适用国民待遇条款涉及诸多具体细节问题。对国际投资法国民待遇条款的现有研究成果主要可分为以下几类。

一是对国际投资协定中国民待遇条款的概括介绍，或从文本角度对国民待遇条款本身进行的解读。例如，Rudolf Dolzer 教授和 Margrete Stevens 教授所著《双边投资协定》对国民待遇的概念、在双边投资协定中的表述及例外做了简要介绍。[①] Rudolf Dolzer 教授和 Christoph Schreuer 教授所著《国际投资法的原则》原则性地介绍了国际投资法中国民待遇条款的内涵、使用步骤，以及国际贸易法中相关案件的适用相关性。[②] Andrew Newcombe 教授和 Lluis Paradell 教授所著《投资协定的法律与实践：待遇标准》系统性地介绍了国际投资法中国民待遇的起源、性质、内涵和条约实践，以及具体在实践中的适用

[①] Rudolf Dolzer & Margrete Stevens, *Bilateral Investment Treaties* (2ed) (Hague: Martinus Nijhoff Publishers, 1995), pp. 63—66.

[②] Rudolf Dolzer & Christoph Schreuer, *Principles of International Investment Law* (Cambridge: University Press, 2008), pp. 198—205.

步骤和构成要件。① Andrew D. Mitchell 教授、David Heaton 律师和 Caroline Henckels 教授以国际投资协定中的非歧视原则为主线,对国际贸易法和国际投资法的非歧视原则及东道国规制权进行了比较研究。② 国际投资仲裁员 Meg N Kinnear,Andrea K Bjorklund 和 John F G Hannaford 所著《北美自由贸易协定下的投资争端:对〈北美自由贸易协定〉第十一章的注释指南》在阐释《北美自由贸易协定》第 11 章的内涵时,列举了部分投资仲裁中涉及国民待遇的案例。③ Norfadhilah Mohamad Ali 博士在其博士论文中对国民待遇条款的"相似情形"要件的比较量这一问题做了细致研究。④ 其他国内学者对国际投资仲裁中的国民待遇适用研究多针对个别案例,如肖军教授以 Champion Trading Company & Ameritrade International, Inc. 诉埃及案为切入点,阐释了该案国际投资仲裁庭在适用国民待遇条款时对"相似情形""事实上的歧视"等要件呈现出的考量倾向。⑤

二是对于我国外商投资立法中的国民待遇条款问题研究。此类研究大致可以划分为两个阶段:第一阶段是我国加入世界贸易组织前,对于我国是否具备给予外商投资国民待遇条件的相关研究。单文华教授所著《外资国民待遇及其实施条件》《我国外资国民待遇制度的发展与完善》及《市场经济与外商投资企业的国民待遇研究》诸文中对国民待遇在我国的发展做了阶段性分析,指出市场经济为我国实行国民待遇提供了理论基础和现实可能。单教授还梳理了 20 世纪 90 年代外资在我国的"超国民待遇"和"次国民待遇",在此基础上分析了 2012 年来我国面临国民待遇条款转型的机遇与挑战,⑥ 并结合陕西省

---

① Andrew Newcombe & Lluis Paradell, *Law and Practice of Investment Treaties: Standards of Treatment* (Kluwer Law International, 2009), pp. 147—192.

② Andrew D. Mitchell et al., *Non-Discrimination and the Role of Regulatory Purpose in International Trade and Investment law* (Edward Elgar Publishing, 2016).

③ Meg N Kinnear et al., *Investment Disputes under NAFTA: An Annotated Guide to NAFTA Chapter 11* (Kluwer Law International, 2009).

④ Norfadhilah Mohamad Ali, Appropriate comparator in national treatment under international investment law: relevance of GATT/WTO, EU and international human rights jurisprudences (Doctoral Thesis) (Ph. D. diss., University of Dundee, 2014).

⑤ 肖军:《国际投资条约中国民待遇条款的解释问题研究——评 Champion Trading Company & Ameritrade International, Inc. 诉埃及案》,《法学评论》2008 年第 2 期,第 59—65 页。

⑥ 单文华:《外资国民待遇及其实施条件》,《中国社会科学》1998 年第 5 期,第 128—145 页;单文华:《外资国民待遇及其实施条件》,《中国社会科学》1998 年第 5 期,第 23—30 页;单文华:《外资国民待遇及其实施条件》,《中国社会科学》1998 年第 5 期,第 52—59 页。

的具体省情分析了国民待遇条款在该省的适用问题。① 徐崇利教授所著《试论我国对外资实行国民待遇标准的问题》分析了 20 世纪 90 年代我国实施国民待遇条款的条件。② 第二阶段是进入 21 世纪后，尤其是自 2013 年中美双边投资协定谈判取得突破性进展以来，对我国开始全面接受准入前国民待遇加负面清单管理模式这一改革的相关研究。Wang Wei 回顾了自鸦片战争时期起国民待遇条款在我国的历史发展，并澄清了"超国民待遇"的概念误区。③ 韩冰所著《准入前国民待遇与负面清单模式：中美双边投资协定对中国外资管理体制的影响》④ 和赵竞竞所著《银行业外资"准入前国民待遇"制度比较——以上海自贸区的实践为视角》⑤ 等文章从宏观层面讨论了采取准入前国民待遇与负面清单模式对我国外资管理体制的影响。赵玉敏通过对比研究日本和韩国国际协定中的准入前国民待遇，提出准入前国民待遇已成为国际趋势并为更多国家接受，我国设置负面清单时应当关注清单的透明度和自由化。⑥ 王中美、胡家祥和商舒着眼于中国（上海）自由贸易试验区，论证与准入前国民待遇配套的负面清单应当如何构建。⑦ 陈云东和宋瑞琛在政治学与法学交叉视角下比较了 2013 年和 2014 年两个版本的负面清单，提出中国在制定负面清单时应慎重借鉴"国民待遇＋负面清单"模式，借鉴国际上较多采取的负面清单形式以完善我国负面清单。⑧

国外学界对国际投资协定中国民待遇的研究多集中于理论概念和文本梳

---

① 单文华：《外资国民待遇与陕西的外资政策研究》，《西安交通大学学报（社会科学版）》2013 第 3 期，第 81—88 页。

② 徐崇利：《试论我国对外资实行国民待遇标准的问题》，《国际经济法论丛》1998 年第 1 期，第 175—201 页。

③ See Wei Wang, "Super‐national Treatment: A Misconception or a Creation with Chinese Characteristics?", *Frontiers l. China* 5 (2010): 376, 380—82.

④ 韩冰：《准入前国民待遇与负面清单模式：中美 BIT 对中国外资管理体制的影响》，《国际经济评论》2014 年第 6 期，第 101—110 页。

⑤ 参见赵竞竞：《银行业外资"准入前国民待遇"制度比较——以上海自贸区的实践为视角》，《国际经贸探索》2018 年第 2 期，第 69—80 页。

⑥ 赵玉敏：《国际投资体系中的准入前国民待遇——从日韩投资国民待遇看国际投资规则的发展趋势》，《国际贸易》2012 年第 3 期，第 46—51 页。

⑦ See Wang Zhongmei, "Negative List in the SHPFTZ and Its Implications for China's Future FDI Legal System", *Journal of World Trade* 50 (2016): 50—117. 参见胡家祥：《国际投资准入前国民待遇法律问题探析——兼论上海自贸区负面清单》，《上海交通大学学报（哲学社会科学版）》2014 年第 1 期，第 65—73 页；商舒：《中国（上海）自由贸易试验区外资准入的负面清单》，《法学》2014 第 1 期，第 28—35 页。

⑧ 陈云东、宋瑞琛：《中国版"负面清单"解读与建议——以中国（上海）自由贸易试验区负面清单为例》，《贵州社会科学》，2015 年第 8 期，第 96—101 页。

理，对国际贸易法的国民待遇条款与国际投资法的国民待遇条款的比较研究不足，对伴随经济和科技发展出现的一些国民待遇条款在适用中涉及的新内容关注不足。国内学者对国际投资协定中国民待遇的研究多围绕自由贸易区准入前国民待遇加负面清单管理模式建设，宏观分析较多，而结合国际投资仲裁案例对国民待遇条款开展的实证研究严重不足，将我国国内立法对标国际投资规则的研究不足。鲜有结合国际投资仲裁庭对投资协定中国民待遇条款的认定路径和我国具体国情的研究。本书意在就此展开研究，总结出可以有助于我国参与国际投资法律实践，为我国政府和企业开展国际投资活动提供指导和借鉴的国际投资法律规则。

二、国际投资法中的国民待遇的定义

研究国民待遇条款时，首先需要明晰本书所探讨的国民待遇之内涵。本书所指的国际投资协定的国民待遇条款与"国际经济新秩序"的提议中所指的国民待遇具有本质差别。[①]"国际经济新秩序"中的国民待遇意在把给予外国投资者的法律保护限制在本国投资者可以享受的法律保护的范围之内。而本书所指的国民待遇条款则是国际投资协定中代表非歧视原则之一的条款。

国际投资协定产生的初衷在于发达国家为了保护本国跨国企业的海外投资，因而从国际投资协定产生之始就纳入了重要的投资保护原则，其中就包括非歧视原则。国民待遇条款和最惠国待遇条款是非歧视原则的两个实体条款表现。国际投资协定中设置国民待遇条款的最主要目的之一是防止东道国由于国籍原因而歧视外国投资者或者外国投资，从而为外国投资者提供一个和本国投资者平等竞争的平台。这种应当消除歧视的观点早在最初的国际投资协定中就已经出现，比如世界上第一个双边投资协定——1959年的《德国与巴基斯坦双边投资协定》就包含了国民待遇条款。该双边投资协定的第1条第2款要求缔约国一方领土内的"资本""不应当遭受任何歧视性待遇，而该歧视性待遇是基于投资的另一方的国民或者公司的所有权或者其影响造成的"（shall not be subjected to any discriminatory treatment on the ground that ownership of or influence upon it is vested in nationals or companies）。

[①] 不同的双边投资协定中对国民待遇条款的表述可参见 Rudolf Dolzer & Margrete Stevens, Rudolf Dolzer & Margrete Stevens. *Bilateral Investment Treaties* (2ed) (Hague: Martinus Nijhoff Publishers, 1995), pp. 63-65.

欧盟国家缔结的国际投资协定中对于国民待遇条款的措辞多年以来较为固定，如上面德国签订的双边投资协定。典型的国民待遇条款的表述为"东道国有义务给予外国投资者以及外国投资以不低于在相似情形下给予本国投资者以及本国投资的待遇"①。可见，国民待遇是相对待遇条款，即将本国投资者所获待遇与外国投资者所获待遇进行比较。与德国等欧洲国家缔结的国际投资协定不同，美国缔结的国际投资协定则通常赋予外国投资者更大的权利，即基于国民待遇标准的国内市场准入权。② 整体而言，各国的国际投资协定中对国民待遇的大体定义趋于一致。但是，国民待遇条款的适用是因具体案情而异的。在仲裁实践中，国民待遇由于涉及许多较为敏感的政治和经济问题而成为最具备争议性的条款之一，这也是为什么基本上没有国家愿意无条件地给予外国投资者和外国投资国民待遇的原因。

第二节　内部发展

国民待遇条款花费了相当长的一段时间才发展成为各国常用的这个表述版本。在一些较为早期欧洲国家间的双边投资协定中，国民待遇和公平与公正待遇（fair and equitable treatment）很大程度上是互相混同的。比如，1961年《瑞士与突尼斯双边投资协定》第1条就提到"公平与公正待遇在任何情况下都不应该低于国民待遇"③。类似的表述也出现在1965年的《丹麦与马达加斯加双边投资协定》中。④ 直至2000年我国签订的双边投资协定中仍然有将国民待遇和公平与公正待遇并列规定的情形，例如2005年《中国与西班牙双边投资协定》。⑤ 20世纪60年代中期之前，国民待遇都不是双边投资协定中典型

---

① Rudolf Dolzer & Margrete Stevens, *Bilateral Investment Treaties* (2ed)（Hague：Martinus Nijhoff Publishers，1995），p. 15.

② Bayindir v. Pakistan，ICSID Case No. ARB/03/29，Award，27 August 2009，para. 388.

③ Traité entre la Confédération Suisse et la République Tunisienne relatif à la protection et à l'encouragement des investissements de capitaux，Swiss and Tunisia，le 2 décembre 1961，Article 1.

④ Accord de commerce，de protection des investissements et de coopération technique entre la Confédération suisse et la République malgache，Madagascar and Switzerland，1966，Article 7.

⑤ 《中华人民共和国和西班牙王国关于促进和相互保护投资的协定》，中国—西班牙，2006（此处简称为"2005年《中国与西班牙双边投资协定》"，下文为统一行文，均作此类形式简称），第3条规定："一、缔约一方的投资者在缔约另一方的境内的投资应始终享受公平与公正的待遇。二、缔约一方应给予缔约另一方投资者在其境内的投资及与投资有关活动不低于其给予本国投资者的投资及与投资有关活动的待遇。"

的独立适用或者独立于其他实体待遇条款的条款。[①]

尽管国民待遇条款长期以来都和其他实体待遇条款混同,但是近年来国民待遇条款却逐渐成为一项重要的独立实体标准。[②] 到 20 世纪 80 年代中期,双边投资协定实践中已基本形成了国民待遇条款的标准化表述。[③] 比利时－卢森堡经济联盟同其他国家缔结的双边投资协定便可反映国民待遇条款的这个发展历程。当比利时－卢森堡经济联盟和突尼斯在 1964 年签订双边投资协定时,国民待遇并没有明确地表述在该双边投资协定中,而是隐含在了描述最惠国待遇的条款中。[④] 但是,在近年的比利时－卢森堡经济联盟和其他国家的双边投资协定,国民待遇都单列出来成了一个独立的条款,例如,2002 年《比利时－卢森堡经济联盟与哥斯达黎双边投资协定》和 2005 年《比利时－卢森堡经济联盟与苏丹双边投资协定》。[⑤] 但在众多国家中,英国和美国的双边投资协定实践和其他国家不同。这两个国家是从最初有双边投资协定时便一直将国民待遇条款单列出来,时至今日仍然保留着这一传统。英国和美国与其他国家不同的双边投资协定实践,也反映了这两国对待外商投资上与别国不同的态度,亦即采取相对于传统的欧洲大陆国家而言更为开放和自由的投资政策。

[①] Kenneth J. Vandevelde, *Bilateral Investment Treaties: History, Policy, and Interpretation* (Oxford University Press, 2010), p. 374.

[②] Kenneth J. Vandevelde, *Bilateral Investment Treaties: History, Policy, and Interpretation* (Oxford University Press, 2010), p. 376.

[③] Kenneth J. Vandevelde, *Bilateral Investment Treaties: History, Policy, and Interpretation* (Oxford University Press, 2010), p. 376.

[④] Accord entre l'Union économique belgo-luxembourgeoise et la République tunisienne concernant l'encouragement et la protection réciproques des investissements, BLEU and Tunisia, 1964, Article 1.

[⑤] Acuerdo Entre la Republica de Costa Rica, por un lado Y La Union Economica Belgica-Luxemburgo, por otro lado. Para la Promocion Y Protection Reciproca de las Inversiones, BLEU and Costa Rica, 2002, Article 4; Agreement between The Belgian-Luxemburg Economic Union on the one hand and The Republic of The Sudan, on the other hand, on the Reciprocal Promotion and Protection of Investments, BLEU and Sudan, 2005, Article 4; Accord entre l'Union économique belgo-luxembourgeoise et la République tunisienne concernant l'encouragement et la protection réciproques des investissements, BLEU and Tunisia, 2002, Article 4.

第三节 外部借鉴

一、国际贸易法国民待遇条款和国际投资法国民待遇条款：似是同根生

国际贸易和国际投资虽是两种分立的国际经济活动，但自20世纪80年代以来，二者的相互促进和相互补充效应日渐明显。[1] 因而调整国际贸易关系的国际贸易法体系和调整国际投资关系的国际投资法体系也相互影响和渗透。[2] 作为国际贸易法范畴的重要体制，《关税及贸易总协定》（General Agreement on Tariffs and Trade，GATT）起源于布雷顿森林会议。《关税及贸易总协定》是第二次世界大战后在联合国贸易和就业会议上商定的经济复苏大计划的一部分。作为有关关税和贸易的政府间多边国际协定，《关税及贸易总协定》旨在"通过达成互惠互利协议，大幅度地削减关税和其他贸易障碍，取消国际贸易中的歧视待遇"[3]。《关税及贸易总协定》于1947年10月30日签订，1948年1月1日生效，1994年被"世界贸易组织"取代。签订之始仅有23个成员国，截至2020年6月15日，已有164个成员国的"经济联合国"，国际贸易法体系实施管理的范围逐步覆盖投资、服务、知识产权等多个领域。[4]

在国际贸易法和国际投资法各自迅速发展的同时，二者的交叉渗透也日渐

---

[1] R. E. Lipsey & M. Y. Weiss, "Foreign Production and Exports in Manufacturing Industries," *The Review of Economies and Statistics* 66 (1981), pp. 304-308; Hufbauer, G. C, Lakdawalla, D. & Malani, A, "Determinants of Foreign Direct Investment and Its Concentration to Trade," UNCTAD Review (1994): 39-51. United Nations Conference on Trade and Development. World Investment Report 1996: Investment, Trade and International Policy Arrangements. United Nations Publication. 1996.

[2] 关于国际贸易法和国际投资法在内容上的联系、体制上的连接，相关论述可参见曾华群：《论WTO体制与国际投资法的关系》，《厦门大学学报（哲学社会科学版）》，2007年第6期，第107-112页；刘笋：《贸易与投资——WTO法与国际投资法的共同挑战》，《法学评论》2004年第1期，第98-105页。

[3] United Nations, General Agreement on Tariffs and Trade, 58 UNTS 187, 1947, Preamble.

[4] 关于国际贸易体系的发展可参见 Joost Pauwelyn: "The Transformation of World Trade", *Michigan Law Review* 1 (2005): 104.

深入。①　《与贸易有关的投资措施协议》（Agreement on Trade – Related Investment Measures，即"TRIMS"）是世界上第一个专门规范贸易与投资关系的国际协议。② 它的制定出台有力地促进了国际贸易与国际投资的自由化，③ 并且被视为多边贸易谈判染指外国直接投资的信号。④

回顾国际贸易法中的国民待遇条款对于研究国际投资法中的国民待遇条款很有裨益。基于相似的起源，国际贸易法的国民待遇原则和国际投资法的国民待遇原则在基本原理上具有很大程度的相似性。⑤ 早在《关税及贸易总协定》产生之初，国民待遇条款就是它的重要组成部分。《关税及贸易总协定》的第3条即为国民待遇条款，该条款旨在消除通过国内税收或者其他管制性措施而导致的保护主义。其初衷是为进口产品提供与国内产品同等竞争的机会。⑥《关税及贸易总协定》第3条第4款规定：

> "The products of the territory of any contracting party imported into the territory of any other contracting party shall be accorded treatment no less favourable than that accorded to like products of national origin in respect of all laws, regulations and requirements affecting their internal sale, offering for sale, purchase, transportation, distribution or use. The provisions of this paragraph shall not prevent the application of differential internal transportation charges which are based exclusively on the economic operation of the means of transport and not on the nationality of the product."

> "任何缔约方领土的产品进口至任何其他缔约方领土时，在有关影响其国内销售、标价出售、购买、运输、分销或使用的所有法律、法规和规定方面，所享受的待遇不得低于同类国产品所享受的待遇。本款的规定不得阻止国内差别运输费的实施，此类运输费仅根据运输工具的经济营运，

---

① United Nations Conference on Trade and Development, World Investment Report 2016: Investment Nationality: Policy Challenges. United Nations Publication. 2015, Chapter1, p. 101.
② 曾华群主编：《国际投资法学》，北京大学出版社，1999，第704页。
③ 余劲松：《国际投资法》，法律出版社，1999，第345—346页。
④ Paul Civello, "The TRIMs Agreement: A Failed Attempt at Investment Liberalization", Minnesota Journal of Global Trade 8 (1997): 98.
⑤ Nicolas F Diebold, "Standards of Non – discrimination in International Economic Law", 60 International and Comparative Law Quarterly 60 (2011): 832.
⑥ WTO Appellate Body Report, Japan—Taxes on Alcoholic Beverages, WT/DS8, 10, 11, 4 October 1996, pp. 16—17.

而不根据产品的国别。"

此处的《关税及贸易总协定》第 3 条第 4 款就和许多国际投资协定中的国民待遇条款有着非常紧密的联系。《关税及贸易总协定》之后的《与贸易有关的投资措施协议》附注了《解释性清单》，该清单对《关税及贸易总协定》中的国民待遇进行了补充，列举了与《关税及贸易总协定》第 3 条不符的应当明令禁止的措施。随着产业结构发生变化，服务业开始对经济发展起到最基础的功能，[1] 1986 年，服务贸易被纳入"乌拉圭回合"谈判议题。1995 年，谈判成员国达成《服务贸易总协定》（General Agreement on Trade in Services，即 GATS）。《服务贸易总协定》第 17 条以具体承诺为条件要求其成员方给予外国服务和外国服务提供者提供国民待遇。[2] 故国民待遇并非普遍性义务，而是通过谈判才能实现的具体承诺，这赋予了东道国一定程度的选择权。

由此可知，世界贸易组织成员有义务给予其他成员进口产品不低于给予本国"同类产品"的待遇。显而易见，《关税及贸易总协定》的第 3 条也是意在防止来自东道国基于国籍而实行的贸易保护主义。虽然国际投资法中的国民待遇条款和国际贸易法中的国民待遇条款在文字表述上有一定差别，但是国际贸易法尤其是世界贸易组织和《关税及贸易总协定》的实践在很大程度上影响着国际投资法的实践，比如投资者与东道国仲裁庭的判例实践。国际贸易法对国际投资法的影响可通过分析大量的国际投资争端解决中心的案例看出。国际投资争端解决中心的许多案件仲裁庭在分析双边投资协定中国民待遇条款的适用时，都借鉴了世界贸易组织案例中的法理。因而，世界贸易组织有关国民待遇的案例所阐释的法理，对于解读双边投资协定中国民待遇条款的含义，尤其是"相似情形"的内涵，都有着重要的参考意义。比如，世界贸易组织的"日本啤酒案"（Japan—Taxes on Alcoholic Beverages），就是世界贸易组织案例关于国民待遇的解释对国际投资法产生影响的一个例证。虽然如此，世界贸易组织的法律适用和双边投资协定的法律适用在许多方面仍然是有一定区别的，如适用范围、立法主体、例外情形等。世界贸易组织是一个多边贸易体制，并有一套强制性争端解决程序，而双边投资协定则是国家间的双边协定，是国家通过双边谈判而制定的条约，谈判双方在争端解决方式上存在较大的自由选择

---

[1] Seven Ileries, The Service Economy, A Geographical Approach. John Wiley & Sons Ltd, 1996, p. 193.
[2] GATS 第 17 条"国民待遇"第 1 款规定："对于列入减让表的部门，在遵守其中所列任何条件和资格的前提下，每一成员在影响服务提供的所有措施方面给予任何其他成员的服务和服务提供者的待遇，不得低于其给予本国同类服务和服务提供者的待遇。"

权。因此，对于国际贸易法和国际投资法领域而言，争端解决中文本的解释主体是不尽相同的。这样的差异性也导致了国际仲裁庭在投资仲裁案件中解读国民待遇时越来越谨慎地适用国际贸易法的法理，并且倾向于阐释国际投资法和国际贸易法的区别所在。关于国际贸易法国民待遇条款和国际投资法国民待遇条款在具体认定要件上的异同，本书会在其后章节做详细分析。

二、认定规则

国际贸易法国民待遇条款和国际投资法国民待遇条款在规则体系上的相似性首先表现在认定违反国民待遇行为的步骤上。世界贸易组织争端解决专家组在认定是否存在违反国民待遇的行为时通常采取"三步走"的认定程序。首先，本国产品和外国产品是否存在可比性而为"同类产品"（like products）；其次，争端涉及的法律或国内管制措施是否给予外国产品以低于本国产品获得的待遇。[1] 如果前两点都符合，第三步则是判断是否存在《关税及贸易总协定》第 20 条规定的例外情形。[2]

国际投资仲裁中主要有两种适用国民待遇条款的方法，分别是"两步走"和"三步走"的适用程序。[3]根据《北美自由贸易协定》（The North America Free Trade Agreement，NAFTA）进行仲裁的案件，仲裁庭大多倾向于采取"三步走"的适用程序，但事实上"两步走"和"三步走"的适用程序在本质上并没有大的差别。首先，外国投资/外国投资者和本国投资/外国投资者需要处于"相似情形"（like circumstance/like situation），保证外国投资/外国投资者和本国投资/本国投资者被置于可比较的情形中。如果二者处于"相似情形"，则接着判断东道国给予外国投资/外国投资者的待遇是否不低于给予本国投资/本国投资者的待遇。[4] "两步走"和"三步走"的适用方法中都包含有"相似情形"和"不低于待遇"这两个要件。而这两种方法的不同之处就在于

---

[1] Korea—Measures Affecting Imports of Fresh, Chilled and Frozen Beef, WTO Appellate Body Report, WT/DS161/AB/R, 11 December 2000, para. 133, online: https://www.wto.org/english/tratop_e/dispu_e/ab_reports_e.htm, last visited on May 1,2021.

[2] United Nations, General Agreement on Tariffs and Trade, 58 UNTS 187, 1947, Article XX.

[3] S. D. Myers, Inc. v. Canada, NAFTA (UNCITRAL), Partial Award, 13 November 2002, online: http://ita.law.uvic.ca/documents/SDMeyers-1stPartialAward.pdf, last visited on May 1,2021.

[4] United Parcel Service of America v. Government of Canada, NAFTA (UNCITRAL), Award on the Merits, 24 May 2007, para. 83.

"三步走"方法在第三步考虑适用国民待遇的例外,而"两步走"的适用程序是在第一步即进行相似情形判断时考虑是否存在适用国民待遇的例外,[1] 因而这两种方法也并无本质差别。

由此可见,世界贸易组织和国际投资仲裁庭在认定一国行为是否违反其国民待遇义务时,均遵循"对象—待遇—例外"的认定思路。世界贸易组织和国际投资仲裁庭相同的认定思路与国际贸易法和国际投资法国民待遇条款在起源上的相似性密不可分。

三、清单模式

服务贸易谈判以"部门对等互惠"为考量准则。[2] 根据 GATS 第 17 条第 1 款的规定:"在列入其承诺表的部门中,在遵照其中所列条件和资格的前提下,每个成员在所有影响服务提供的措施方面,给予任何其他成员的服务和服务提供者的待遇不得低于其给予该国相同服务和服务提供者的待遇。"由此可知,《服务贸易总协定》中的国民待遇属于具体承诺义务,采用的是正面清单来确定覆盖的领域。正面清单的承诺允许缔约方之间进行博弈,在各自利益之外选择可以达成共识的部分,以促成条约的最终达成。[3] 对于发展中国家而言,正面清单的承诺方式能够较大程度地保留东道国的规制权和选择权,对循序渐进地开放东道国市场给予了一定过渡阶段,保障其经济自主权。

在《服务贸易总协定》生效 20 多年后,伴随着互联网信息产业的高速发展,全球经济活动经历了巨大变革。服务贸易在国际贸易中的比重不断上升;服务的种类呈现多样化、虚拟化、交叉化特征;[4] 具体服务部门的重要性和敏感性发生重大变化。为突破《服务贸易总协定》多边谈判的困境,适应新形势下服务贸易发展需要,进一步推动服务贸易自由化,2012 年初,在美国和澳大利亚主导下,约 20 名世界贸易组织成员方组成"服务业真正之友"(Real

---

[1] Pope & Talbot, Inc. v. Government of Canada, NAFTA (UNCITRAL), Award on the Merits of Phase 2, 10 April 2001.

[2] Joel P. Trachtman, "Trade in Financial Services under GATS, NAFTA and the EC: A Regulatory Jurisdiction Analysis", Columbia Journal of Transnational Law 34 (1996): 37.

[3] 吴成贤:《GATS对承诺方式的选择及其分析——兼谈对服务贸易自由化的影响》,《国际经贸探索》2001 年第 17 卷第 4 期,第 14 页。

[4] 例如出现了不属于服务部门分类 W/120 涵盖的新服务,因此重新划定分类的需求日益强烈。See Rolf Weber et al, "Tensions between Developing and Traditional GATS Classifications in IT Markets", Hong Kong Law Journal, (43) 2013: 77—110.

Good Friends of Services，RGF）集团，为推动形成《国际服务贸易协定》（Trade in Service Agreement，TISA）展开了谈判，谈判内容之一便是扩大《服务贸易总协定》中的国民待遇范围。① 最新一轮的谈判是在2016年，其后并无进展。截至2016年5月，共有23名世界贸易组织成员方参与谈判，这些国家的服务贸易额总和超过了全球服务贸易总额的70%。② 虽然最后的谈判文本尚未达成，但成员国已达成一致，对国民待遇采取负面清单模式，列出不适用国民待遇的服务部门、分部门和活动，对其保留制定或维持任何措施的权利。此外，《国际服务贸易协定》中还意图引入禁逆转机制，增加了"冻结条款"和"棘轮条款"，③ 以保证贸易自由化不断往更高水平的方向推进。

与此同时，国际投资法中的国民待遇条款也逐渐趋向全面国民待遇义务。双边投资协定中关于国民待遇义务的设立通常有准入后国民待遇和准入前国民待遇两种类型。第一种是准入后国民待遇模式，它在过去的几十年中最为普遍使用，主要针对外国投资者进入东道国投资并设立企业后的行为活动。④ 第二种是准入前国民待遇模式，采用该模式的东道国承诺在投资准入阶段即给予外国投资者完全的国民待遇，并将例外的产业部门以负面清单方式列出。⑤ 该模式起源于美国的条约法实践。早在美国与其他国家的友好通商航海条约中即被

---

① European Commission Press Release（Brussels，15 February 2013），online：http://ec.europa.eu/trade/policy/accessing-markets/goods-and-services/index_en.htm,last visited on May 1,2021.

② European Commission Press Release（Brussels，15 February 2013），online：http://ec.europa.eu/trade/policy/accessing-markets/goods-and-services/index_en.htm,last visited on May 1,2021.

③ 禁逆转机制包括"冻结条款"和"棘轮条款"。"冻结条款"即stand-still clause，可见于TISA第Ⅱ部分，第1条第2项以及《金融服务附件》第X条第4款。该条款要求缔约方承诺从协定生效之时起，不得实施新的或更加严格的贸易投资限制措施。"棘轮条款"即ratchet clause，可见于TISA第Ⅱ部分，第1条第3项，该条款要求一国一旦做出贸易和投资自由化的选择，在下一回合谈判的时候就要把这一选择纳入贸易投资协定中，从此受其约束，因而可以不断推进贸易和投资的自由化向前发展。

④ Andrew Newcombe & Lluis Paradell，Law and Practice of Investment Treaties：Standards of Treatment（Kluwer Law International，2009），p. 134.

⑤ "准入前国民待遇加负面清单模式"（Pre-establishment with a negative list approach）是联合国贸易和发展委员会总结的关于投资准入的五种主要模式之一，详情可参见United Nations Conference on Trade and Development. Admission and establishment，UNCTAD Series on issues in international investment agreements. United Nations Publication，2002，p. 4.

使用过。① 随后，在1994年《美国双边投资协定范本》（Model BIT）② 以及新近的2012年《美国双边投资协定范本》中③沿袭了该模式。例如，美国、加拿大、日本等这些世界上主要的资本输出国均采用准入前国民待遇加负面清单模式以扩大国民待遇义务的适用范围，④ 直至2009年，使用该模式的国家在世界上仍然占少数。⑤ 共有26个国家间或区域自由贸易协定中采取了准入前国民待遇模式，其中包括了越南、菲律宾等发展中国家。⑥ 但这一数据在近年有较大幅度增长。截至2013年，全球至少有77个国家采用了准入前国民待遇和负面清单的外资管理模式，⑦ 新近达成的《全面与进步跨太平洋伙伴关系协定》（Comprehensive Progressive Trans-Pacific Partnership，CPTPP）文本中同样体现出国民待遇条款所采清单模式由正面清单向负面清单转变的趋势。⑧ 欧盟作为长期在双边投资协定中采用准入后国民待遇的国家，在2016年缔结的《欧盟与加拿大综合性经济贸易协议》中也转为采用准入前国民待遇。⑨ 这表明准入前国民待遇模式正在逐渐为更多国家所接受，可能成为国际

---

① 例如 Treaty of Friendship, Commerce and Navigation, United States and Japan, April 2, 1963, 4 UST. 2063, TIAS. No. 2863. See also Herman Walker, "Provisions on Companies in United States Commercial Treaties", American Journal of International Law 50 (1956), p. 385.

② United Nations Conference on Trade and Development, Declaration on International Investment and Multinational Enterprises, 1996, UNCTAD/DTCI/30 (Vol. Ⅱ), Article Ⅱ (1).

③ Treaty Between the Government of the United States of America and the Government of [country] Concerning the Encouragement and Reciprocal Protection of Investment（the 2012 US Model BIT），online：http://www.state.gov/documents/organization/188371.pdf., last visited on May 1, 2021.

④ Peterson E. Luke, *Human Rights and Bilateral Investment Treaties: Mapping the Role of Human Rights Law within Investor-State Arbitration* (International Centre for Human Rights and Democratic Development, 2009), p. 12.

⑤ Andrew Newcombe & Luis Paradell, Law and Practice of Investment Treaties (Kluwer Law International 2009), p. 158.

⑥ 参见赵玉敏：《国际投资体系中的准入前国民待遇——从日韩投资国民待遇看国际投资规则的发展趋势》，《国际贸易》2012年第3期，第47页。

⑦ 中华人民共和国商务部：《商务部新闻发言人沈丹阳就中美积极推进投资协定谈判发表谈话》，2013年7月12日，http://www.mofcom.cn/article/ae/ag/201307/20130700196677.shtml，2021年5月1日最后访问。

⑧ Text of the Trans-Pacific Partnership, New Zealand Foreign Affairs and Trade, released on 26 January 2016, http://tpp.mfat.govt.nz/text, last visited on May 1, 2021.

⑨ Comprehensive Economic and Trade Agreement between Canada and the European Union, 2016, Article 8.6.

投资规则发展的新趋势。①

由此可见，国际贸易法国民待遇条款和国际投资法国民待遇条款都呈现出从正面清单向负面清单的转变趋势，这一相似性是国际贸易法体系和国际投资法体系共同追求自由化价值目标的体现。实践经验表明，追求更高水平自由化的国家倾向于负面清单模式，反之则倾向于正面清单模式。② 因此，各国对清单模式的选择反映着投资自由化水平的发展趋势。投资自由化的要求之一是放松管制。负面清单模式允许外国投资者快速判断其投资活动部门是否面临管制约束，这有助于增强政府外商投资管理透明度，③ 符合投资自由化的内在要求。

第四节 适用步骤

论及国民待遇条款的适用步骤时，首先必须提到适用国民待遇条款的一项前提条件，是投资仲裁实践中存在的两种不同路径。在这两种路径中，相对自由的一种路径要求适用国民待遇条款必须首先有适格的外国投资者或者外商投资，二者满足其一即可；而相对保守的另一种路径要求只能在存在适格的外商投资的前提下才能适用国民待遇条款。也就是说，相对保守的一种路径意在保证国民待遇条款若要适用，无论如何都必须存在适格的外商投资。在具体的案件中，国际投资仲裁庭普遍认为国民待遇条款的适用应当依据个案的事实情况而具体考量。④ 国家间的双边投资协定并没有提供一个国民待遇条款适用的普遍规则。

---

① 中国在其缔结的双边投资协定中对于国民待遇的态度也经历了完全不接受到接受准入后国民待遇，再到接受准入前国民待遇加负面清单模式三个阶段，可视为国际投资领域国民待遇模式变化的一个缩影，具体论述可见 Qianwen Zhang："Opening Pre－establishment National Treatment in International Investment Agreements: An Emerging 'New Normal' in China?". *Asian Journal of WTO & International Health Law and Policy*，（11）2016：437－476. 另可参见 Qianwen Zhang. China's "new normal" in international investment agreements. Columbia FDI Perspectives. No. 174, May 23, 2016, online: http://ccsi.columbia.edu/files/2013/10/No－174－Zhang－FINAL.pdf, last visited on May 1, 2021.

② Pierre Sauvé & Rebert M. Stern et al., *GATS 2000 － new directions in services trade liberalization*（Brooking Institution Press, 2000），pp. 97－99.

③ Thomas Pollan, *Legal Framework for the Admission of FDI*（Eleven International Publishing, 2006），pp. 136－137.

④ Japan—Taxes on Alcoholic Beverages（complaint by the European Communities），WTO Appellate Body Report, WT/DS8, 10, 11/AB/R, 4 October 1996, at H. 1.（a）.

本书前面已论述实践中主要有"两步走"和"三步走"这两种国民待遇条款的适用方法。根据《北美自由贸易协定》进行仲裁的案件中，仲裁庭大多倾向于采取"三步走"的适用程序。

首先，外国投资者和本国投资者需要处于相似情形中。关于"相似情形"（like circumstance）的要求，美国的外国投资协定曾经使用的是"相似情况"（like situation）的表述，[1] 但近年来也换成了"相似情形"（like circumstance）一词。[2] 相似情形这一要求是为了保证外国投资者和本国投资者被置于可比较的情形中。

如果外国投资者和本国投资者是处于"相似情形"之中的，接下来国际投资仲裁庭需要判断的便是东道国给予外国投资者的待遇是否不低于给予本国投资者的待遇。[3]

"两步走"和"三步走"的适用方法中都包含有"相似情形"和"不低于待遇"这两个要件。而这两种方法的不同之处就在于"三步走"方法在第三步还有另外一个国民待遇的适用要件，即要考虑适用国民待遇条款的例外。[4] 进一步讲，仲裁庭会裁量，东道国是否有合法的、非保护主义的理由使得其能够给予外国投资者与本国投资者不同的待遇。[5] 而有的仲裁庭则在分析第一个要件，也就是"相似情形"时就会考虑是否有适用国民待遇的例外。由此可见，"相似情形"这一要件和"适用例外"这一要件有着十分密切的联系。

仲裁庭采取"三步走"方法适用国民待遇的一个典型案例是"Pope & Talbot 诉加拿大案"。[6] 该案的争议焦点围绕《北美自由贸易协定》的第1102条展开。该条款和1986年《埃及与美国双边投资协定》的第2条a款在文字

---

[1] United Nations Conference on Trade and Development. Declaration on International Investment and Multinational Enterprises, 1996, UNCTAD/DTCI/30 (Vol. Ⅱ), p. 184.

[2] Treaty Between the Government of the United States of America and the Government of [country] Concerning the Encouragement and Reciprocal Protection of Investment (the 2004 US Model BIT), online: http://www.state.gov/documents/organization/117601.pdf, last visited on May 1, 2021.

[3] United Parcel Service of America v. Government of Canada, NAFTA (UNCITRAL), Award on the Merits, 24 May 2007, para. 83.

[4] Pope & Talbot, Inc. v. Government of Canada, NAFTA (UNCITRAL), Award on the Merits of Phase 2, 10 April 2001.

[5] 对于 NAFTA 第十一章的详细讨论可见 Todd Weiler, "Prohibitions Against Discrimination in NAFTA Chapter 11", Todd Weiler, *NAFTA Investment law and Arbitration: Pas Issues, Current Practice, Future Prospects. Ardsley* (Transnational Publishers, 2004.)

[6] Pope & Talbot, Inc. v. Government of Canada, NAFTA (UNCITRAL), Award on the Merits of Phase 2, 10 April 2001.

表述上非常相似。[①] 该案中，起诉方是美国投资企业 Pope & Talbot 公司。Pope & Talbot 公司在加拿大的英属哥伦比亚省设有子公司。该子公司经营着三家锯木厂，并且把其生产的绝大多数软木从加拿大出口到美国。1996 年，加拿大政府和美国政府签署了《软木协议》（Softwood Lumber Agreement）。自此，加拿大政府宣布实施 5 年期的《软木协议》，《软木协议》对于向美国自由出口软木的行为施加了一定限制。此外，《软木协议》还赋予加拿大政府对于向美国出口软木超过一定数量的出口商征收一定出口税的权力。与此同时，根据加拿大的出口管理条例（Export Permit Regulations），加拿大政府每年给予加拿大境内的软木生产商发放出口配额。[②] 在这种情形下，Pope & Talbot 公司依据《北美自由贸易协定》第十一章提起诉讼，称加拿大政府对于软木的出口管制政策以及加拿大政府对该政策的实施违反了加拿大应当履行的条约义务。

该案中，仲裁庭采取了"三步走"的适用方法来分析加拿大政府是否违反了《北美自由贸易协定》第 1102 条下提供国民待遇的义务。首先，根据《北美自由贸易协定》第 1102 条第 2 款而给予外国投资者的待遇应该与同一经济领域的本国投资者所获得的待遇相比。[③] 而对属于"同一经济领域"的分析方法则沿袭了经济合作与发展组织（The Organization for Economic Co-operation and Development，OECD）对于国民待遇内涵的分析方法，即只有当外国投资者和本国投资者是处于同一经济领域时，才能将二者所受到的待遇相比较。根据"Pope & Talbot 诉加拿大案"仲裁庭的观点，只要本案中外国投资者所受到的待遇低于东道国给予任何一家处于同一经济领域的本国投资者所享受的待遇，即被视为存在差别待遇。最后，还要考虑是否存在与政府政策有合理联系的理由可以将这样的差别待遇合理化和合法化。[④]

"Pope & Talbot 诉加拿大案"是投资仲裁庭采用"三步走"的方法分析

[①] Treaty Between the United States of America and the Arab Republic of Egypt Concerning the Reciprocal Encouragement and Protection of Investments, United States and Egypt, March 11, 1986, Article Ⅱ (2) (a), online: http://www.unctad.org/sections/dite/iia/docs/bits/us_egypt.pdf, last visited on May 1, 2021.

[②] Pope & Talbot, Inc. v. Government of Canada, NAFTA (UNCITRAL), Award on the Merits of Phase 2, 10 April 2001, para 23.

[③] Pope & Talbot, Inc. v. Government of Canada, NAFTA (UNCITRAL), Award on the Merits of Phase 2, 10 April 2001, para 78.

[④] Pope & Talbot, Inc. v. Government of Canada, NAFTA (UNCITRAL), Award on the Merits of Phase 2, 10 April 2001, para 78.

国民待遇的一个典型例子。然而，在实践中国际投资仲裁庭适用国民待遇条款时，仍然会遇到诸多模糊地带。这些适用条款的不确定性有的来自国际投资协定中简略的文字表述，有的来自现实中复杂多变的情形。在本书的第二章至第五章，笔者会对国际投资协定国民待遇的每一个要件适用的新近发展逐一进行详细论述。

本章小结

国民待遇条款作为国际投资协定中重要的实体条款，源自非歧视原则，意在防止东道国对外国投资者基于国籍原因的歧视。现今国际投资协定中国民待遇条款的典型表述通常为"东道国有义务给予外国投资者以及外国投资以不低于在相似情形下给予本国投资者以及本国投资的待遇"。国民待遇条款经历了一段相当长的演进时间。在一些较为早期的双边投资协定中，国民待遇和公平与公正待遇很大程度上是互相混同的，但是近年来国民待遇条款却逐渐成为一项重要的独立实体标准，这也反映出国民待遇条款正成为各国普遍认可的基本原则。

在外部借鉴上，回顾国际贸易法的国民待遇条款对于研究国际投资法的国民待遇条款很有裨益。基于相似的起源，国际贸易法的国民待遇和国际投资法的国民待遇原则在基本原理上具有很大程度的相似性。《关税及贸易总协定》的第 3 条即为国民待遇条款，为进口产品提供与国内产品同等竞争的机会，其旨在消除通过国内税收或者其他管制性措施而导致的保护主义。根据该条款规定，世界贸易组织成员有义务给予其他成员进口产品不低于给予本国"同类产品"的待遇。国际贸易法的国民待遇条款并非普遍性义务，而是通过谈判才能实现的具体承诺。国际贸易法的实践，尤其是世界贸易组织和《关税及贸易总协定》专家组的判决在很大程度上影响着国际投资法的实践。但近年来国际投资法日益成为一个"自洽"的体系，许多国际投资仲裁庭在案件判决中拒绝采纳与世界贸易组织相同的认定路径，并倾向于阐明国际投资法与国际贸易法的差异。

正是由于国际贸易法的国民待遇条款和国际投资法的国民待遇条款在起源上具有相似性，世界贸易组织专家组和国际投资仲裁庭在认定一国行为是否违反其国民待遇义务时，均遵循"对象—待遇—例外"的"三步走"认定思路。此外，国际贸易法国民待遇条款和国际投资法国民待遇条款都呈现出从正面清单向负面清单的转变趋势,这一相似性是国际贸易法体系和国际投资法体系共同追求自由化价值目标的体现。

国际投资仲裁庭在判断东道国行为是否违反其国民待遇义务时,大多倾向于采取"三步走"的适用程序,即从原则到例外的分析思路。首先,外国投资者和本国投资者需要处于相似情形。如果外国投资者和本国投资者是处于"相似情形"之中的,接下来需要判断的便是东道国给予外国投资者的待遇是否不低于给予本国投资者的待遇。如果前两个条件均得到满足,则仲裁庭最后考虑是否存在东道国不适用国民待遇条款的例外情形。

第二章　国民待遇条款适用的前提条件

本书第一章中已经阐述，在外国投资者或者外商投资获得国民待遇时，需要满足的一个前提条件是存在适格的外国投资/外国投资者。对于这一前提条件，又另有三个问题需要进一步厘清。首先，东道国在实践中多采用哪一种分析模式？是以美国为代表的更为自由开放的模式还是传统的相对保守的准入模式？其次，绝大多数双边投资协定的实体条款适用于该双边投资协定定义范围内的投资或者投资者，并且要求该投资或者投资者处于东道国领土内。[1] 因此，接下来的问题便是，怎样定义适格的"投资"和"投资者"？怎样才能界定这一投资或投资者算是在"东道国领土内"？

第一节　投资准入的两种模式

本书第一章已论述，在双边投资协定中关于投资准入和设立主要有两种模式，即准入后模式和准入前模式。和准入后模式相比，准入前模式将国民待遇不仅赋予适格的外商投资，同时也赋予适格的外国投资者。世界上主要是一些发达国家采纳准入前模式，如美国和加拿大。对于美国而言，作为世界上最大的资本输出国之一，它自然倾向于尽量扩大国民待遇可以适用的范围，以此保护美国在海外的投资。对于资本净输入国而言，利用外资金额大于外商投资金额，保护境外投资的需求不如缔约相对方强烈，故缔约时更倾向于对国民待遇义务采取相对保守策略。而对于资本净输出国而言，利用外资金额大于外商投资金额，保护本国境外投资的意愿非常强烈，在缔约时则更倾向于对国民待遇义务采取相对激进策略。而对于加拿大而言，一方面，它期待获得友好的投资

---

[1] Kenneth Vandevelde, *Bilateral Investment Treaties: History, Policy, and Interpretation* (Oxford University Press, 2010), p. 121.

环境以便吸引更多的外商投资，这也是和加拿大的税收改革项目（Canada's tax reform programs）出台的目的相一致的。[①] 另一方面，加拿大的投资协定历来受到美国投资协定的影响，这通过对比 2014 年《加拿大双边投资协定范本》和 2012 年《美国双边投资协定范本》可知。

同样值得一提的是，美国和加拿大虽然在他们的双边投资协定范本中承诺给予准入前的适格投资者以国民待遇，但是两国都对此进行了限制，即东道国只在一定经济领域赋予外国投资者以国民待遇。即使自诩为世界各国中对于外商投资态度最为开放的美国，它也只是有条件地承认准入前的国民待遇，并将一系列经济领域排除在准入前的国民待遇之外。该现象也许正反映了在投资自由化的浪潮中，仍难以有绝对的"自由投资"，自由仍然是有边界的。

北美国家倾向于准入前模式，欧洲国家却沿袭其传统的准入后模式。这一现象也说明了北美国家相对于欧洲国家在对待外商投资的态度上更为开放和自由，这或许与北美国家和欧洲国家不同的文化历史以及经济发展现状有关。但是，随着 2009 年底《里斯本条约》的生效，欧盟内部正发生许多变化。伴随着欧盟提出对投资者与东道国争端解决机制进行改革，欧盟对国际投资协定中国民待遇的模式态度也在逐步变化。经过 7 年的漫长谈判，2016 年 10 月 30 日，欧盟和加拿大同意并签署了《综合经济与贸易协定》（Comprehensive Economic and Trade Agreement，即"CETA"）。根据新近发布的文本，《综合经济与贸易协定》第三章第 10 条第 6 款便将国民待遇的范围扩大到了准入前阶段。[②]《综合经济与贸易协定》文本对国民待遇模式的态度转变具有重要的变革意义，或许预示着欧盟在其后谈判贸易和投资协定，如《跨大西洋贸易与投资伙伴协议》的立场。

[①] Jog Vijay & Tang Jianming, "Tax Reforms, Debt Shifting and Tax Revenues: Multinational Corporations in Canada," International Tax and Public France 8 (2001), pp. 5-25, online: http://www.springerlink.com/content/j080627m717030m3/fulltext.pdf, last visited on May 1, 2021.

[②] Comprehensive Economic and Trade Agreement, Article. 8.7.1, Canada and E. U., 26 September 2014 provides that: "Each Party shall accord to investors of the other Party and to covered investments, treatment no less favourable than the treatment it accords, in like situations to its own investors and to their investments with respect to the establishment, acquisition, expansion, conduct, operation, management, maintenance, use, enjoyment and sale or disposal of their investments in its territory", online: http://ec.europa.eu/trade/policy/in-focus/ceta/ceta-chapter-by-chapter/, last visited on May 1, 2021.

第二节 "投资"的定义

接下来的问题是与"投资"以及"投资者"的概念有关。由于关乎双边投资协定的适用范围,"投资"和"投资者"的定义是极为重要的。但是,迄今在各国双边投资协定中,并没有对"投资"和"投资者"做出统一的定义。比如,这两个概念在各国国内法中的定义都大相径庭。在詹姆斯·克劳福德教授和迈克·雷斯曼教授合编的书《外商投资争端:案例,材料与评论》(*Foreign Investment Disputes: Cases, Materials and Commentary*)中,两位学者曾对各国签订的国际投资协定中的"投资"和"投资者"概念进行了比较研究。[①] 根据该比较研究可以得出以下结论:

其一,早前缔结的许多双边投资协定采取的是相当广泛、开放并具有很强包容性的方法来定义"投资",如将投资定义为"任何形式的财产"(every kind of asset)。另外,许多国家在双边投资协定中描述国民待遇条款时,都同时附上了一个符合该国对"投资"和"投资者"定义的财产种类清单,[②] 但这些清单基本是开放式的,并没有穷尽财产的类型。事实上,采用这种宽口径方式对投资进行定义的往往是发达国家而非发展中国家。个中原委不难理解。与发展中国家相比,发达国家更可能在跨国贸易和投资中是资本输出国。在此情形下,发达国家会倾向于尽量扩大对其输出资本的保护范围。与此同时,发达国家也会倾向于对其海外投资者的东道国施加更多的义务。此外,双边投资协定谈判两国的谈判实力往往存在差距,难以均衡保障双方利益,充分体现双方真实意志。因此,虽然每一个双边投资协定都宣称其旨在保护缔约双方的公平自由投资,但是往往双边投资协定保护的是资本输出国的利益。

从《外商投资争端:案例,材料与评论》中可得知的另一结论是,总体而言"投资"的定义包括六类财产,但其中只有五类是绝大多数双边投资协定都涵盖的。这五种财产类型分别是:动产和不动产、公司及公司利益、知识产

---

① R. Doak Bishop et al., *Foreign Investment Disputes: Cases, Materials and Commentary* (Kluwer Law International, 2005), p. 133.
② 例如 Agreement Between the Government of the Republic of Indonesia and the Government of the People's Democratic Republic of Algeria Concerning the Promotion and Protection of Investments, Indonesia and Algeria, 2000, online: http://www.unctad.org/sections/dite/iia/docs/bits/indonesia_algeria.pdf. last visited on May 1,2021.

权、权利索赔、特许权。虽然许多双边投资协定对这五种财产类型的表述有些差异，但就这五种财产类型都是投资这一点上，各国基本达成了共识。第六类较为特别的财产类型是执照和许可证，这种财产类型只在少部分的双边投资协定中被认为是投资。① 前五类财产主要指的是私人主体之间根据法律适用而进行的权利转移，而第六类财产是国家根据特别立法或者行政手段而授予私人主体的一定权利。② 总而言之，各国都倾向于对"投资"采取开放式的定义，以吸引更多外商投资，并促进国家间的投资和贸易交流。但是各国对于"投资"具体的认识尺度仍有一定差异。

虽然各国在双边投资协定中通常对"投资"进行了界定，但是在具体实践中仍然会遇到难以判断某种投入的性质的情形。例如，"Mihaly 诉斯里兰卡案"便涉及准入前投资的界定问题。③ 该案中，起诉方 Mihaly International Corporation（以下简称 Mihaly U．S 公司）是美国加利福尼亚州的公司。Mihaly International Canada Ltd（以下简称 Mihaly Canada 公司）则是另一家同名公司。1993 年时，Mihaly Canada 公司就在斯里兰卡建设水电站事宜与斯里兰卡政府签署了一份同意信。这封同意信阐述了关于 Mihaly Canada 公司将在斯里兰卡建设水电站的一些安排和相关的实施细节。但是，信里面也明确写到这封信仅仅是双方的"意向陈述"，"并不对任何一方加以任何义务"。如果 Mihaly Canada 公司要和斯里兰卡政府签订最终协议，该项目必须得到斯里兰卡政府内阁的批准。随后该公司和斯里兰卡政府又签署了两封补充信，这两封信和第一封一样都明确表示这些信件对于双方是没有强制拘束力的。

在此期间，Mihaly Canada 公司将其在该项目项下的权利与义务转让给本案申请人 Mihaly U．S 公司。接着，Mihaly U．S 公司为建立信中所描述的水电站项目投入了大量的财力物力。但是，最后该水电站项目没有得到斯里兰卡政府内阁的批准，因而 Mihaly U．S 公司和 Mihaly Canada 公司并没有和斯里兰卡政府就该水电站项目签署官方文件。案发后，Mihaly U．S 公司和斯里兰卡政府几乎同时宣称过错在对方。在此情形下，Mihaly U．S 公司向 ICSID 对

---

① 例如 Agreement for the Promotion and Protection of Investments between the Arab Republic of Egypt and the Republic of Zambia, Egypt and Zambia, 2000, online：http://www.unctad.org/sections/dite/iia/docs/bits/egypt_zambia.pdf, last visited on May 1, 2021.

② Kenneth Vandevelde, *Bilateral Investment Treaties: History, Policy, and Interpretation* (Oxford University Press, 2010), p.128.

③ Mihaly International Corporation v. Democratic Socialist Republic of Sri Lanka, ICSID Case No. ARB/00/2, Award of the tribunal, 15 March 2002, online：http://icsidfiles.worldbank.org/icsid/ICSIDBLOBS/OnlineAwards/C189/DC606_En.pdf, last visited on May 1, 2021, paras.142, 159.

斯里兰卡政府提起仲裁申请，但斯里兰卡政府拒绝到 ICSID 应诉，并辩称 Mihaly U.S 公司的单方财物支出并不构成两国双边投资协定中所指的"外国投资"，因此 ICSID 仲裁庭对本案没有管辖权。

本案中，投资的定义是关键。但过去并没有仲裁庭遇到过需要对准入前阶段发生的财物支出的性质加以解释的情形，因此，本案是 ICSID 仲裁庭对投资的定义做出的创新解释。最后，本案仲裁庭认定：未经东道国同意，单方的财物支出不构成适格投资。原因有两点：其一，正如 Mihaly Canada 公司与斯里兰卡政府签署的同意信所言，该信仅仅是双方的意向陈述，因此本案双方并没有被加以合同义务；其二，斯里兰卡内阁最终并未批准该水电站项目，因此这三封信的效力并未改变，它们"并非合同"。①

由此可知，国际投资仲裁庭在解释投资的定义时是非常谨慎的。在"Mihaly 诉斯里兰卡案"中，由于斯里兰卡内阁并未同意相关意向，Mihaly Canada 公司和斯里兰卡政府之间的三封信仅被视作"陈述意见的信件"，而并不为斯里兰卡政府创设任何义务。本案中的判决说明了，在判断投入的财产是否为适格投资时，关键在于这些财务投入的时间而非支出财物的数量。

值得注意的是本案中仲裁员 David Suratgar 的反对意见。根据他的论述可知，David Suratgar 个人支持起诉方的意见，即认为斯里兰卡政府是恶意放弃该水电站项目的。David Suratgar 称他"不愿意同意仲裁庭的结论"，并且坚持认为 Mihaly U.S 公司的准入前支出应当被视为一种投资，因为这些支出本身都是有经济价值的。② 另外，David Suratgar 仲裁员指出，ICSID 的"保护机制"并不能满足透明度原则的要求。在他看来，本案多数仲裁员的观点会在很大程度上阻碍国际社会对于竞价过程阶段和投资前准入阶段透明度的追求。③

"Mihaly 诉斯里兰卡案"在双边投资协定的发展史上具有重要意义。该案给各双边投资协定的缔约国上了一课：在定义双边投资协定中的"投资"时，缔约国应该十分谨慎。

---

① Mihaly International Corporation v. Democratic Socialist Republic of Sri Lanka, ICSID Case No. ARB/00/2, Award of the tribunal, 15 March 2002, para. 48.

② Mihaly International Corporation v. Democratic Socialist Republic of Sri Lanka, ICSID Case No. ARB/00/2, Award of the tribunal, 15 March 2002, para. 10.

③ Mihaly International Corporation v. Democratic Socialist Republic of Sri Lanka, ICSID Case No. ARB/00/2, Award of the tribunal, 15 March 2002, para. 10.

第三节 "投资者"的定义

除了"投资","投资者"的定义在准入前国民待遇模式中同样至关重要。上面已提到,在准入前国民待遇模式中,需要通过"投资者"的定义确定该BIT的适用范围,进而判断是否给予外国投资/外国投资者以国民待遇。关于"投资者"的概念,有两个问题需要厘清:第一,怎样才是适格的外国投资者?第二,怎样判断该投资者的国籍?

大多数双边投资协定在提到"投资者"的概念时并没有限制投资主体的种类。各国双边投资协定中对"投资者"界定的典型方式是给出一个概括性的定义,该定义通常包含种类广泛的投资主体,同时辅之以一份列举型的适格投资者种类清单,比如公司、合伙企业和协会组织。[①] 这样的界定方式和"投资"的界定非常相似。同样,"投资者"被定义得较为广泛。这种宽泛的定义像一把双刃剑,有其优点和缺点。一方面,宽泛的定义表明了东道国旨在推动资本在国家间的自由流动并力争扩大对其外商投资的保护。另一方面,这样宽泛的定义并不能清晰有效地回应由于科技发展,尤其是网络发展等时代变化而带来的新问题。伴随着互联网的兴起,电子商务和数码产品发展大大加快,传统交流媒介受到大力冲击。与此同时,电子商务的发展伴随着许多新型公司的出现,如网上商店。如果根据双边投资协定中对"投资者"的传统定义,这些公司很难被认为符合"投资者"的界定,但是他们确实又具有外商投资主体的特征。但是,双边投资协定中对"投资者"的模糊定义本身并没有导致实践中的种种问题。实践中的许多争议源于各国缺乏对投资者国籍的共识。

投资者母国与东道国签署的双边投资协定是该投资者受到该双边投资协定保护的前提条件,因此界定投资者国籍是举足轻重的问题。"国籍对于确定不同的居民和国家的关系以及法律地位具有根本重要的意义。"[②] 根据一项调查

[①] 例如 Agreement between the Government of Australia and the Government of The republic of India on the Promotion and Protection of Investment,Australia and India,26 February 1999,Article 1 (a),online:http://www.unctad.org/sections/dite/iia/docs/bits/australia_india.pdf,last visited on May 1,2021.

[②] 周鲠生:《国际法》,商务印书馆,1976,第248页。

显示，国际上通行的确定公司国籍的方法有两种，① 但这两种方法都没有成为习惯国际法规则。

第一种方法也是各国最普遍采用的方法，即根据公司的注册地判断公司国籍。② 公司注册地原则在发达国家和发展中国家中广泛适用。该方法也被纳入国际法委员会编纂的 2006 年《外交保护条款草案》（Draft Articles on Diplomatic Protection）第 11 条中。③ 公司注册地原则如此广为适用的原因之一便是公司的注册地通常易于识别。当然，也有一些对公司注册地原则的批评意见，例如，认为采用公司的注册地原则事实上将大量的外国投资者纳入了双边投资协定保护的范围内。按照该原则，若公司注册地国与投资者东道国签署了双边投资协定，则该公司就能受到双边投资协定的保护。如此一来，双边投资协定赋予东道国的义务就不再仅仅是和签署国之间的双边义务，而是可能和任何一个第三方国家间的多边义务。另外，公司注册地原则也可能导致一些不合理的结果，即将一些仅与公司注册地国和投资者东道国有联系的公司纳入保护范围内，由此扩大了保护主体的范围。此外，作为定义投资者国籍的最宽泛的方式，公司注册地原则留给了投资者大量的空间"挑选协议"。④ 换言之，投资者很可能在对不同国家间的双边投资协定进行比较后，选择对其能提供最有利保护的那个双边投资协定。"挑选协议"必然使得管理外商投资行为变得更为复杂和困难。

鉴于公司注册地原则的诸多缺点，另一种判断公司国籍的方法应运而生，即"真实联系"原则。⑤ 真实联系原则的起源可以追溯到 1955 年国际法院的"诺特鲍姆案"（The *Nottebohm* Case），⑥ 该案对于其后 1970 年的"巴塞罗那

---

① Lee Lawrence Jahoon．"Barcelona Traction in the 21st Century：Revising its Customary and Policy Underpinnings 35 Years Later"，*Standford Journal of International Law*，42（2006）：237－289.

② 例如 Agreement between the Government of Canada and the Government of the Eastern Republic of Uruguay for the Promotion and Protection of Investments，Canada and Uruguay，29 October 1997，Article 1，online：http://investmentpolicyhub. unctad. org/Download/TreatyFile/642，last visited on May 1,2021.

③ International Law Commission，"Draft Articles on Diplomatic Protection with Commentaries"，(G. A. A/61/10) in *Yearbook of the International Law Commission* 2006，vol. 2，part 2.

④ C. Anthony Sinclair，"The Substance of Nationality Requirements in Investment Treaty Arbitration"，*ICSID Review-Foreign Investment Law Journal*，20（2005）：357.

⑤ Lee Lawrence Jahoon，"Barcelona Traction in the 21st Century：Revising its Customary and Policy Underpinnings 35 Years Later"，*Standford Journal of International Law*，42（2006）：237.

⑥ Nottebohm Case (Liechtenstein v. Guatemala)，[1955] ICJ Rep 4，online：http://www.icj-cij.org/docket/files/18/2674. pdf,last visited on May 1,2021.

电车案"有着深远的影响。①"诺特鲍姆案"中涉及的真实联系原则是针对自然人的,而"巴塞罗那电车案"中的"真实联系"原则是针对法人的。真实联系原则最早是在海商法中被应用于商业实践。1958 年《日内瓦公海公约》(*Geneva Convention on the High Seas*) 第 5 条第 1 款规定:"每个国家应确定对船舶给予其国籍、船舶在其领土内登记以及船舶悬挂本国旗帜的权利的条件。船舶具有被授权悬挂其旗帜国家的国籍。国家和船舶之间必须具有真正的联系,特别是一国必须对悬挂其国旗的船舶有效地行使行政、技术和社会问题上的管辖和控制。"② 在国际投资法仲裁实践,真实联系原则常常被解读为投资者"所占席位和有效控制"③。换而言之,某国和受损公司之间是否具有真实联系取决于该公司在该国是否占有董事会席位,或者该公司的主要营业地是否位于该国。④在另一些情况下,投资者与国家之间是否存在真实联系可以通过公司的所有权或者控制权来反映。⑤ 但如何判断公司的所有权并无定论,仅有少量双边投资协定采取了定性或者定量的方法对控制权进行了界定。例如,1999 年《澳大利亚与印度双边投资协定》便以定性的方式将控制权定义为"对于投资经营和管理具有决定性影响"。而该《澳大利亚与印度双边投资协定》同时也以定量的方式将控制权定义为"拥有该公司超过 51% 的股票权,或者具有在董事会中选举董事会成员的权力"⑥。

与公司注册地原则相比,真实联系原则有以下特点:其一,真实联系原则降低了申请方滥用外交保护的可能性。公司注册地原则可能为东道国施加对不确定的第三国的义务,但真实联系原则相对更加确定并具有可预见性。因此,公司通常可以通过寻求与其有最密切经济联系国家的救济,从而更好地保护已

---

① Barcelona Traction, Light and Power Co Case (Belgium. v. Spain), [1970] ICJ Rep 3, online: http://www.icj-cij.org/docket/files/50/5387.pdf, last visited on May 1, 2021.

② Convention on the High Seas, 29 April 1958, 450 UNTS at 11, 82 (entered into force on 30 September 1962), online: http://sedac.ciesin.columbia.edu/entri/texts/high.seas.1958.html, last visited on May 1, 2021.

③ Lee Lawrence Jahoon, "Barcelona Traction in the 21st Century: Revising its Customary and Policy Underpinnings 35 Years Later", *Standford Journal of International Law* 42 (2006): 237–289.

④ Kenneth Vandevelde, *Bilateral Investment Treaties: History, Policy, and Interpretation* (Oxford University Press, 2010), p. 163.

⑤ Kenneth Vandevelde, *Bilateral Investment Treaties: History, Policy, and Interpretation* (Oxford University Press, 2010), p. 164.

⑥ Agreement between the Government of Australia and the Government of The republic of India on the Promotion and Protection of Investment, Australia and India, 26 February 1999, Article 1 (h), online: http://www.unctad.org/sections/dite/iia/docs/bits/australia_india.pdf, last visited on May 1, 2021.

方利益。其二，真实联系原则相比于公司注册地原则更有利于发展中国家。在国际投资中，发展中国家更可能是资本输入国，因此他们往往面对着来自他们投资伙伴国的压力，被要求降低投资保护门槛。采用真实联系原则可以在一定程度上合理限制发展中国家的责任。因此，根据上面提到的调查，在近年的双边投资协定实践中，越来越多的发展中国家开始采用真实联系原则。①

总之，不论是发展中国家还是发达国家都越来越意识到了真实联系原则的重要性，因此在判断投资者的国籍时，许多国家考虑在传统的公司注册地原则之外，将真实联系原则结合起来使用。

第四节 "领土"的认定

大多数国际投资协定在定义"投资"和"投资者"时都要求该投资须在东道国的"领土内"或"境内"进行。例如，2012年《美国双边投资协定范本》在定义适格的投资者时就指出：

"*Investor of a Party*" means a Party or state enterprise thereof, or a national or an enterprise of a Party, that attempts to make, is making, or has made an investment in the territory of the other Party.

（"'缔约方投资者'系指一缔约方或其国有企业，或试图、正在或已经在另一缔约方领土内进行投资的一缔约方的国民或企业。"）

在定义该双边投资协定的适用范围时，该条款也明确规定：

"*This Treaty applies to measures adopted or maintained by a Party relating to*：(c)... *all investments in the territory of the Party.*"

（"本条约适用于缔约方在涉及以下问题时所采用或维持的措施：三……在该缔约方境内的所有投资。"）②

由此可见，双边投资协定适用的地域范围很大程度上取决于对"领土"（territory）的界定。定义该用语并非为了划定缔约双方的领土范围，而在于实现双边投资协定保护投资的目的，将位于缔约方领海之外海域的投资视为位

---

① Lee Lawrence Jahoon, "Barcelona Traction in the 21st Century: Revising its Customary and Policy Underpinnings 35 Years Later", *Standford Journal of International Law* 42 (2006): 237—289.

② Treaty Between the Government of the United States of America and the Government of [country] Concerning the Encouragement and Reciprocal Protection of Investment (the 2012 US Model BIT), Article 2 (1).

于缔约方"领土"之内。①

但是,"领土内"是一个模糊的概念,不少双边投资协定并未给"领土"下一个清晰的定义。尽管如此,由其含义引发的投资争端却与日俱增。2009年学者 Christina Knahr 首次指出对"境内"的界定正逐渐影响到外商投资是否受双边投资协定保护。② 2007 年仲裁庭在"Bayview 诉墨西哥案"中认定"申请人未在墨西哥'境内'进行投资,因此本案争议标的不属于《北美自由贸易协议》第 11 章保护范围"。自此,已有数个国际投资仲裁案件在管辖权裁决阶段分析申请方是否在东道国"领土内"投资。在国际层面,新自由主义倡导的自由化思想导致各国对"领土"的范围争议更加激烈。与此同时,在大数据时代的背景下,电子商务的蓬勃发展使得投资形式更加多样化和虚拟化,也使得在双边投资协定中对无形的"领土"边界准确界定显得更加困难。而在政治多元化的当下,领土性质也和双边投资协定的适用密切相关。鉴于"领土"定义对投资认定的重要性,应对"领土"的含义进行梳理,这对于我国更好地贯彻实施"一带一路"倡议,开展和欧美的双边投资协定谈判,加大对我国海外投资者的保护力度都有着举足轻重的作用。

一、"领土"的文义解释

根据《维也纳条约法公约》(*Vienna Convention on the Law of Treaty*)第 31 条:"条约应依其用语按其上下文并参照条约之目的及宗旨所具有之通常意义,善意解释之。"不同版本的《布莱克法律大辞典》对"领土"(territory)的定义也一直在改变,这可以反映出"领土"的定义伴随着社会发展而不断演进。《布莱克法律大辞典》第二版中将"领土"定义为"独立的国家的一部分,并接受特定管辖"("a part of a country separated from the rest, and subject to a particular jurisdiction")③。而《布莱克法律大辞典》第九版中将"领土"定义为"特定政府管辖范围内的地理区域,是国家独有的和控制的地球表面部分"("A geographical area included within a particular

---

① United Nations Conference on Trade and Development, Bilateral Investment Treaties 1995–2006: Trends in Investment Rulemaking. United Nations Publications. 2007, p. 17.

② Christina Knahr, "Investment "in the Territory" of the Host State", in Christina Binder, International Investment Law for the 21st Century: Essays in Honour of Christoph Schreuer (Oxford University Press, 2009).

③ Black's Law Dictionary, 2nd edition, St. Paul, Minn.: West Publishing, 1910, p. 1147.

government's jurisdiction; the portion of the earth's surface that is in a state's exclusive possession and control")①。对比《布莱克法律大辞典》第四版和第九版对"领土"的不同定义可以看出,后者的定义更加具体化,更为强调领土是地理边界和政府主权的结合。但是,该文义解释虽然符合对"领土"含义的通常理解,却难以应对现实中纷繁复杂的各类纠纷。

各国的双边投资协定文本对"领土"尚无较为统一的定义,而双边投资协定文本对"领土"的界定大致经历了三个发展阶段。早期的双边投资协定对"领土"定义十分简略,甚至许多文本均未对其进行界定。例如,1982年《中国与瑞典双边投资协定》,1983年《中国与德国双边投资协定》,1983年《美国与塞内加尔双边投资协定》,都并未对"领土"进行定义。随着国家间领土主权争议的复杂化,各国开始重视在双边投资协定中对"领土"进行界定,以此认定投资是否处于一国境内并限定双边投资协定的保护范围,但此时对"领土"的界定仍多为类似于《布莱克法律大辞典》中的通常文义解释。例如,2002年《英国与波黑双边投资协定》就将"领土"定义为各自国家实施主权范围内的所有领土和领海。② 根据该双边投资协定中的定义,沿海的能源开发争议便可能可以适用该协定。2004年的美国双边投资协定范本则将"领土"简单定义为"(a) 美国_____;(b) ××国_____"③。近年来,或许是意识到了"领土"的复杂性和其定义对于确定双边投资协定适用范围的重要性,相较于2004年的美国双边投资协定范本而言,2012年美国双边投资协定范本对"领土"的定义明显具体化程度增加,针对美国和缔约相对方分别做出定义。④ 在新近生效的 2012 年《中国与加拿大双边投资协定》中,"领土"的定

---

① Black's Law Dictionary,9th edition,West Group Publishing,2009.

② 例如 Agreement between the United Kingdom of Great Britain and Northern Ireland and Bosnia and Herzegovina for the Promotion and Protection of Investments,United Kingdom and Bosnia – Herzegovina,2 October 2002,Article. 1(e),http://investmentpolicyhub. unctad. org/Download/TreatyFile/499,last visited on May 1,2021.

③ Treaty Between the Government of the United States of America and the Government of [country] Concerning the Encouragement and Reciprocal Protection of Investment (the 2004 US Model BIT),Article 1.

④ 2012年的美国示范双边投资协定第1条对领土的定义为:"(a) with respect to the United States,(i) the customs territory of the United States, which includes the 50 states, the District of Columbia, and Puerto Rico;(ii) the foreign trade zones located in the United States and Puerto Rico. (b) with respect to [Country,] (c) with respect to each Party, the territorial sea and any area beyond the territorial sea of the Party within which, in accordance with customary international law as reflected in the United Nations Convention on the Law of the Sea, the Party may exercise sovereign rights or jurisdiction."

义方式已变为类似于 2012 年美国双边投资协定范本的定义思路，即区分对中国和对加拿大两方各自定义。[①] 观察可知，区分缔约双方分别针对各国具体国情和需求对"领土"各自进行界定，已成为当代双边投资协定的主流做法，这相比早前双边投资协定对"领土"的粗糙定义，更为明确和具备可操作性。

在区域协定层面，《北美自由贸易协议》第十一章中也有类似的表述，比如第 1104 条、第 1105 条第 1 款、第 1107 条以及第 1111 条第 1 款。虽然《北美自由贸易协议》诸多条款提到了"领土"，但实践中鲜有依据这些条文提起的投资争端案件。在一些涉及领土争端的案件中，被诉方往往仅把对仲裁庭管辖权异议的诉求作为诉求的次要部分，也正因此早年时仲裁庭往往并没有在这个问题上更多着墨。[②] 但近年来，越来越多的国际投资仲裁庭实践均表明界定"领土"内涵对于认定投资协定保护范围的重要性，并引发了诸多讨论。

二、"领土"的涵盖范围

各国的投资协定对该协定适用范围和内容的规定各不相同，"领土"所涵盖的范围也不一样。例如，《关于解决国家与他国国民之间投资争议公约》（以下简称《华盛顿公约》）第 25 条第 1 款规定，"中心的管辖适用于缔约国（或缔约国向中心指定的该国的任何组成部分或机构）和另一缔约国国民之间直接因投资而产生并经双方书面同意提交给中心的任何法律争端"，此处并未指明

[①] Agreement Between the Government of Canada and the Government of the People's Republic of China for the Promotion and Reciprocal Protection of Investments, Canada and China, September 9, 2012. Article 1 (22). 该条对"领土"的定义为"In respect of Canada: (a) the land territory, air space, internal waters and territorial sea over which Canada exercises sovereignty; (b) the exclusive economic zone of Canada, as determined by its domestic law pursuant to Part V of the United Nations Convention on the Law of the Sea (UNCLOS); and (c) the continental shelf of Canada as determined by its domestic law pursuant to Part VI UNCLOS. In respect of China: the territory of China, including land territory, internal waters, territorial sea, territorial air space, and any maritime areas beyond the territorial sea over which, in accordance with international law and its domestic law, China exercises sovereign rights or jurisdiction with respect to the waters, seabed and subsoil and natural resources thereof".

[②] 例如 Fedax NV v. Venezuela, ICSID Case No. ARB/96/3, Decision of the Tribunal on Objections to Jurisdiction, 11 July 1997, online: http://ita.law.uvic.ca/documents/Fedax—March1998.pdf, last visited on May 1, 2021, 再如 SGS Société Générale de Surveillance SA v. Republic of the Philippines, ICSID Case No. ARB/02/6, Decision of the Tribunal on Objections to Jurisdiction, 29 January 2004, online: http://icsidfiles.worldbank.org/icsid/ICSIDBLOBS/OnlineAwards/C6/DC657_En.pdf, last visited on May 1, 2021.

投资是否须在缔约另一方领土内。而《北美自由贸易协议》第 1101 条就规定《北美自由贸易协议》项下的投资"适用于缔约一方采取或维持的有关措施：（a）缔约另一方的投资者；（b）在缔约一方领土内的另一方的投资……"b 款明确指出投资须在缔约另一方领土内。那么，《北美自由贸易协议》中"领土内"的措辞是否为强制要求？虽然 a 款并未如 b 款那样明确要求投资者在缔约另一方"领土内"，但是否暗含投资者也须在"领土内"的要求？这一系列问题在实践中引发了争议。

（一）投资

早在 1999 年，"Philippe Gruslin 诉马来西亚案"已就"投资是否必须在一国领土内"这一问题展开了讨论。该案中申请方 Philippe Gruslin 公司提出，虽然在比利时-卢森堡经济联盟和马来西亚签订的政府间协定（Intergovernmental Agreement，IGA）中，某些条款要求投资在缔约另一方领土内进行，但同样存在一些条款没有"领土内"的要求，如 IGA 的第 1 条第 3 款，第 3 条第 1 款，第 10 条第 1 款和第 10 条第 2 款。此外，《华盛顿公约》第 25 条第 1 款的"投资"同样没有被加以领土要求的限制，因此在认定申诉方是否存在"投资"时不应当考虑这些投资是否在马来西亚领土内的地域范围要素。[①] 但被申请方马来西亚政府提出，既然 IGA 中存在投资须在领土内的要求，而申请方并未在马来西亚境内进行投资，那么仲裁庭对该案就不享有管辖权。[②] 仲裁庭结合了 IGA 文本上下文综合考虑，最后支持了被申请方的观点，认为《华盛顿公约》第 25 条第 1 款既不涉及该公约，也不涉及任何具体的双边投资协定中对投资的定义，本案中的争议应当依据比利时-卢森堡经济联盟和马来西亚签订的 IGA 解决，而 IGA 明确要求投资在一方领土内进行，故适格的投资应当符合在马来西亚"领土内"的要求。[③] 最后，仲裁庭认定该争议涉及的投资并非该 IGA 第 10（1）条所指的投资，因此对该案不具有管辖权。[④] 本案属早期涉及领土争议的投资争端案件，明确了具体双边投资协定中的"领土"要求是否为强制性要求这一问题，从此各投资协定缔约方更加注重对条款中"领土"的

[①] Philippe Gruslin v. The State of Malaysia, ICSID Case No. ARB/99/3, Award, 27 November 2000, p. 492, online: http://www.italaw.com/cases/515, last visited on May 1, 2021.

[②] Philippe Gruslin v. The State of Malaysia, ICSID Case No. ARB/99/3, Award, 27 November 2000, p. 489.

[③] Philippe Gruslin v. The State of Malaysia, ICSID Case No. ARB/99/3, Award, 27 November 2000, pp. 492—493.

[④] Philippe Gruslin v. The State of Malaysia, ICSID Case No. ARB/99/3, Award, 27 November 2000, p. 510.

界定和运用。

(二) 投资者

其后，2008 年的"Canadian Cattlemen for Fair Trade 诉美国案"就投资者定义是否受"领土"限制的问题进行了讨论。该案中，申请方 Canadian Cattlemen for Fair Trade 公司主张，《北美自由贸易协议》第 1139 条将"缔约一方投资者"定义为"寻求投资、正在投资或已经投资的缔约一方或其国有企业，或者该缔约方的国民或企业"，定义中完全没有"在缔约方领土内"这一要求。该案申请方为加拿大国籍，是为了建立和参与整合北美活畜市场而成立的企业，因此完全符合 1139 条"投资者"的定义。①

在认定"投资者"定义是否暗含在缔约方"领土内"的地域限制这一问题的过程中，该案仲裁庭适用《维也纳条约法公约》第 31 条第 1 款"条约应依其用语按其上下文并参照条约之目的及宗旨所具有之通常意义，善意解释之"的规定，采用了兼顾文义解释和目的解释的方法分析"领土"的涵盖范围。一方面，按照文义解释方法，《北美自由贸易协议》第 1139 条第 j 款对"投资者"的定义是建立在"投资"定义基础之上的，对"投资者"的认定和"投资"定义是不可分割的。② 而第 1101 条中的适格"投资"明确包含了在缔约另一方领土内这一地域要素，因此也应推断适格的"投资者"也须满足在缔约另一方领土内的限制。③ 至于某些条款中有"领土内"要求而另一些条款中没有，仲裁庭无法根据《北美自由贸易协议》文本上下文推断出其具有适用于领土外投资的意图，因而只可推测是由于第 11 章文本措辞的前后不一致所导致的。④

另一方面，若依循目的分析方法，《北美自由贸易协议》第 11 章和一般的国家间双边投资协定的设置目的是一致的，即体现在第 102 条第 1 款 c 项所规定的"增加在缔约方境内的投资机会"。⑤《北美自由贸易协议》第 11 章不能

---

① The Canadian Cattlemen for Fair Trade v. United States of America, NAFTA (UNCITRAL), Award on Jurisdiction, 28 January 2008, paras. 89－90, online: http://www.italaw.com/sites/default/files/case-documents/ita0114.pdf, last visited on May 1, 2021.

② The Canadian Cattlemen for Fair Trade v. United States of America, NAFTA (UNCITRAL), Award on Jurisdiction, 28 January 2008, paras. 122－123.

③ The Canadian Cattlemen for Fair Trade v. United States of America, NAFTA (UNCITRAL), Award on Jurisdiction, 28 January 2008, para. 125.

④ The Canadian Cattlemen for Fair Trade v. United States of America, NAFTA (UNCITRAL), Award on Jurisdiction, 28 January 2008, paras. 158－159.

⑤ The Canadian Cattlemen for Fair Trade v. United States of America, NAFTA (UNCITRAL), Award on Jurisdiction, 28 January 2008, para. 161.

被孤立地看待，而应当结合整个《北美自由贸易协议》文本来分析。① 由此可知第 11 章的目的和宗旨仅仅在于保护外商投资，而非给予未曾在另一个《北美自由贸易协议》成员国领土内投资的投资者提供保护。虽然《北美自由贸易协议》的立法目的意在促进美国、加拿大、墨西哥三国的经济一体化，但并不代表着为了保护投资就可以忽视边界因素。② 此外，在基于跨境贸易的金钱合同诉求中，仅有跨境贸易利益不足以构成《北美自由贸易协议》第 11 章项下的缔约方境内投资，必须在缔约相对方领土内的经济活动中有资本或其他资源投入。③ 换而言之，不论采用文义解释还是目的解释的方法，仲裁庭均认定第 1101 条第 1 款"投资者"的定义暗含了"须在缔约另一方领土内"这一要素。同样的结论也在"Bayview 诉墨西哥案"和最近的"Apotex 诉美国案"中得到了重申。④ "Canadian Cattlemen for Fair Trade 诉美国案"中，仲裁庭排除了申请方主张的许多不确定、不清晰的因素，着重考量文本中明确表达的意思，且运用的多种条约解释方法具有连贯性、一致性，这对于我国缔结双边投资协定具有启示意义。

（三）损失

既然适格的投资和投资者都需要符合在"缔约另一方领土内"这一或明示或暗含的要件，那么在认定因投资造成的损失时，是否也应当只认定在东道国领土范围内的损失部分呢？2009 年的"Cargill 诉墨西哥案"试图对此问题进行回答。

Cargill 公司是一个生产高果糖玉米糖浆（high-fructose corn syrup，以下简称 HFCS）的美国农产品企业。其在墨西哥设立了名为 Cargill de Mexico（以下简称 CdM）的全资子公司，作为向墨西哥运输 HFCS 的中转站。在顺利运营几年后，墨西哥政府设置了一系列贸易壁垒，例如，征收反倾销税、采用

---

① The Canadian Cattlemen for Fair Trade v. United States of America, NAFTA (UNCITRAL), Award on Jurisdiction, 28 January 2008, para. 166.

② The Canadian Cattlemen for Fair Trade v. United States of America, NAFTA (UNCITRAL), Award on Jurisdiction, 28 January 2008, para. 169.

③ The Canadian Cattlemen for Fair Trade v. United States of America, NAFTA (UNCITRAL), Award on Jurisdiction, 28 January 2008, para. 144.

④ Bayview Irrigation District et al v. Mexico, ICSID Case No. ARB (AF)/05/1, Award, 19 June 2007, para. 105, online: https://icsid.worldbank.org/ICSID/FrontServlet?requestType=CasesRH&actionVal=showDoc&docId=DC653_En&caseId=C246, last visited on May 1, 2021. Apotex Holdings Inc. and Apotex Inc v. United States of America, ICSID Case No. ARB (AF)/12/1, Award of the Tribunal, 25 August 2014, para. 190, online: http://icsidfiles.worldbank.org/icsid/ICSIDBLOBS/OnlineAwards/C2080/DC5075_En.pdf, last visited on May 1, 2021.

进口许可证等方式打击美国在墨西哥 HFCS 市场上的竞争力。Cargill 公司随即提出对墨西哥的仲裁请求，认为墨西哥政府的行为违反了《北美自由贸易协议》第 11 章中关于国民待遇、公平与公正待遇等条款的规定。该案中，Cargill 公司不仅主张了 CdM 子公司在墨西哥境内的直接损失即"下游损失"，同时还主张了 Cargill 总公司因无法向 CdM 子公司供货而导致的损失即"上游损失"。① 仲裁庭认为，"下游损失"毫无疑问是被申请方应当赔偿的，本案的争议焦点在于"上游损失"是否在赔偿范围内。② 针对该问题，仲裁庭在认可《北美自由贸易协议》第 11 章适用于"在缔约一方领土内的另一方的投资"的基础上，③ 对《北美自由贸易协议》第 1139 条投资定义进行了分析，认为其对投资的定义是"广泛而具有包含性的"，因此 Cargill 公司和东道国的实物资产（即 CdM 公司）具有如此密切联系的营业收入应当被认定为广义的投资。④ 所以墨西哥政府不仅应当承担 Cargill 公司的"下游损失"，还应当承担 Cargill 总公司因无法向 CdM 子公司供应 HFCS 销售而造成的"上游损失"。⑤

墨西哥政府对于仲裁庭认定其应当承担 Cargill 公司遭受的"上游损失"非常不满，继而向加拿大安大略省高等法院提出上诉，认为原审仲裁庭对"上游损失"的裁决超出了其管辖权范围。⑥ 但安大略省高等法院最后仍然驳回了墨西哥的上诉，维持了原裁决。该案仲裁庭一定程度上扩大了因投资造成损失的可赔偿范围，即不仅限于投资者在东道国领土内的损失，还包括与该投资有实质密切联系的损失。

但其后 2011 年的"Grand River 诉美国案"仲裁庭就类似的问题做出了与"Cargill 诉墨西哥案"仲裁庭全然不同的解释。"Grand River 诉美国案"仲裁庭认为《北美自由贸易协议》第 1139 条对投资的定义"并非广泛亦非开放性

---

① Cargill Incorporated v. United Mexican States, ICSID Case No. ARB (AF) /05/2, Award, 18 September 2009, para. 515, online: http://icsidfiles.worldbank.org/icsid/ICSIDBLOBS/OnlineAwards/C60/DC1992_En.pdf, last visited on May 1, 2021.

② Cargill Incorporated v. United Mexican States, ICSID Case No. ARB (AF) /05/2, Award, 18 September 2009, para. 520.

③ Cargill Incorporated v. United Mexican States, ICSID Case No. ARB (AF) /05/2, Award, 18 September 2009, para. 521.

④ Cargill Incorporated v. United Mexican States, ICSID Case No. ARB (AF) /05/2, Award, 18 September 2009, paras. 353, 522.

⑤ Cargill Incorporated v. United Mexican States, ICSID Case No. ARB (AF) /05/2, Award, 18 September 2009, paras. 353, 526.

⑥ United Mexican States v. Cargill, Court of Appeal for Ontario, Incorporated, 210 ONSC 4656, para. 5.

的"(neither broad nor open-textured),该条款是排他性地列举了适格投资的形式和要素。① 根据这样的解释原则,外国投资者若仅在被诉国内通过其本地公司、本地注册子公司或附属公司之类的形式同东道国发生经济联系或交易,就并非《北美自由贸易协议》第 1139 条项下的"领土内的投资"。② "Grand River 诉美国案"的结论也得到了"Apotex 诉美国案"仲裁庭的认可。③ 面对如此截然相反的结论,一个可能解释是:"Cargill 诉墨西哥案"中的 Cargill 总公司和 CdM 子公司是高度整合的,联系极为密切。且仲裁庭或许一定程度上存在偏袒申请方的"以牙还牙"之嫌。④ 各仲裁庭大相径庭的解释也反映出如何认定缔约另一方领土内的投资范围仍存在很大争议,这同时也是国际投资法碎片化的体现。受国际法碎片化的影响,国际投资法也呈现出内部层面和外部层面的碎片化。内部层面的碎片化是指主权国家因有不同的投资政策,故要求建立多元化的国际投资协定体系;外部层面的碎片化是指存在国内和国际层面力量的博弈,这要求投资法规则与国内法体系以及其他国际法规则共同规制国际投资活动。其中,投资仲裁裁决的前后不一致便是内部碎片化的特征之一。⑤ 早在 2005 年,学者 Susan D. Frank 就对国际投资仲裁的前后不一致进行了详细论述,并强调投资者与东道国争端解决机制保持正当性应当兼具确定性与一致性。⑥ 笔者认为,投资仲裁的不一致性不仅可能引发投资者与东道国争端机制的正当性危机,还降低了投资者对其行为的可预见性,不利于国际投资仲裁机制的长远发展。但考虑到国际投资仲裁庭裁决对其后案件的重要影响力,以及我国越来越多参与国际投资仲裁实践的现实,我国政府面对仲裁庭针对同样事实做出不同裁决的情况仍应引以为鉴,在文本和实践中做足充分准备。一方面,我国政府在拟定双边投资协定文本时应对因投资导致的可赔偿损

---

① Grand River v. United States of America, NAFTA (UNCITRAL), Award, 12 January 2011, para. 82, online: http://www.italaw.com/sites/default/files/case-documents/ita0384.pdf, last visited on May 1,2021.

② Grand River v. United States of America, NAFTA (UNCITRAL), Award, 12 January 2011, para. 84.

③ Apotex Holdings Inc. and Apotex Inc v. United States of America, ICSID Case No. ARB (AF)/12/1, Award of the Tribunal, 25 August 2014, para. 237.

④ Mattew Kronby, "Cargill v. Mexico: The Territorial Scope of Damages under the NAFTA", *Global Trade and Customs Journal* (8) 2013: 366.

⑤ 郑蕴、徐崇利:《论国际投资法体系的碎片化结构与性质》,《现代法学》2015 年第 37 卷第 1 期,第 164 页。

⑥ Susan D. Frank, "The Legitimacy Crisis in Investment Treaty Arbitration: Privatizing Public International Law through Inconsistent Decisions", *Fordham Law Review* 73 (2005): 1521.

失范围予以限定。另一方面，在实践中我国政府应严格注意外国投资者和其在东道国的子公司之间的实质联系程度，尽可能地掌握对相关条文解释的主动权。

三、与领土范围和性质相关的国际投资仲裁争端

（一）水资源方面

在《北美自由贸易协议》框架下，2007年的"Bayview 诉墨西哥案"首次因投资物的特殊性质引发了双方对"领土"定义的争议。本案涉及美国和墨西哥两国间的水资源纠纷。在美国和墨西哥长达百年的国家间关系中，水资源都扮演着非常重要的角色。[①] 1899年，美国和墨西哥签订了《1889 年边界公约》（1889 Border Convention），决定创设国际边界委员会，意在解决两国位于格兰德河和科罗拉多河水域的纠纷。其后，两国于1944年签订《利用科罗拉多河、蒂华纳河以及格兰德河的公约》（*Treaty relating to the utilization of waters of the Colorado and Tijuana Rivers and of the Rio Grande*，以下简称《1944 年公约》），将国际边界委员会改名为国际边界与水域委员会，由该机构负责处理适用美国和墨西哥之间的边界和水域协定问题以及因此引起的纠纷。历史上的美墨间水域协定对两国间地表水量分配予以了确定。例如，《1944 年公约》规定美国每年需给予墨西哥 150 万英亩英尺的水，而作为交易条件，墨西哥则有义务允许每年（平均在五年一个周期内）35 万英亩英尺的水从六个格兰德河的附属国流向美国。[②] 但与此同时，《1944 年公约》赋予了墨西哥履行义务的例外，即遭遇"极度干旱"（extraordinary drought）的情形下墨西哥政府可以暂缓履行，而在下一个五年周期内偿还债务。[③]

"Bayview 诉墨西哥案"就是墨西哥在履行《1944 年公约》所规定的供水义务的过程中发生的。1992年至1997年间，墨西哥遭遇干旱，导致其负担上 1 023 849 英亩英尺的水流债务。此时，墨西哥依据《1944 年公约》中的"极度干旱"例外条款主张暂缓履行水流义务，并在下一个五年周期内予以一并履

[①] Marie-Claire Cordonier Segger et al., *Sustainable Development in World Investment Law* (Kluwer Law International, 2011), p. 412.

[②] Gregory F. Szydlowski, "The Commoditization of Water: A Look at Canadian Bulk Water Exports, the Taxas Water Dispute, and the Ongoing Battle Under NAFTA for Control of Water Resources," *Colorado Journal of International Environmental Law and Policy* 18 (2007): 679.

[③] Marie-Claire. Cordonier Segger et al., *Sustainable Development in World Investment Law* (Kluwer Law International, 2011), p. 753.

行。但是干旱的情形并没有好转,墨西哥的水流债务在 1997 年至 2002 年周期末增至 1 300 000 英亩英尺。虽然美国和墨西哥为解决该债务,一致决定于 2003 年修改偿债计划,墨西哥也随后于 2005 年 3 月偿还了其水流债务。① 但是 2005 年 1 月,以 Bayview Irrigation District 为代表的 47 家公司和个人等组成的申请方就向国际投资争端解决中心递交了对墨西哥政府的仲裁申请。② 本案中,以 Bayview 公司为代表的申请方认为,自 1992 年开始,墨西哥政府就通过故意和系统地攫取、抢占和转运属于申诉方的水资源,将其给予墨西哥农民使用。③ 本案中争议的约 1 219 512 英亩英尺水资源虽然位于墨西哥领土内,但依据 1969 年得克萨斯州法院在 "State v. Hidalgo County Water Control & Improvement Dist. No. 18,443 S. W. 2d 728"(Tex. Civ. App. 1969)案中的判决,这些水资源应属申请方所有。④ 由于墨西哥政府未履行其供水义务的行为致使墨西哥的农作物收成丰硕的同时美国的农作物受损,其行为违反了《北美自由贸易协议》项下第 1102 条国民待遇义务,第 1105 条最低标准待遇义务以及第 1110 条征收和补偿义务。⑤

由于《北美自由贸易协议》第 1101 条第 1 款 b 项规定的第 11 章的适用范围是"在缔约一方领土内的缔约另一方投资者的投资",因此该案中认定仲裁庭是否具有管辖权的争议焦点之一便是"申请方是否在'墨西哥领土内'(in the territory of [Mexico])进行了投资"⑥。申请方主张其投资是在墨西哥领土内,因为被申请方将本应转运至申请方在得克萨斯区域的水资源扣押了下来,而给了墨西哥农民使用。⑦ 但仲裁庭认为,申请方并未对墨西哥格兰德河水享有所有权。在认定水自由确实属于《北美自由贸易协议》第 1139 条第 g 款所定义的"财产"(property)的前提下,应考虑水资源的特殊性。如果拥有一

---

① Marie-Claire. Cordonier Segger et al., *Sustainable Development in World Investment Law* (Kluwer Law International, 2011), p. 754.
② Bayview Irrigation District et al v. Mexico, ICSID Case No. ARB (AF)/05/1, Award, 19 June 2007, para. 1.
③ Bayview Irrigation District et al v. Mexico, ICSID Case No. ARB (AF)/05/1, Award, 19 June 2007, para. 40.
④ Bayview Irrigation District et al v. Mexico, ICSID Case No. ARB (AF)/05/1, Award, 19 June 2007, para. 41.
⑤ Bayview Irrigation District et al v. Mexico, ICSID Case No. ARB (AF)/05/1, Award, 19 June 2007, para. 44.
⑥ Bayview Irrigation District et al v. Mexico, ICSID Case No. ARB (AF)/05/1, Award, 19 June 2007, para. 112.
⑦ Bayview Irrigation District et al v. Mexico, ICSID Case No. ARB (AF)/05/1, Award, 19 June 2007, para. 43.

瓶矿泉水，自然和拥有一罐油漆一样对其享有所有权。① 但本案不同，虽然得克萨斯州允许申请方使用格兰德河的部分河水，但这并不导致申请方享有对水资源的所有权。申请方的使用权来源于得克萨斯州授权，而其权利创设地和实施地也在得克萨斯州。② 无论根据墨西哥宪法规定还是《1944年公约》本义，《1944年公约》中的特许权都并非创设所有权，而仅是允许他方的使用和开发。③ 因此，仲裁庭不能认定申请方在墨西哥领土内进行了投资，故拒绝行使管辖权。该案据此建立起了一条否定性规则，即不能仅根据某企业对另一国国内资源享有使用权就认定该企业在该国"领土内"拥有投资。

（二）非自治领土方面

根据《联合国宪章》第73条的定义，非自治领土是"其人民尚未臻自治之充分程度者"的领土，④ 联合国大会有权依据《联合国宪章》来确定非自治领土的地位。⑤ 因此，联合国有一个非自治领土的清单。虽然在过去几十年的去殖民化运动进程中，清单上的多数领土被移除了，但仍然有一些性质有争议的领土被保留在清单上，如马尔维纳斯群岛。设立非自治领土主要是为这些领土的未来发展着想，而非意在解决国家间主权问题。⑥

与此同时就出现了如何将双边投资协定适用于非自治领土的争议。部分学者认为管理国和其他国家签订的双边投资协定应当对该管理国的非自治领土适用。根据布朗利教授的观点，"领土"一词在条约中指的是领土内的管辖权而非主权。⑦ 因此，对非自治领土实施管辖权的管理国有权与第三国签订双边投资协定，并将该协定适用于其非自治领土。以西撒哈拉为例，作为西撒哈拉管理国的摩洛哥和一些其他国家签订了数个双边投资协定，比如1990年《摩洛

---

① Bayview Irrigation District et al v. Mexico, ICSID Case No. ARB (AF) /05/1, Award, 19 June 2007, para. 116.
② Bayview Irrigation District et al v. Mexico, ICSID Case No. ARB (AF) /05/1, Award, 19 June 2007, paras. 114—117.
③ Bayview Irrigation District et al v. Mexico, ICSID Case No. ARB (AF) /05/1, Award, 19 June 2007, para. 118.
④ Charter of the United Nations, 26 June 1945, Can TS 1945 No. 7, Article 73.
⑤ Charter of the United Nations, 26 June 1945, Can TS 1945 No. 7, Article 73.
⑥ East Timor (Portuguese v. Australia), dissenting opinion of Judge Skubiszewski, [1995] ICJ Rep 90, p. 259, online: http://www.icj-cij.org/docket/files/84/6963.pdf, last visited on May 1, 2021.
⑦ Ian Brownlie et al., Principles of Public International Law (6ed) (Oxford University Press, 1998), p. 94.

哥与英国双边投资协定》。① 根据2002年联合国法律事务处的报告，由于西撒哈拉一直处于摩洛哥的管理之下，《摩洛哥与英国双边投资协定》有效地将石油特权赋予了西撒哈拉。②但是，根据1975年国际法院的判决，摩洛哥并不享有对西撒哈拉的主权。③ 虽然摩洛哥并不对西撒哈拉行使主权，但这并不影响《摩洛哥与英国双边投资协定》对西撒哈拉的适用效力。④

但笔者认为，该案中联合国法律事务处的报告分析并不具有充分的说服力。反对者可依据1970年联合国的2625号决议，质疑管理国与第三国签订的双边投资协定对非自治领土的当然适用。2625号决议认为非自治领土具有和其管理国不同的、独立于其管理国的地位。⑤ 鉴于双边投资协定涉及的基本是经济问题而联合国大会决议处理的多为政治纠纷，联合国大会决议是否能够直接影响双边投资协定适用问题值得进一步商榷。

本章小结

根据绝大多数国际投资协定的规定，国民待遇条款仅适用于缔约一方的"投资"和"投资者"。因此，需要通过"投资"和"投资者"的定义确定该双边投资协定的适用范围，进而判断是否给予外国投资和/或外国投资者以国民待遇。

早前的许多双边投资协定采取的是相当广泛、开放并具有很强包容性的方法来定义"投资"。各国基本上都倾向于对"投资"采取开放式的定义以吸引更多外商投资并促进国家间的自由投资和贸易。虽然各国在双边投资协定中常

---

① Agreement between the Government of the United Kingdom of Great Britain and Northern Ireland and the Government of the Kingdom of Morocco for the Promotion and Protection of Investments, Morocco and United Kingdom, 30 October 1990, http://investmentpolicyhub.unctad.org/Download/TreatyFile/2051, last visited on May 1, 2021.

② Letter dated 29 January 2002 from the Under-Secretary-General for Legal Affairs, the Legal Counsel, addressed to the President of the Security Council, S/2002/161, http://www.arso.org/UNlegaladv.htm, last visited on May 1, 2021.

③ Questions of Western Sahara, General Assembly Resolution. 35/19, UNGAOR, 35th Session, Supplement. No 18, UN Doc A/35/596 (1980) at 213.

④ Letter dated 29 January 2002 from the Under-Secretary-General for Legal Affairs, the Legal Counsel, addressed to the President of the Security Council, S/2002/161.

⑤ Declaration on Principles of International Law concerning Friendly Relations and Co-operation among States in accordance with the Charter of the United Nations, General Assembly Resolution 2625 (XXV), UNGAOR, 25th Session, Supplement No 28, UN Doc A/8028, (1970) at 121.

常对"投资"进行了定义，但是仍然会遇到难以判断某种投入的性质的情形。例如，"Mihaly诉斯里兰卡案"涉及公司在准入前阶段投入的财务是否构成适格投资的问题，仲裁庭通盘考虑后认定，Mihaly公司投入财务的时间而非支出财物的数量是问题的关键，该案也充分说明了准确界定"投资"范围的重要性。

大多数双边投资协定在提到"投资者"的概念时并没有限制投资主体的种类。各国双边投资协定中典型的处理方式与"投资"定义类似，即给出一个概括性的定义，该定义包含种类广泛的投资主体，同时辅之以一份列举式的适格投资者种类清单。但是如此宽泛的定义难以适应日益变化的社会需求，国际投资协定需要在法律的确定性与灵活性之间做出合理平衡。此外，投资者母国与东道国签署的双边投资协定是该投资者受到该双边投资协定保护的前提条件，因此对投资者国籍的认定尤为重要。通行的确定公司国籍的方法有两种，但这两种方法都没有成为习惯国际法规则。一种方法是根据公司的注册地判断公司国籍，这也是最为普遍适用的方法，另一种判断公司国籍的方法是"真实联系"原则。两种方法各有利弊。与真实联系原则相比，公司注册地原则更加确定，对于外国投资者而言具备可预见性；与公司注册地原则相比，真实联系原则降低了申请方滥用外交保护的可能性。另外，真实联系原则相比于公司注册地原则更有利于发展中国家，有利于在一定程度上合理限制发展中国家的责任。

不论从国际投资协定的规范角度还是从国际投资仲裁案件的实证角度观察，国际投资法在涉及投资、投资者及赔偿范围的界定时对所涉及的"领土"概念界定均日趋严格。在目前的国际投资仲裁框架内，仲裁庭正越来越谨慎地限制投资协定中"领土"一词的范围。[①] 这一限缩解释的态度主要反映在以下方面：第一，国际投资协定条文中明确规定的适格投资须在"缔约另一方领土内"已成为强制性要求，不因文本前后措辞不完全一致或是有的条款省略了"领土内"的表述而可被忽略。虽然"Gruslin诉马来西亚案"和"Canadian Cattlemen for Fair Trade诉美国案"在分析投资协定中的"领土"涵盖范围时的侧重点不尽相同，但仲裁庭均认定，无论国际投资协定文本明示或未明示，适格投资都应当满足在"缔约另一方领土内"这一要求。第二，适格的投资者须是在缔约另一方"领土内"进行投资的主体，地域范围要求已是投资者适用

---

① August Reinisch, "Back to Basics: From the Notion of 'Investment' to the Purpose of Annulment—ICSID Arbitration in 2007", *The Global Community Yearbook of International Law and Jurisprudence* 2 (2008): 1591.

国际投资协定默认要件。国家间投资协定意在保护的是外商投资，因此无论适格的投资者还是适格的投资都应当满足在缔约另一方"领土内"这一要素。即使条文中并未指明这一要素，该要求也是暗含在国际投资协定的目的和宗旨中的。第三，外商投资者因投资而造成的可赔偿损失范围是否应被限定在东道国领土范围内，这一问题仍存争议，不同仲裁庭对此有不同见解，这反映出国际投资仲裁的内部碎片化特征，不利于保护投资者可预见性及维护投资者与东道国争端解决机制的正当性。"Bayview 诉墨西哥案"和"Fedax 诉委内瑞拉案"则确立了，在认定特殊形式的投资是否符合投资定义中在"缔约另一方领土内"这一要件时所遵循的分析思路，即着眼于判断投资和东道国之间的实质联系，而非物理形态上是否处于东道国领土内。具体针对投资形式的不同形态仲裁庭在分析时又有不同的侧重因素。领土性质纷争也同投资争端密切相关，例如非自治领土。投资仲裁庭的限缩解释态度也很可能进一步反映在以后的案件中。

越来越多的国际投资仲裁庭通过适格投资应位于东道国"领土内"的要求约束仲裁庭滥用管辖权，以平衡东道国和投资者利益。国际投资争端解决中心过往的仲裁实践曾表现出明显的扩大管辖权倾向[1]，包括采用扩大"外国投资者"定义，[2] 扩大"投资"定义，[3] 滥用保护伞条款，[4] 扩大最惠国待遇条款在争端解决程序事项的适用[5]等方式。由于投资东道国即为资本输入国，以发展中国家为主，相对应地，投资者多来自发达国家，因此国际投资争端解决中心扩大管辖权的做法往往被视为过度倾向于投资者保护，引起了诸多国家不满。2007 年玻利维亚退出《华盛顿公约》，2009 年厄瓜多尔退出《华盛顿公约》，2012 年委内瑞拉向世界银行递交了退出《华盛顿公约》的书面通知。2015 年

---

[1] 陈安主编：《国际投资争端仲裁——"解决投资争端国际中心"机制研究》，复旦大学出版社，2001，第 127 页。

[2] 例如 Amco Asia Corporation and others v. Republic of Indonesia, ICSID Case No. ARB/81/21, Decision on Jurisdiction, 10 May 1998, online: http://icsidfiles.worldbank.org/icsid/ICSIDBLOBS/OnlineAwards/C126/DC663_En.pdf, last visited on May 1, 2021.

[3] 例如 Salini Costruttori S. p. A. and Italstrade S. p. A. v. Kingdom of Morocco, ICSID Case No. /ARB/00/4, Decision on Jurisdiction, 23 July 2001, online: http://www.italaw.com/sites/default/files/case-documents/ita0738.pdf, last visited on May 1, 2021.

[4] 例如 SGS Société Générale de Surveillance S. A. v. Republic of the Philippines, ICSID Case No. ARB/02/6, Decision of the Tribunal on Objections to Jurisdiction, 29 January 2004.

[5] 例如 Emilio Agustin Maffezini v. Kingdom of Spain, ICSID Case No. ARB/97/7, Decision on Objections to Jurisdiction, online: http://icsidfiles.worldbank.org/icsid/ICSIDBLOBS/OnlineAwards/C163/DC566_En.pdf, last visited on May 1, 2021.

3月，来自哥伦比亚大学和耶鲁大学等大学的129名教授"联名上书"要求美国立法者将投资者与东道国争端解决机制排除在贸易协定谈判之外。鉴于投资者与东道国争端解决机制正面临严重的信任危机，改革已迫在眉睫。2016年10月7日，国际投资争端解决中心向其153个成员国知会了本轮的规则修订计划。2017年5月9日，国际投资争端解决中心在其官方网站发布了针对仲裁员指定和更替程序、合并程序和平行程序、仲裁费用承担、透明度条款、第三方资助等16个方面的潜在规则修订清单，正式启动新一轮的规则修订计划。改革的内容除了程序条款，还包括实体条款，改革的过程中，解释国际投资协定时应当适当兼顾外国投资者利益以及东道国具体诉求。[①] 晚近国际投资仲裁庭开始表现出对东道国利益的更多关注。例如，逐渐限制双边投资协定中的"投资"和"投资者"的定义。[②] 又如，在2001年的"Salini诉摩洛哥案"中仲裁庭开创性地对投资协定投资定义条款中的"符合东道国法律"要求进行了解释后，[③] "符合东道国法律"开始成为仲裁庭确定管辖权时的实质考察要件之一。[④] 类似的将投资位于东道国领土内作为考量要素之一，在一定程度上约束了仲裁庭的管辖权，也有利于平衡投资者的私人利益和东道国主权权力。

综上，外国投资者适用国际投资协定国民待遇条款需要符合一定的前提条件，其中的关键三要素在于：存在适格的"投资"、存在适格的"投资者"以及投资或投资者应当"位于缔约另一方领土"内。梳理国际投资仲裁庭相关判例可知，对上述三要素的认定应当结合具体案情。国际投资仲裁庭日趋严格解释"投资"定义、"投资者"定义和"领土"涵盖的范围，这或许是平衡外国投资者利益和东道国规制权的一种方式。

[①] E. García-Bolivar, "The Teleology of International Investment Law: The Role of Purpose in the Interpretation of International Investment Agreements", *The Journal of World Investment & Trade* 6 (2005): 751-771.

[②] August Reinisch, "Back to Basics: From the Notion of "Investment" to the Purpose of Annulment—ICSID Arbitration in 2007", *The Global Community Yearbook of International Law and Jurisprudence* 2 (2008): 1591.

[③] Salini Costruttori S. p. A. and Italstrade S. p. A. v. Kingdom of Morocco, ICSID Case No. /ARB/00/4, Decision on Jurisdiction, 23 July 2001.

[④] Christina Knahr, "Investment 'in accordance with host state law'", *Transnational Dispute Management* 4 (2007). 王璐：《论投资条约中的"符合东道国法律"要求——兼论我国在中美投资条约谈判中的立场选择》，《法商研究》2013年第1期，第120页。

第三章　国民待遇条款适用的构成要件

第一节　相似情形

不论仲裁庭在适用国民待遇条款中采取"三步走"还是"两步走"的分析思路，仲裁庭对"相似情形"的判断都至关重要。但是，各国双边投资协定中对"相似情形"一词的英文表述并非完全相同，许多双边投资协定中还存在相似的但并不尽相同的表述，除了常见的"like circumstance"[①]，还有"like situations"[②] "similar situations"[③] 和"same circumstances"[④]。虽然这些短语在英文表述上有细微差别，但是其内容和含义基本是相同的，甚至是可以互相替换的。[⑤] 另外还需要注意到，一些仲裁庭尽量避免使用"like"一词。比如"Methanex诉美国案"中，仲裁庭并没有直接使用"like circumstance"或者类似表述，而是直接分析投资者产品和东道国产品间是否存在直接的竞争关

[①] Treaty Between the Government of the United States of America and the Government of [country] Concerning the Encouragement and Reciprocal Protection of Investment（the 2012 US Model BIT）.

[②] 例如 Treaty Between the United States of America and the Republic of Senegal Concerning the Reciprocal Encouragement and Protection of Investment，Senegal and United States，6 December 1983，Article Ⅱ（2）.

[③] 例如 Agreement Between the Republic of Turkey and the Federal Democratic Republic of Ethiopia Concerning the Reciprocal Promotion and Protection of Investments，Ethiopia and Turkey，16 November 2000，Article Ⅲ（1）.

[④] 例如 Exchange of Notes Between the Government of the United Kingdom of Great Britain and Northern Ireland and the Government of Belize Concerning the Extension to the Cayman Islands of the Agreement for the Promotion and Protection of Investments，Belize and United Kingdom，30 April 1982，Article Ⅲ（1）.

[⑤] Andrew Newcombe & Lluis Paradell，*Law and Practice of Investment Treaties：Standards of Treatment*（Kluwer Law International，2009），p. 160.

系，但其本质均为判断二者的相似性。

一、比较量

国际投资仲裁案件中仲裁庭在对"相似情形"进行判断时，强调要"评估全案的整体事实"[①]，并"考虑案件的相关情况"[②]。仲裁庭在判断相似情形时，在国民待遇条款的比较对象上，用于比较的主体即为比较量。[③]"Occidental Exploration & Production Corporation 诉厄瓜多尔案"和"Methanex 诉美国案"说明了针对比较主体问题仲裁庭主要采取的两种分析方法。在"Occidental Exploration & Production Corporation 诉厄瓜多尔案"中，厄瓜多尔政府停止给予外国石油公司增值税方面的退税待遇，但其他经济部门的公司仍然可以享受该项待遇。该案中，仲裁庭将所有的外国投资者和国内投资者进行了比较后认为："国民待遇的目的是保护与当地生产者竞争的外国投资者，但不能将开展特定活动的部门作为排他性的评判标准"。[④] 言下之意，不同部门的外国投资者也可能和国内投资者处于"相似情形"。据此，仲裁庭裁定厄瓜多尔政府违反了其与美国签订的双边投资协定第 2 条第 1 款规定，即国民待遇原则。而相反，在"Methanex 诉美国案"中，仲裁庭仅仅比较了完全相同的外国和国内的出口商。当然，大多数的案件仲裁庭所采路径是在这两个极端之间的折中路径，比如"UPS 诉加拿大案"，[⑤] 即比较同一经济部门的外国投资者和国内投资者，笔者在下面会详细分析这样的认定方式。

在认定外国投资者和本国投资者是否处于"相似情形"时，仲裁庭一度认为对于竞争关系的分析至关重要，这在"S. D. Myers 诉加拿大案"中得到过体现。在"S. D. Myers 诉加拿大案"中，仲裁庭借鉴了 WTO 认定"同类产品"的路径，认为外国投资者 SDMI 公司和东道国本国投资者 Myers

---

[①] Pope & Talbot, Inc. v. Government of Canada, NAFTA (UNCITRAL), Award on the Merits of Phase 2, 10 April 2001, para. 75.

[②] United Parcel Service of America v. Government of Canada, NAFTA (UNCITRAL), Award on the Merits, 24 May 2007, para. 86.

[③] Kenneth Vandevelde, *Bilateral Investment Treaties: History, Policy, and Interpretation* (Oxford University Press, 2010), p. 338.

[④] Occidental Exploration & Prod. Co. v. Republic of Ecuador, London Cout of International Arbitration, Case No. Un 3647, Award, 1 July 2004, para. 173, online: http://www.italaw.com/sites/default/files/case-documents/ita0571.pdf, last visited on May 1, 2021.

[⑤] United Parcel Service of America v. Government of Canada, NAFTA (UNCITRAL), Award on the Merits, 24 May 2007.

Canada 公司都是处理多氯联苯（polychlorinated biphenyl）服务的提供商，二者存在竞争关系，因此 SDMI 公司和 Myers Canada 公司明显处于"相似情形"。[①] 但其后的仲裁庭基本都拒绝采纳 WTO 认定"同类产品"的路径，即通过产品的"可替代性/竞争性"判断外国投资者和国内投资者是否处于"相似情形"。[②] 例如，上面提到的"Methanex 诉美国案"，该案涉及 NAFTA 第 11 章。该案中，Methanex 是一家加拿大公司，也是世界上最大的甲醇生产商，[③] 在美国设有两家子公司。甲醇是酒精的一种，由于其分子构造的原因，它同异丁烯会发生作用，并在有氧的环境下产生一种被称为 MTBE（methyl tertiary-butyl ether）的乙醚，这种 MTBE 可以产生"再生天然气"。由于再生天然气会对环境造成污染，2002 年 12 月 31 日，美国加州政府命令禁止生产、贩卖以甲醇为生产元素的 MTBE。由于甲醇是生产 MTBE 的重要原料，Methanex 公司因加州政府的禁令而遭受了极大的损失，因此向仲裁庭申请仲裁。Methanex 公司认为加州政府禁止生产甲醇，仅允许利用乙烷作为生产天然气燃料的规定其目的在于减少与乙烷相竞争的产品，扶植美国本国的乙烷产业，该行为效果实际等同于征收 Mathanex 公司在美国的部分投资，同时也违反了 NAFTA 第 1102 条关于国民待遇、第 1105 条关于最低标准待遇和第 1110 条关于公平与公正待遇的规定。[④]

美国政府反驳了 Methanex 公司的主张，辩称甲醇与乙烷生产者不处于"相似情形"。美国政府出具一项调查显示，美国境内有许多甲醇制造商，其中 47% 甲醇制造商是美国本国投资者，所以加州政府实施的规定给予本国投资者与外国投资者的待遇并无不同，本国甲醇制造商同样受到加州政府禁令的影响，所以并没有对外国投资者实施歧视待遇。况且根据 NAFTA 第 1102 条的立法宗旨，争端解决小组在个案中认定外国投资者与本国投资者是否处于"相似情形"时，需要首先调查被申请方境内是否存在与申请方相同的投资机构。

[①] S. D. Myers, Inc. v. Canada, NAFTA (UNCITRAL), Partial Award, 13 November 2002, para. 251.

[②] Occidental Exploration & Prod. Co. v. Republic of Ecuador, London Cout of International Arbitration, Case No. Un 3647, Award, 1 July 2004, para. 176. Pope & Talbot, Inc. v. Government of Canada, NAFTA (UNCITRAL), Award on the Merits of Phase 2, 10 April 2001, para. 57.

[③] Methanex Corporation v. United States of America, NAFTA (UNCITRAL), Final Award, 3 August 2005, Part Ⅳ—Chapter B, para 6, online：http://www.italaw.com/sites/default/files/case-documents/ita0529.pdf, last visited on May 1, 2021.

[④] Methanex Corporation v. United States of America, NAFTA (UNCITRAL), Final Award, 3 August 2005, Part Ⅳ—Chapter B, para. 5.

而不能略过此步骤，直接将类似的投资机构作为外国投资者的竞争对象。所以，当加州境内也有生产甲醇的本国投资者时，自然无需以乙烷制造商用来和甲醇制造商做对比。①

仲裁庭在分析加拿大甲醇制造商和美国国内乙烷制造商是否处于"相似情形"时，指出 NAFTA 第 1102 条应该得到独立解释，而不应当适用国际贸易法中的"可替代性/竞争性"规则。②甲醇和乙烷不仅在化学构造上有很大差异，现实用处也不同。另外，它们在关税系统中被划分在不同的产品类别里。所以甲醇与乙烷无论从物理特征、市场最终用途、消费者偏好与关税税目任何角度考虑均非相似产品。另外，根据世界贸易组织上诉机构在"欧盟石棉案"提出的观点，产品风险也应当作为"相似情形"判断因素之一。③甲醇具有环境危害性，但乙烷没有，显然二者是不同产品，甲醇制造商与乙烷制造商也不属于具有竞争关系的产品制造商。④

本案中，仲裁庭的态度主要是为了呼应《北美自由贸易协议》第 1102 条的立法宗旨，避免私人企业滥用《北美自由贸易协议》争端解决机制，即允许私人企业向东道国提起仲裁。⑤但是，仲裁庭在个案中依据《北美自由贸易协议》对"相似情形"的解读并非前后一致。在"S. D. Myers 诉加拿大案"中，仲裁庭选择的是一种更宽口径的解读方式，即判断本国投资者和外国投资者间是否存在直接的竞争关系。⑥此外，一些特别仲裁庭对"相似情形"的解释口径也差别很大，比如伊朗－美国特设仲裁庭。例如，在"Consortium RFCC 诉摩洛哥案"中，仲裁庭首先解读了 1990 年意大利和摩洛哥签订的双边投资协定中的国民待遇和最惠国待遇条款，认为它们适用的主体是"完全相

---

① Methanex Corporation v. United States of America, NAFTA (UNCITRAL), Final Award, 3 August 2005, Part Ⅳ—Chapter B, para. 22.

② Methanex Corporation v. United States of America, NAFTA (UNCITRAL), Final Award, 3 August 2005, Part Ⅳ, Chapter B, paras. 33—37.

③ European Communities-Measures Affecting Asbestos and Asbestos-Containing Products, WTO Panel Report, WT/DS135, 12 March 2001, 40ILM1408, online: https://www.wto.org/english/tratop_e/dispu_e/cases_e/ds135_e.htm,last visited on May 1,2021.

④ Methanex Corporation v. United States of America, NAFTA (UNCITRAL), Final Award, 3 August 2005, Part Ⅳ—Chapter B, para. 25.

⑤ K. Dougherty, "Comment-Methanex v. United States: the Realignment of NAFTA Chapter 11 with Environment Regulation", *Northwestern Journal of International Law & Business* 277 (2007): 756—754.

⑥ S. D. Myers, Inc. v. Canada, NAFTA (UNCITRAL), Partial Award, 13 November 2002.

同的（identical）投资者"。① 这种比较极端的态度当然也遭到了许多学者的批评，认为如此高的要求并不合适。② 在另一些案件，如"Pope & Talbot 诉加拿大案"中，仲裁庭则选择了较窄的口径作为认定"相似情形"的标准。该案仲裁庭仅着眼于分析投资者之间是否处于相同的经济领域。③ 这种较窄的口径标准也同样受到了许多学者诟病，认为该方法无法反映政府采取调控措施背后的意义，仲裁庭没有真正领会区分对待外国投资者和本国投资者的目的所在。④ 这也是有的仲裁庭把国家实施调控措施的目的纳入"相似情形"分析要素之一的原因，即采用"两步走"的分析方法。

上面提到，在比较量的选择上，一些仲裁庭认为仅在外国投资者和国内投资者之间存在直接的竞争关系是不够的，即东道国规制行为的目的也应被纳入外国投资者和本国投资者是否处于"相似情形"的判断中。⑤ 该观点在"UPS 诉加拿大案"中得到了仲裁庭的支持。United Parcel Service of America 公司（以下简称"UPS 公司"）是美国的一家包裹寄送服务提供商。UPS 公司依据 NAFTA 向仲裁庭申请仲裁，诉称加拿大政府给予加拿大邮政（Canada Post）公司优于 UPS 公司待遇的行为，具有限制竞争的作用，违反了其在 NAFTA 第 1105 条项下的给予 UPS 公司国民待遇的义务。在判断加拿大邮政和 UPS 公司是否处于"相似情形"时，仲裁庭认为，即使两个投资者或者两个企业处于同一经济部门，或者相互间存在竞争关系，它们仍然很可能存在极为重要的特征差异，而该差异是与东道国实施差别待遇相关的，此时需要审视东道国对外国投资者和本国投资者进行不同对待的目的何在。⑥ 例如本案中，仲裁庭在认定 UPS 公司和本国投资者加拿大邮政是否处于"相似情形"时，就将加拿大政府颁布的旨在推广本国邮政事业的"公共辅助项目"（Publications

---

① Consortium R. F. C. C v. Kingdom of Morocco, ICSID Case No. ARB/00/6, 2003, Arbitration Award, para. 53, online: http://icsidfiles.worldbank.org/icsid/ICSIDBLOBS/OnlineAwards/C193/DC613_Fr.pdf, last visited on May 1, 2021.

② Andrew Newcombe & Lluis Paradell. *Law and Practice of Investment Treaties: Standards of Treatment* (Kluwer Law International, 2009), p. 161.

③ Pope & Talbot, Inc. v. Government of Canada, NAFTA (UNCITRAL), Award on the Merits of Phase 2, 10 April 2001, p. 352.

④ Meg N Kinnear et al., *Investment Disputes under NAFTA: An Annotated Guide to NAFTA Chapter* 11 (Kluwer Law International, 2009), pp. 1026—1102.

⑤ United Parcel Service of America v. Government of Canada, NAFTA (UNCITRAL), Award on the Merits, 24 May 2007, paras. 173—174.

⑥ United Parcel Service of America v. Government of Canada, NAFTA (UNCITRAL), Award on the Merits, 24 May 2007, para. 175.

Assistance Program）纳入考虑范围，认为加拿大政府对 UPS 公司和加拿大邮政公司进行不同对待是为了更好地完成"公共辅助项目"，促进本国邮政事业的发展。鉴于与 UPS 公司相比，加拿大邮政能够更好地完成"公共辅助项目"，所以二者不是处于"相似情形"。①

在认定"相似情形"的问题上，考虑东道国经济活动和规范目的的另一典型案件是上面提到的"Pope & Talbot 诉加拿大案"。② 该案中，加拿大政府对向美国投资者 Pope & Talbot 公司出口到加拿大特定省份的软木产品课征额外的出口规费，仲裁庭认定该征税行为是考虑到这类产品会遭受美国课征平衡税的威胁，迫使加拿大政府课征额外规费作为一种反制手段。因此，加拿大政府对向特定省份出口软木征税的措施实际上是加拿大政府为保护本国公共利益而采取的管制措施。由于这些特定省份的木材产品与非特定省份的木材产品处于不同的贸易环境中，所以它们并非处于"相似情形"，加拿大政府给予 Pope & Talbot 公司的差别待遇也并没有违反其在《北美自由贸易协议》第 1102 项下的国民待遇义务。此外，加拿大对数个特定省份生产的软木产品制定了不同的市场分配标准，这是由于各个省份的贸易活动情况不同，无法订立出适用于所有省份的统一分配标准而导致的。虽然处于不同省份的后来生产者确实会因此受到不同分配标准的影响，但这种影响是由于各省的经济状况不同的客观原因造成的，考虑到政府调控的目的，不同省份内的后来投资者和国内投资者是处于不同的经济环境中，因此不处于"相似情形"。③

笔者认为，世界上原本就没有两件完全相同的事物。所以，"Consortium RFCC 诉摩洛哥案"仲裁庭采取的对"相似情形"的比较量极狭隘的解读方式并不合理。另外，该案仲裁庭的解读方式还容易导致仲裁庭权力的滥用，因而不利于保护外国投资者。但是，仅要求外国投资者和国内投资者之间存在竞争关系也是远远不够的。事实上，从不同的角度看待事物，竞争关系在事物间是普遍存在的。从理论上讲，很多时候两事物间是必然存在一定竞争关系的，只是远近有别，或直接与间接的区别。如果仅是根据外国投资者和国内投资者之间是否存在竞争关系来判断二者是否处于相似情形，尺度难以把握，给予了仲

---

① United Parcel Service of America v. Government of Canada，NAFTA（UNCITRAL），Award on the Merits，24 May 2007，para. 175.

② Pope & Talbot，Inc. v. Government of Canada，NAFTA（UNCITRAL），Award on the Merits of Phase 2，10 April 2001.

③ Pope & Talbot，Inc. v. Government of Canada，NAFTA（UNCITRAL），Award on the Merits of Phase 2，10 April 2001，pp. 83—95.

裁庭较大的自由裁量权，同时给东道国施加了太大压力。此外，如何定义竞争关系也是模糊的，这样的模糊性容易导致投资者对自己的行为后果缺乏可预见性，正所谓过犹不及。鉴于上述原因，笔者认为在确定比较量的分析路径时，更为合理的方法是采用理性第三人能够识别的经济领域来认定"相似情形"，同时兼顾考虑政府调控措施的目的。正如世界贸易组织上诉机构的一位成员在"智利酒税案"中指出的那样："将调控措施的目的纳入考量范围内，可以更加客观地审视政府的区别待遇措施，其目的究竟是否在于对国内生产者提供保护。"[1]

二、与国际贸易法"相似产品"的比较

《关税及贸易总协定》第3条的国民待遇条款将进口产品与"相同的"本国产品（like products）做比较，[2] 多数双边投资协定则规定东道国有义务给予外国投资者及/或外国投资以"不低于在相似情形（like circumstance）下给予本国投资者及/或本国投资的待遇。"[3] 在分析如何认定"同类产品"或"相似情形"时，为确保对案件相关要素进行全面考量和公正评估，世界贸易组织和国际投资仲裁庭均采用的"个案分析法"。国际贸易法实践中，对同类产品的分析和判定必须建立在个案分析的基础上。[4] 国际贸易法和国际投资法虽然整体上均强调个案分析原则，但实践中却体现出对关键考量要素的不同倾向性，即对"相似性"和"可替代性"关系的认定选择了不同路径。

---

[1] Chile-Taxes on Alcoholic Beverages, WTO Appellate Body Report, WT/DS110, 13 December 1999, online: https://www.wto.org/english/tratop_e/dispu_e/ab_reports_e.htm, last visited on May 1, 2021.

[2] United Nations, General Agreement on Tariffs and Trade, 58 UNTS 187, 30 October 1947. Article Ⅲ（2）（4）.

[3] Rudolf Dolzer & Margrete Stevens, *Bilateral Investment Treaties* (2ed) (Martinus Nijhoff Publishers, 1995), p. 15. 许多双边投资协定中还存在相似的但并不尽相同的表述，除了常见的"like circumstance"，还有"like situations"（1983年《美国与塞内加尔双边投资协定》），"similar situations"（2000年《土耳其与埃塞俄比亚双边投资协定》）和"same circumstances"（1982年《英国-伯利兹城双边投资协定》）。虽然这些短语在英文表述上有细微差别，但是其内容和含义基本是相同的，甚至是可以互相替换的，See Andrew Newcombe & Lluis Paradell, *Law and Practice of Investment Treaties: Standards of Treatment* (Kluwer Law International, 2009), p. 160.

[4] Japan-Taxes on Alcoholic Beverages (complaint by the European Communities), WTO Appellate Body Report, WT/DS8, 10, 11/AB/R, 4 October 1996, at H. 1. (a). 对WTO相关案例对归纳可参见石静霞：《"同类产品"判定中的文化因素考量与中国文化贸易发展》，《中国法学》2012年第3期，第52页。

在比较量的选择问题上，《关税及贸易总协定》文本的国民待遇条款对"同类产品"和"直接竞争或可替代产品"做出了区分。《关税及贸易总协定》第 3 条第 2 款第一句规定不应对进口产品"直接或间接征收高于对相同的国产品所直接或间接征收的国内税或其他国内费用"。第 3 条第 2 款第二句规定"不得以违反第 1 款所列原则的方式，对进口产品或国产品实施国内税和其他国内费用"。对于该句，《关税及贸易总协定》的《附件九》进一步注释为，此处的国内产品是指与进口产品"直接竞争的或可替代"的国内产品。[1] 由于第 2 款的第一句和第二句指向的是不同的两种情形，[2] 因此"同类产品"和"直接竞争或可替代产品"并不等同。但不等同并不代表二者并无关系。1996 年，"日本酒税案"的专家组依据《维也纳条约法公约》，将"同类产品"解释为"直接竞争或可替代产品"的子集。[3] 换言之，同类产品均为直接竞争或可替代的。反之则不然，直接竞争或可替代产品却超越了同类产品的范围，亦即肯定了"可替代性/竞争性"在认定"同类产品"中的重要性。

1970 年，《关税及贸易总协定》工作组出具的"关于边境税调整案的报告"指出以下因素可以用来确定产品的同类性："第一，在既定市场的产品最终用途；第二，消费者的品位、喜好、习惯、对产品的认知及行为反应等；第三，产品的物理特性、性质和质量等。"[4] 其后的案件中加入了"关税分类表"的标准。[5] 实践中世界贸易组织争端解决机构适用"边境税报告"标准时，越来越倾向于考察产品的价格交叉需求弹性，即是否直接竞争或可替代来认定产

---

[1] 《1994 年关贸总协定》附件九关于第 3 条第 2 款的注释原文是："A tax conforming to the requirements of the first sentence of paragraph 2 would be considered to be inconsistent with the provisions of the second sentence only in cases where competition was involved between, on the one hand, the taxed product and, on the other hand, a directly competitive or substitutable product which was not similarly taxed", online: https://www.wto.org/english/docs_e/legal_e/gatt47_03_e.htm#annexiart3, last visited on May 1, 2021.

[2] Joost H. B. *Pauwelyn* & *Andrew Guzman*, *International Trade Law Wolters* (Kluwer Law & Business. 2009), p. 241.

[3] Japan—Taxes on Alcoholic Beverages (complaint by the European Communities), WTO Appellate Body Report, WT/DS8, 10, 11/AB/R, 4 October 1996, para. 6.22.

[4] GATT, Report of the Working Party: Border Tax Adjustments, adopted on 2 December 1970, L/3464, 18.

[5] 例如 Japan—Taxes on Alcoholic Beverages (complaint by the European Communities), WTO Appellate Body Report, WT/DS8/AB/R, 4 October 1996.

品的"相似性",这可见于"日本酒税案"①"韩国酒税案"②"智利酒税案"③等案件中。2001年,"欧盟石棉案"上诉机构更是强调进口产品和国内产品之间竞争关系的性质和程度是认定二者相似性的最关键要素。④ 对"竞争性/可替代性"的考察则着眼于从消费者偏好、产品推销策略、商品经销渠道等角度判断两种产品是否都能满足特定经济主体的相同或类似需要。⑤

与国际贸易法实践不同的是,国际投资仲裁庭在认定外国投资与本国投资是否处于相似情形时,则日渐倾向于淡化"竞争性/可替代性"。虽然"S. D Myers诉加拿大案"仲裁庭曾一度通过竞争性来认定相似性,认为外国投资者SDMI公司和东道国本国投资者Myers Canada公司都是处理多氯联苯(polychlorinated biphenyl)服务的提供商,二者存在竞争关系,因此SDMI公司和Myers Canada公司明显处于"相似情形"。⑥ 但其后的仲裁庭基本都拒绝采纳国际贸易法认定"同类产品"的路径,即通过产品的"可替代性/竞争性"判断外国投资者和国内投资者是否处于"相似情形"。⑦ 例如,在"Methanex诉美国案"中,仲裁庭在分析加拿大甲醇制造商和美国国内乙醇制造商是否处于"相似情形"时,指出《北美自由贸易协议》第1102条应该被独立解释,

---

① Japan—Taxes on Alcoholic Beverages (complaint by the European Communities), WTO Appellate Body Report, WT/DS8, 10, 11/AB/R, 4 October 1996, para. 6.23.

② Korea—Taxes on Alcoholic Beverages, WTO Appellate Body Report, WT/DS75/AB/R, 18 January 1999, para. 114, online: https://www.wto.org/english/tratop_e/dispu_e/ab_reports_e.htm, last visited on June 15, 2020.

③ Chile—Taxes on Alcoholic Beverages, WTO Appellate Body Report, WT/DS110, 13 December 1999, paras. 7.3—8.1.

④ European Communities - Measures Affecting Asbestos and Asbestos—Containing Products, WTO Appellate Body Report, WT/DS135/AB/R, 5 April 2001, paras. 99—114, online: https://www.wto.org/english/tratop_e/dispu_e/ab_reports_e.htm, last visited on June 15, 2020. 报告第99段中提道:"a determination of 'likeness' under Article 111:4 is, fundamentally, a determination about the nature and extent of a competitive relationship between and among products."

⑤ Chile—Taxes on Alcoholic Beverages, WTO Appellate Body Report, WT/DS110, 13 December 1999, para. 6.22—6.24, 11 July 1996; Korea—Taxes on Alcoholic Beverages, WTO Appellate Body Report, WT/DS75/AB/R, 18 January 1999, paras. 129, 131—134.

⑥ S. D. Myers, Inc. v. Canada, NAFTA (UNCITRAL), Partial Award, 13 November 2002, para. 251.

⑦ Occidental Exploration & Prod. Co. v. Republic of Ecuador, London Cout of International Arbitration, Case No. Un 3647, Award, 1 July 2004, para. 176. Pope & Talbot, Inc. v. Government of Canada, NAFTA (UNCITRAL), Award on the Merits of Phase 2, 10 April 2001, p. 57.

而不应当适用国际贸易法中的"可替代性/竞争性"规则。①

在认定"同类产品"和"相似情形"时，是否应当考量进口国/东道国行为目的问题上，国际贸易法和国际投资法也体现出相反的倾向。世界贸易组织在案件裁判中曾运用"目的和效果"理论认定产品的"相似性"，②但近年来的世界贸易组织逐渐放弃对"目的和效果"理论的运用。例如，"加拿大期刊案"的专家组和上诉机构没有支持加拿大的主张，即该国实施的"消费税法"旨在确保加拿大期刊业的生存，对保护加拿大的文化身份至关重要，而没有任何歧视进口产品的目的。③专家组认为只要消费税的实施在事实上造成了对本国产品的优惠待遇，即违反了国民待遇义务，而不管该措施背后有何目标。④此外，"中国出版物及视听产品案"没有涉及"目的和效果"理论，"日本啤酒案"和"欧盟香蕉案"强烈拒绝适用"目的和效果"理论。⑤

国际投资仲裁庭则认为东道国规制行为的目的应被纳入外国投资者和本国投资者是否处于"相似情形"的判断中。例如，在本章前面所述的"UPS诉加拿大"案中，仲裁庭考虑到加拿大邮政公司比 UPS 公司能够更好地完成"公共辅助项目"，促进本国邮政事业的发展，所以二者不是处于"相似情形"。⑥在"Pope & Talbot 诉加拿大案"中，仲裁庭同样也在认定外国投资者

---

① Methanex Corporation v. United States of America, NAFTA (UNCITRAL), Jurisdiction and Merits, 3 August 2005, Part Ⅳ, Chapter B, paras. 33—37.

② United States – Measures Affecting Alcoholic and Malt Beverages (US – Malt Beverages), GATT Panel Report, DS23/R, BISD 39S/206, 19 June 1992, para. 5.23—26, 5.70—77, online: https://www.wto.org/english/tratop_e/dispu_e/91alcohm.pdf, last visited on May 1,2021.

③ Canada—Certain Measures Affecting Periodicals, WTO Panel Report, WT/DS31, 14 March 1997, p. 21, online: https://www.wto.org/english/tratop_e/dispu_e/cases_e/ds31_e.htm, last visited on May 1,2021.

④ Tania Voon, *Cultural Products in the World Trade Organization* (University of Cambridge. 2007), p. 89.

⑤ Japan—Taxes on Alcoholic Beverages (complaint by the European Communities), WTO Appellate Body Report, WT/DS8, 10, 11/AB/R, 4 October 1996, para. 8; European Communities — Regime for the Importation, Sale and Distribution of Bananas, WTO Appellate Body Report, WT/DS27/AB/R, 25 September 1997, para. 241, online: https://www.wto.org/english/tratop_e/dispu_e/cases_e/ds27_e.htm, last visited on May 1,2021.

⑥ United Parcel Service of America v. Government of Canada, NAFTA (UNCITRAL), Award on the Merits, 24 May 2007, para. 175.

与本国投资者是否处于"相似情形"时考量了东道国规制行为目的。①

国际贸易法的国民待遇条款和国际投资法的国民待遇条款在认定比较量上选择路径的不同,一方面,源自"产品"(product)和"情形"(circumstance)本身含义的差异。依据《布莱克法律词典》(第九版)的注解,"product"的含义重在对其物本身性质的客观描述,②而"circumstance"则强调相关的情况和条件。③由此可知,对"同类产品"的认定宜采用客观标准,对进口产品和国内产品本身的区别加以甄别;而对"相似情形"的认定则需要全盘考量涉及外国投资者的诸多外在影响因素,故东道国规制行为目的是其中的重要内容。另一方面,对比较量的不同选择也是国际贸易法体系和国际投资法体系追求不同价值的体现。国际贸易法通过维护竞争提高经济效率,国际投资法通过利益平衡实现投资保护。因此,世界贸易组织案件专家组和上诉机构强调进口产品和国内产品的竞争性,以探究二者之间的相似性,根本目的也是维护竞争关系。此外,由于国际贸易法面对的主要矛盾为发达国家和发展中国家之间的南北矛盾。解决南北矛盾需要突破公平困境,则应当更多地关注产品本身的客观因素,而不是诸如东道国管制行为的目的此类具备主观性特征、弹性较大的因素,这样才能尽量减少来自发达国家施加的压力。世界贸易组织争端解决小组遵从严格的文本主义解释方法,不仅有利于维护国际贸易法的可预见性,而且可以减少因涉及敏感的立法意图分析而引起的不确定性和争议,④并且尽量减少对一国国内法和国内政策的介入。⑤故"边境税报告"标准比

---

① Pope & Talbot, Inc. v. Government of Canada, NAFTA (UNCITRAL), Award on the Merits of Phase 2, 10 April 2001, paras. 83—95. 对国际投资仲裁庭这一趋势的分析可参见张倩雯:《国际投资仲裁中国民待遇条款的"相似情形"问题研究》,《武大国际法评论》2015 年第 2 期,第 294—295 页。

② 《布莱克法律词典》(第九版)对"product"的解释为:"Something that is distributed commercially for use or consumption and that is usu. (1) tangible personal property, (2) the result of fabrication or processing, and (3) an item that has passed through a chain of commercial distribution before ultimate use or consumption." Bryan A. Garner, ed. Black Law's Dictionary (9ed) (Thomson West Press 2009), p. 1328.

③ 《布莱克法律词典》(第九版)对"circumstance"的解释为:"An accompanying or accessory fact, event, or condition, such as a piece of evidence that indicates the probability of an event." Bryan A. Garner, ed. Black Law's Dictionary (9ed) (Thomson West Press 2009), p. 277.

④ Daisuke Beppu, "When Cultural Value Justifies Protection: Interpreting the Language of the GATT to Find A Limited Cultural Exception to the National Treatment Principle", Cardozo Law Review 29 (2008): 1777.

⑤ Robert E. Hudec, "GATT/WTO Constraints on National Regulation: Requiem for An 'Aim and Effect' Test", International Lawyer 32 (1998): 634—635.

"目的和效果"标准更有助于国际贸易法体系实现其对公平的价值追求。

与国际贸易法主要面对南北矛盾不同，国际投资法主要面对的是外国投资者与东道国之间的公私冲突，需要在东道国规制权和私人投资者利益之间实现平衡。国际投资仲裁庭在面临平衡困境时，必须充分考量争议双方的行为动机，以探查行为背后的利益诉求。东道国实施管制行为通常为了维护国内政治、经济、环境、科技或其他关系国家发展的重要利益，因而管制目的是利益平衡时不可忽略的考量因素。

第二节 不低于待遇

作为双边投资协定的核心条款之一，国民待遇条款通常要求东道国有义务给予外国投资以"不低于在相似情形下给予本国投资的待遇"。[1] 可知，判断东道国给予外国投资的待遇是否不低于（no less favourable than）给予本国投资的待遇是认定东道国是否违反国民待遇义务的重要构成要件。[2] 国际投资协定文本对"不低于"的表述并不完全统一。少数双边投资协定将国民待遇界定为东道国给予外国投资的待遇应"等同于"（as the same favourable as）其给予本国投资的待遇。我国也有极少数双边投资协定中采纳该定义。[3] 但是，世界各国（包括我国）签订的双边投资协定多采用"不低于"待遇定义。此外，学界和各国法律实践对"相同待遇"通常采广义解释，即认为后者只是国民待遇条款的一种特殊表述方式，并不妨碍东道国在特殊情形下对外国投资者提供特殊的优惠与便利。[4] 由于条约文本均未笼统规定，缺乏对"不低于待遇"的

---

[1] Rudolf Dolzer & Margrete Stevens, *Bilateral Investment Treaties* (2ed) (Martinus Nijhoff Publishers, 1995), p. 15.

[2] United Parcel Service of America v. Government of Canada, NAFTA (UNCITRAL), Award on the Merits, 24 May 2007, para. 83. Champion Trading Company and Ameritrade International, Inc. v. Arab Republic of Egypt, ICSID Case No. ARB/02/9, Award, 27 October 2006, para. 128, online: http://www.italaw.com/sites/default/files/case-documents/ita0148.pdf, 2021年5月1日最后访问。Bayindir Insaat Turizm Ticaret Ve Sanayi A. S. v. Islamic Republic of Pakistan, ICSID Case No. ARB/03/29, Award, 27 August 2009, para. 390, online: http://www.italaw.com/sites/default/files/case-documents/ita0075.pdf, last visited on May 1, 2021.

[3] 包括1986年《中国与英国双边投资协定》，1993年《中国与斯洛文尼亚双边投资协定》，1994年《中国与冰岛双边投资协定》，1997年《中国与马其顿双边投资协定》。

[4] 参见单文华：《外资国民待遇及其实施条件》，《中国社会科学》1998年第5期，第131页。徐崇利：《试论我国对外资实行国民待遇标准的问题》，《国际经济法论丛》1998年第1期，第184页。

具体解释，其内涵并不明晰。本节基于国际投资仲裁案件相关判决，探讨给予外国投资及外国投资者何种待遇构成低于本国投资及投资者的待遇，明晰实践中仲裁庭对"不低于待遇"采纳的解释路径和裁判倾向，有助于补充对国民待遇条款的实证研究。进一步理解国民待遇中的"不低于待遇"主要涉及"歧视意图""比较对象""量化方式"和"政策基础"四个问题。

一、歧视意图

非歧视原则中的"歧视"是仅为客观结果，还是带有主观判断？换言之，是否仅通过效果便可断定东道国的行为违反了国民待遇义务？还是需要考虑东道国是否具有歧视的主观意图？抑或需要结合东道国行为效果和意图两个要素综合判断？该问题无法从双边投资协定文本或者一些国际投资协定本身获得答案，仅能从投资仲裁实践寻找线索。

在研究歧视意图的问题上具有突破意义的是 2000 年的"S. D Myers 诉加拿大案"。该案仲裁庭肯定了主观意图对于判断东道国是否违反国民待遇的重要性。但仲裁庭同时指出"保护性的意图本身并不必然具有决定性"。[①] 在随后 2003 年的"Champion Trading 诉埃及案"中，仲裁庭同样指出"不需要对埃及政府的行为意图进行分析"[②]。"Occidental Exploration 诉厄瓜多尔案"仲裁庭也认为即使东道国不存在歧视外国投资公司的意图，东道国也有可能因为其行为结果而违反国民待遇，[③] 因此应当关注的是东道国的行为结果而非主观意图。但 2005 年的"Methanex 诉美国案"仲裁庭做出了不同的认定。仲裁庭在纵观全案后指出，Methanex 需要证明被告的行为意在使本国投资者获得相比于处于相似情形的外国投资者更为优势的地位。[④] 一些学者把"Methanex 诉美国案"的裁决解释为个案，认为仲裁庭之所以做出那样的裁决是考虑到本

---

① S. D. Myers, Inc. v. Canada, NAFTA (UNCITRAL), Partial Award, 13 November 2002, para. 254.
② Champion Trading Company and Ameritrade International v. Egypt, ICSID Case No. ARB/002/9, Decision on Jurisdiction, 21 October 2003, para. 133.
③ Occidental Exploration and Production Company v. Republic of Ecuador, LCIA Case No. UN3467, Final Award, 1 July 2004, para. 177.
④ Methanex Corporation v. United States of America, NAFTA (UNCITRAL), Award, 3 August 2005, at Part Ⅳ, chapter B, para. 12.

案中"原告特别的诉求"。① 但更有说服力的解释或许是"Methanex 诉美国案"仲裁庭受 WTO 相关判例的影响而做出裁决。② 但是，其后国际投资仲裁庭案件基本都没有支持"Methanex 诉美国案"的结论，而是仍然沿袭了"S. D Myers 诉加拿大案"的裁决，认为东道国的主观歧视意图并不必然和判断东道国是否给予外国投资者歧视待遇相关。2006 年"Thunderbird 诉墨西哥案"，2007 年"ADM 诉墨西哥案"，2009 年"Bayindir 诉巴基斯坦案"，2010 年"Alpha Projecktholding 诉乌克兰案"和最近 2015 年的"Clayton/Bilcon 诉加拿大案"仲裁庭都认为东道国是否具有歧视意图虽然重要，但并非证明东道国违反国民待遇义务的必需要件。③ 相对而言，东道国行为给外国投资者和外国投资造成了怎样的不利效果，④ 是否通过东道国的行为表现出了对外国投资者歧视的结果才是最重要的。⑤

与"歧视意图"相关的另一个重要案件是"Feldman 诉墨西哥案"。该案仲裁庭不仅指出东道国是否具有歧视意图在认定其是否违反国民待遇义务上的

---

① Borzu Sabah, "National Treatment—Is Discriminatory Intent Relevant?" in Grierson Weiler, ed., Investment Treaty Arbitration and International Law (JurisNet, LLC, 2008), p. 284.

② 国际贸易法实践曾多次认定保护性意图对认定违反国民待遇的必要性，例如欧盟香蕉案专家组认为应当考察进口国行为是否有保护性意图，墨西哥软饮料税案专家组也指出，与进口国采取行为相关的立法者和管理者意图不应该被彻底忽视。参见 European Communities - Regime for the Importation, Sale and Distribution of Bananas, WTO Panel Report, WT/DS27/R/ECU, 25 September 1997。该判决其后被上诉机构撤销，参见 European Communities — Regime for the Importation, Sale and Distribution of Bananas, WTO Appellate Body Report, WT/DS27/AB/R, 25 September 1997, para 7.249. 另参见 Mexico——Tax Measures on Soft Drinks and Other Beverages, WTO Panel Report, WT/DS308/R, 24 March 2006, para. 8.91, online: https://www.wto.org/english/tratop_e/dispu_e/cases_e/ds308_e.htm, last visited on June 15, 2020. Canada - Certain Measures Concerning Periodicals, WTO Appellate Body Report, WT/DS31/AB/R, 30 July 1997, para. 30.

③ International Thunderbird Gaming Corporation v. Mexico, NAFTA (UNCITRAL), Final Award, 26 January 2006, para. 177, online: http://www.italaw.com/sites/default/files/case-documents/ita0431.pdf, last visited on May 1, 2021. Alpha Projektholding GmbH v. Ukraine, ICSID Case No. ARB/07/16, Award, 8 November 2010, para. 427. William Ralph Clayton, William Richard Clayton, Douglas Clayton, Daniel Clayton and Bilcon Delaware Inc. v. Government of Canada, PCA Case No. 2009-04, Award on Jurisdiction and Liability, 17 March 2015, para. 719, online: http://www.italaw.com/sites/default/files/case-documents/italaw4212.pdf, last visited on May 1, 2021.

④ Archer Daniels Midland Company and Tate & Lyle Ingredients Americas, Inc. v. United Mexican States, ICSID Case No. ARB (AF) /04/5, Award, 21 November 2007, para. 209, online: http://icsidfiles.worldbank.org/icsid/ICSIDBLOBS/OnlineAwards/C43/DC782_En.pdf, last visited on May 1, 2021.

⑤ Bayindir Insaat Turizm Ticaret Ve Sanayi A. S. v. Islamic Republic of Pakistan, ICSID Case No. ARB/03/29, Award, 27 August 2009, para. 390.

无关性，更重要的是，它阐释了申请方和被申请方在论证歧视待遇时的举证责任问题。举证责任的分配也从理论上说明了为什么歧视意图不是东道国违反国民待遇的要件。"Feldman 诉墨西哥案"仲裁庭首先基于"现实和法律的理由"，在本案中没有相反证据的情况下，假设该案中的差别待遇是由于原告的国籍导致的。[①] 接着，仲裁庭进一步解释了"现实"和"法律"的理由分别指向的含义。国际投资仲裁案中，多数情况下，私人主体对抗政府时均处于弱势地位，只有主权国家一方能掌握更为充分的信息。因此，要求申请方证明东道国政府具有歧视外国投资者的意图不仅不合理，而且不可行，甚至会损害国际投资协定的国民待遇条款保护外国投资者的有效性。[②]

近年来的国际投资仲裁实践在歧视意图问题上基本达成一致。虽然在某些情况下仲裁庭可能会考虑东道国是否对外国投资者具有歧视意图，但是东道国主观的歧视意图并不是构成其违反国民待遇的要件，关注焦点应放在东道国的行为给外国投资者和外国投资产生的不利效果上。

二、比较对象

多数国际投资协定并未明确外国投资者接受的哪些待遇属于可被比较的范围。此处比较对象（"comparator"）包括以下两个层面的内容：一是外国投资者接受的可与本国投资者比较的待遇范围界定；二是被比较的本国投资者的范围界定。具体而言，仅是东道国针对该外国投资者所为的行为才属于考量范围，还是东道国影响到该外国投资者的所有行为都属于比较范围呢？外国投资者应该和本国哪个范围的投资者做比较，是某个省的还是全国范围的？外国投资应该享有国内投资所接受待遇的平均水平还是优于任何国内投资的待遇水平？

（一）可比较的待遇范围

仲裁庭多宽泛地解读东道国给予外国投资和外国投资者的待遇范围。"Bayindir 诉巴基斯坦案"仲裁庭认为申请方主张的待遇范围不局限于东道国

---

① Marvin Feldman v. Mexico, ICSID Case No. ARB (AF) 99/1, Award, 16 December 2002, para. 181, online: http://icsidfiles.worldbank.org/icsid/ICSIDBLOBS/OnlineAwards/C175/DC587_En.pdf, last visited on May 1, 2021.

② Marvin Feldman v. Mexico, ICSID Case No. ARB (AF) 99/1, Award, 16 December 2002, para. 193.

调控外国投资的待遇，也包括东道国达成投资协议或行使其权力的其他行为。①"Merrill & Ring 诉加拿大案"仲裁庭认为"待遇"是一个广泛的概念，包括几乎所有能想象到的和投资者商业活动开始、发展、运营和终止有关的措施。换言之，"待遇"实际上包括所有影响申请方商业活动的东道国行为的总和。②

对于国际投资协定文本中没有限定合理比较对象，案件中也不涉及管辖冲突的情况，投资仲裁庭通常对东道国的国民待遇义务做出较高标准认定。"Pope & Talbot 诉加拿大案"和"Feldman 诉墨西哥案"中，仲裁庭均明确指出外国投资者应当享有不低于处于相似情形的任何国内投资者所接受到的待遇。③

（二）可比较的本国投资者范围

极少部分国际投资协定考虑到了应当在特定情形下，限定外国投资比较对象的范围问题，并在文本中做出了规定。例如，NAFTA 第 1102 条第 3 款明确要求"缔约一方根据第 1 款和第 2 款的规定所给予的待遇，在涉及作为其组成部分的州或省的时候，是指在同等情况下不得低于该州或省给予其本国投资者及投资的最优惠待遇"，据此把最优待遇的比较对象限定在同一辖区范围内。这一限定也得到了仲裁庭裁决的支持。在"Merrill & Ring Forestry L. P. 诉加拿大案"中，④加拿大政府鉴于林业在加拿大国民经济中的重要地位，出台了《第 102 号通知》（以下简称《通知》）。但此项联邦立法仅规范不列颠哥伦比亚省木材砍伐、加工和出口的程序。Merrill & Ring 林业公司是一家设立在不列颠哥伦比亚省的美国林业企业。该公司认为，其出口产自不列颠哥伦比亚省的木材时必须符合《通知》中诸多烦琐要求，如顺差检测程序（Surplus testing procedure）要求。而同属木材加工、出口行业的亚伯达省木材生产商则不需要遵守该《通知》的烦琐要求，因此《通知》对不列颠哥伦比亚省和亚

---

① Bayindir Insaat Turizm Ticaret Ve Sanayi A. S. v. Islamic Republic of Pakistan, ICSID Case No. ARB/03/29, Award, 27 August 2009, para. 388.

② Merrill & Ring Forestry L. P. v. Government of Canada, NAFTA (UNCITRAL), ICSID Administrated, Award, 31 March 2010, para. 79, online: http://icsidfiles.worldbank.org/icsid/ICSIDBLOBS/OnlineAwards/C5406/DC7890_En.pdf, last visited on May 1, 2021.

③ Pope & Talbot Inc. v. Government of Canada, NAFTA (UNCITRAL), Award on the Merits of Phase 2, 10 April 2001, para. 41. See also Marvin Feldman v. Mexico, ICSID Case No. ARB (AF) 99/1, Award, 16 December 2002.

④ Merrill & Ring Forestry L. P. v. Government of Canada, NAFTA (UNCITRAL), ICSID Administrated, Award, 31 March 2010.

伯达省木材生产商造成了差别待遇，这违反了加拿大在 NAFTA 第 11 章项下的国民待遇义务。但该案仲裁庭指出，根据 NAFTA 第 1102 条第 3 款的规定，申请方所受待遇的合理比较对象应当是同一辖区内的投资者，因此来自不列颠哥伦比亚省的申请方和来自亚伯达省的投资者不是合理比较对象。[1] 该案说明，在投资者同时受到联邦政府和省政府双重管辖时，若申请方主张的东道国政府对其实施差别待遇的措施是联邦政府所为，则申请方应和该项联邦政府措施覆盖的其他投资者作为比较对象。

比较对象的确定是认定东道国是否给予国民待遇的关键问题。正如仲裁庭在"Mobil Exploration 诉阿根廷案"中所指出的，国民待遇仅限于给予可比较的对象，并没有禁止东道国给予不可比的对象以差别待遇。[2] 而现有的仲裁实践认定的比较对象的范围极为宽泛，强调对外国投资者利益的保护。若东道国不在国际投资协定中对此予以限制，则应承担的国民待遇义务较繁重。

三、量化方式

在许多案件中，东道国是否给予外国投资和外国投资者以差别待遇并非显而易见。[3] 一些案件中，申请方主张如果东道国的行为给外商投资和本国投资造成了不同的影响，那么东道国便给予了外国投资差别待遇。[4] 但是仲裁庭普遍认为只有当差别待遇达到对外国投资构成"事实上的歧视"（de facto discrimination）的程度，才可认定东道国的区别对待行为违反了国民待遇义务。[5] 在如何认定"事实上的歧视"具体所指的程度上，仲裁庭分别采用过三种不同路径。

第一种是"不成比例优势"（disproportionate benefit）路径。"S. D. Myersv. Canada 案"仲裁庭认为，判断外国投资者是否受到歧视待遇需要考

---

[1] Merrill & Ring Forestry L. P. v. Government of Canada, NAFTA (UNCITRAL), ICSID Administrated, Award, 31 March 2010, paras. 81—82.

[2] Mobil Exploration and Development Inc. Suc. Argentina and Mobil Argentina S. A. v. Argentine Republic, ICSID Case No. ARB/04/16, Decision on Jurisdiction and Liability, 10 April 2013, para. 884.

[3] Pope & Talbot Inc. v. Government of Canada, NAFTA (UNCITRAL), Award on the Merits of Phase 2, 10 April 2001, paras. 70.

[4] Katia, Yannaca-Small, *Arbitration under International Investment Agreements: A Guide to the Key Issues* (Oxford University Press, 2010), p. 430.

[5] Marvin Roy Feldman Karpa v. United Mexican States, ICSID Case No. ARB (AF) /99/1, Award, 16 December 2002, para. 169.

虑的相关因素，包括"东道国行为结果是否会给东道国国民带来相较于非国民而言不成比例的优势"，以及"从表面上看，相较于被相关协定保护的非国民而言，政府行为是否更有利于东道国本国国民。"[①] 但这种路径被其后的"Pope & Talbot 诉加拿大案"仲裁庭否定。[②] 第二种是"不合理区分"（unreasonable distinctions）路径，取代了之前的"不成比例优势"路径。"Feldman 诉墨西哥案"和"ADM 诉墨西哥案"仲裁庭认为当东道国行为对处于相似情形下的外国投资者和本国投资者造成"不合理的区分"时，可认定该行为构成对外国投资者的歧视。[③] 第三种是晚近仲裁庭采取的"实质性影响"路径。"Apotex Holdings 诉美国案"仲裁庭认为申请方主张其受到的待遇必须对违反东道国国民待遇义务不是造成"非实质性的实际负面影响"（not-insignificant practical negative impact）。[④] 换言之，当申请方受到的待遇对其产生了实质性负面影响时，可认定东道国违反国民待遇义务。

从早期的"不成比例优势"到"不合理区分"，再演进至最近的"实质性影响"，仲裁庭在量化歧视待遇程度时采取的路径所覆盖的东道国调控措施范围越来越大。换言之，仲裁庭在阐释该问题时呈现有利于投资者的倾向。

四、政策基础

东道国的公共政策情况对于仲裁庭认定其行为是否违反国民待遇义务具有重要影响。当东道国给予外国投资者和本国投资者差别待遇时，应当着重考量东道国是否具有"合理基础"给予这样的差别待遇。[⑤] 也有仲裁庭将"合理基础"阐释为东道国政策和其实行的差别待遇之间应具有"合理联系"（reasonable nexus）。在"Pope & Talbot 诉加拿大案"中，仲裁庭分析了

[①] S. D. Myers, Inc. v. Government of Canada, NAFTA (UNCITRAL), Partial Award, 13 November 2000, para. 252.

[②] Pope & Talbot Inc. v. Government of Canada, NAFTA (UNCITRAL), Award on the Merits of Phase 2, 10 April 2001, paras. 55, 57, 63, 67, 71-72.

[③] Marvin Roy Feldman Karpa v. United Mexican States, ICSID Case No. ARB (AF) /99/1, Award, 16 December 2002, para. 170. Archer Daniels Midland Company and Tate & Lyle Ingredients Americas, Inc. v. United Mexican States, ICSID Case No. ARB (AF) /04/5, Award, 21 November 2007, para. 205.

[④] Apotex Holdings Inc. and Apotex Inc. v. United States of America, ICSID Case No. ARB (AF) /12/1, Award, 25 August 2014, para. 8.21.

[⑤] Marvin Roy Feldman Karpa v. United Mexican States, ICSID Case No. ARB (AF) /99/1, Award, 16 December 2002, para. 170.

1996年美国和加拿大缔结的《软木协议》的合法性后认定，加拿大政府采取的措施和政府政策间具有"合理联系"。一方面，这种措施在表面上和事实上，都没有对外国公司和本国公司进行区别对待。另一方面，这种措施没有损害《北美自由贸易协议》第1102条下投资自由化的目的。① 正是基于这种合法且非保护性的政策，加拿大政府没有违反其国民待遇义务。在之后的"Feldman诉墨西哥案"中，仲裁庭也沿袭了"Pope& Talbot诉加拿大案"分析思路，认为墨西哥政府需要证明，其区别对待外国投资和本国投资的行为具有"合理基础"，是意在保护本国知识产权和防止走私。② 但是墨西哥政府没有成功证明这种"合理联系"的存在，因此违反了国民待遇义务的要求。③

在实践中具体认定何为合理的政策基础时，应当注意两个问题：第一，程度要求。东道国具备合理的政策基础只要求政府的措施是合法和非保护性的，并不要求政府达成调控目的时采用具有"最少限制性"（least restrictive）影响的措施，否则会给东道国施加过大的压力。④ 第二，综合考量。不能仅依据东道国的事后解释就认定该其行为和公共政策间是否具有合理联系。⑤ 东道国必然会找到其调控措施的政策依据。如果仅由东道国任意解释，则国民待遇义务可能丧失其保护外国投资者的存在价值。被认定的差别待遇不应该是一个"单独"（single）、"孤立"（isolated）的行为，而应该是源于东道国系统性的政策。⑥ 因此，仲裁庭在判断东道国政府的行为是否给予了外国投资者低于本国投资者的待遇时，不应该仅仅着眼于东道国行为本身，还应当联系该措施出台的时间节点，与之前政策的前后衔接，是否存在配套的法律法规上等一系列

---

① Pope & Talbot Inc. v. Government of Canada, UNCITRAL, Award on the Merits of Phase 2, 10 April 2001, para. 70. footnote 74.
② Marvin Roy Feldman Karpa v. United Mexican States, ICSID Case No. ARB (AF) /99/1, Award, 16 December 2002, para. 170.
③ Marvin Roy Feldman Karpa v. United Mexican States, ICSID Case No. ARB (AF) /99/1, Award, 16 December 2002, p. 184.
④ Jürgen Kurtz, "Adjuding the Exceptional at International Investment Law: Security, Public Order and Financial Crisis", *The International and Comparative Law Quarterly* 59 (2010): 368—369.
⑤ United Parcel Service of America Inc. v. Government of Canada, NAFTA (UNCITRAL), Separate Statement of Dean Ronald A. Cass, 24 May 2007, paras. 131 – 132, online: http://icsidfiles.worldbank.org/icsid/ICSIDBLOBS/OnlineAwards/C5546/DC8755_En.pdf, last visited on May 1,2021.
⑥ Marvin Roy Feldman Karpa v. United Mexican States; ICSID Case No. ARB (AF) /99/1; Dissenting Opinion; Jorge Covarrubias Bravo; 3 December 2002, para. 9.4

因素综合考量。[①]

五、仲裁庭对"不低于待遇"释义中的投资者利益与东道国规制权

（一）"不低于待遇"所反映的投资者权利与东道国规制权平衡现状

国际投资协定中的国民待遇以保护外国投资者和外国投资为主要目标，其调整的是投资东道国和外商投资者之间的法律关系，故主要矛盾表现为公私冲突。在前面所述投资仲裁庭对东道国是否给予外国投资者不低于本国投资的待遇采取的认定路径基础之上，表3-1是各因素内容对平衡东道国规制权和投资者权利影响的分析。

表3-1 "不低于待遇"中仲裁庭的利益平衡分析

相关因素	仲裁庭认定	利益平衡 投资者	利益平衡 东道国
歧视意图	不需要	√	
比较对象	最优待遇	√	
量化方式	实质性影响	√	
政策基础	合理联系		√

对表3-1可做如下解读：

歧视意图：根据"S. D Myers诉加拿大案""Champion Trading诉埃及案""Occidental Exploration诉厄瓜多尔案"仲裁庭的认定，东道国是否对外国投资者具有主观的歧视意图并不是构成其违反国民待遇的要件，外国投资者也不需要承担证明东道国是故意歧视外国投资者而给予差别待遇的举证责任，只需要证明东道国的调控措施造成了事实上对外国投资者歧视的效果，有利于保护投资者权利。

比较对象：根据"Bayindir诉巴基斯坦案""Merrill & Ring诉加拿大案""Pope & Talbot诉加拿大案"和"Feldman诉墨西哥案"仲裁庭的认定，外国投资者应当享有不低于处于相似情形的任何国内投资者所接受到的待遇，即

[①] 例如，在"United Parcel Service of America Inc.诉加拿大案"中，法官Ronald A. Cass就指出，加拿大政府并未事前公开声明其选择的公司需要能够在全国范围内承担运送业务，以达成PAP项目。因此，加拿大政府不可事后援引（*ex post*）PAP项目作为拒绝给予外国投资国民待遇的政策基础。参见 Separate Statement of Dean Ronald A. Cass，24 May 2007，paras. 124，127.

外国投资者所接受的待遇应不低于处于相似情形的所有国内投资者中的"最优待遇",这样的规定给予了投资者极高的保护水平。

量化方式:早期仲裁庭在"S. D Myers 诉加拿大案"中采用的"不成比例优势"路径意味着仅当东道国行为结果给东道国国民带来相较于非国民而言不成比例的优势时,才可能被视为违背了其国民待遇义务。相比之下,其后仲裁庭在"Pope & Talbot 诉加拿大案"中采用的"不合理区分"路径在量上降低了对东道国措施造成影响的程度要求。晚近"Apotex Holdings 诉美国案"仲裁庭采用的"实质性影响"路径再次降低了该要求,即当东道国给予申请方的待遇对其产生了实质性负面影响时,可认定东道国违反国民待遇义务。由此可见,对国民待遇量化方式认定路径的演进,不断降低了可被覆盖的东道国措施门槛,整体朝向更有利于投资者保护的方向。

政策基础:根据"Pope & Talbot 诉加拿大案"和"Feldman 诉墨西哥案"仲裁庭的认定,当东道国政策和其实行的差别待遇之间具有"合理联系",即东道国调控措施意在维护其合法的、非保护性的公共政策时,可论证其差别待遇的合法性,豁免东道国在该情形下履行国民待遇的义务。合理的政策基础可视作歧视待遇的例外,给予了东道国对其调控措施辩解的权力。

通过以上分析可知,国际投资仲裁庭在认定东道国是否给予外国投资者不低于本国投资者的待遇时,采取的路径更侧重于投资者利益保护。不需要证明东道国的"歧视意图"和"实质性影响"的证明标准均有利于降低投资者举证责任,扩大比较对象的范围和程度则加重了东道国的保护责任。虽然合理的政策基础一定程度上给予了东道国豁免权,但是该政策需要综合各相关要素考量,例如是否合法且非保护性,公共利益指向,政策出台时间、背景,配套法律法规等。可见在认定东道国是否给予外国投资者不低于本国投资者的待遇的路径方面,东道国规制权仍然受到较大限制。

六、与国际贸易法国民待遇条款的"不低于待遇"的比较

国际贸易法的国民待遇条款要求给予进口产品不低于给予国内产品的待遇。类似地,国际投资法的国民待遇条款要求给予外国投资不低于本国投资的待遇,二者均涉及"不低于待遇"的问题。在如何量化"不低于待遇"的标准上,早年的国际贸易法案件中多采用"微量"标准,且对歧视性规制措施的禁

止并不受"微量"标准的限制。①但在近年的案件中,世界贸易组织专家组和上诉机构却频频否定该标准。例如,"韩国牛肉案"的上诉机构就推翻了专家组采纳的"微量"标准,②认为给予进口产品和国内产品形式差异的待遇并不必然也不足以构成对国民待遇义务的违反。认定一国是否违反其国民待遇义务的关键应当在于给予进口产品的差别对待是否不利于进口产品的竞争环境。"韩国牛肉案"的上诉机构所采的考察路径表明,量化"不低于待遇"的标准由形式上的"微量"标准转向实质上对竞争关系影响的考察,这同样被其后的"泰国香烟案"③和"欧盟海豹产品案"④的上诉机构所采纳。

国际投资仲裁中,也有申请方主张"微量"标准,诉称如果东道国的行为给外国投资和本国投资造成了不同的影响,则东道国给予了外商投资差别待遇。⑤但多数仲裁庭认为,只有当差别待遇达到了对外国投资"事实上的歧视"(de facto discrimination)时才可认为东道国的区别对待违反了国民待遇义务。⑥

在认定"不低于待遇"是否需要考虑进口国/东道国歧视意图("protectionist intent/discriminatory intent")这一问题上,国际贸易法和国际投资法实践呈现出略微不同的趋势。国际贸易法实践对这一问题争议颇大,

---

① United States — Measures Affecting Alcoholic and Malt Beverages (US — Malt Beverages), GATT Panel Report, DS23/R, BISD 39S/206, 19 June 1992, para. 5.6; Brazilian Internal Taxes, GATT Panel Report, BISDII/181, 30 June 1949, para. 16; United States — Taxes on Petroleum and Certain Imported Substances, GATT Panel Report, BISD 34S/136, 17 June 1987, para. 5.1.9; Japan — Customs Duties, Taxes and Labelling Practices on Imported Wines and Alcoholic Beverages, GATT Panel Report, BITSD 34S/83, 10 November 1987, para. 5, 8.

② Korea — Measures Affecting Imports of Fresh, Chilled and Frozen Beef, WTO Panel Report, WT/DS161/R, WT/DS169/R, 10 January 2001, as modified by WT/DS161/AB/R, para. 627.

③ Thailand — Customs and Fiscal Measures on Cigarettes from the Philippines, WTO Panel Report, WT/DS371/AB/R, 15 July 2011, para. 130, online: https://www.wto.org/english/tratop_e/dispu_e/cases_e/ds370_e.htm, last visited on May 1, 2021.

④ European Communities - Measures Prohibiting the Importation and Marketing of Seal Products (EC - Seal Products), WTO Panel Report, WT/DS400/AB/R, 18 June 2014, para 5.105, online: https://www.wto.org/english/tratop_e/dispu_e/cases_e/ds400_e.htm, last visited on May 1, 2021.

⑤ Katia, Yannaca — Small, *Arbitration under International Investment Agreements: A Guide to the Key Issues* (Oxford University Press, 2010), p. 430. Pope & Talbot v. Canada 仲裁庭也曾采纳"微量"标准,认为在外国投资和本国投资处于相似情形的前提下,任何待遇差别都应当被视为满足"低于待遇"这一要件。See Pope & Talbot, Inc. v. Government of Canada, NAFTA (UNCITRAL), Award on the Merits of Phase 2, 10 April 2001, para. 79.

⑥ Marvin Feldman v. Mexico, ICSID Case No. ARB (AF) 99/1, Award, 16 December 2002, para. 169.

早期的案件裁决多数并没有承认主观意图的相关性,但近年代表案件裁决对这一问题的认定似乎并不一致。[1] 例如,"欧盟香蕉案"专家组认为应当考察进口国行为是否有保护性意图,[2] "墨西哥软饮料税案"专家组也指出,与进口国采取行为相关的立法者和管理者意图不应该被彻底忽视。[3] 但"欧盟香蕉案"上诉机构持不同观点,认为保护性意图不需要作为东道国是否违反国民待遇的考量要件,[4] "欧盟石棉案"上诉机构也有类似表达。[5] 2014年的"欧盟海豹产品案"上诉机构更是明确指出,分析进口国是否给予进口产品低于国内产品的待遇时,应当考量进口产品的竞争机会是否被损害。[6] 换言之,不必将进口国是否具有保护性意图考虑在内。而国际投资仲裁庭在这一问题上的态度较为明确,现有的案件裁决均认为东道国的主观歧视意图并不必然和判断是否有歧视待遇相关。[7]

从"微量"标准转向对竞争关系的考察,反映了国际贸易法体系追求经济效率的需要,在案件中直接表现为专家组和上诉机构对竞争关系的强调。而围绕保护性意图的争议或许是来自发达国家和发展中国家的博弈。进展缓慢的多哈发展议程便是发达国家和发展中国家艰难博弈的反映。多哈发展议程自2001年11月启动,谈判于2006年和2008年两次被中止,一直到2013年才达成《巴厘一揽子协定》,实现多哈回合"零的突破"。谈判久拖不决的重要原因之一便是以美国为代表的发达国家和以印度、中国为代表的发展中国家在农

---

[1] 关于WTO专家组和上诉机构对这一问题的争议,可参见 Ming Du."Treatment No Less Favourable and the Future of National Treatment Obligation in GATT Article Ⅲ:4 after EC－Seal Products",*World Trade Review* 1 (2015):1-25

[2] European Communities - Regime for the Importation, Sale and Distribution of Bananas, Complaint by Ecuador, WTO Panel Report, WT/DS27/R/ECU, 25 September 1997, as modified by Appellate Body Report WT/DS27/AB/R, para. 7.249.

[3] Mexico－－Tax Measures on Soft Drinks and Other Beverages, WTO Panel Report, WT/DS308/R, 24 March 2006, para. 8.91, online:https://www.wto.org/english/tratop_e/dispu_e/cases_e/ds308_e.htm, last visited on May 1, 2021. See also Canada－Certain Measures Affecting Periodicals, WTO Panel Report, WT/DS31, 14 March 1997, para. 30.

[4] European Communities－Regime for the Importation, Sale and Distribution of Bananas, WTO Appellate Body Report, WT/DS27/AB/R, 25 September 1997, para. 216.

[5] European Communities － Measures Affecting Asbestos and Asbestos－Containing Products, WTO Appellate Body Report, WT/DS135/AB/R, 5 April 2001, para. 100.

[6] European Communities - Measures Prohibiting the Importation and Marketing of Seal Products (EC - Seal Products), WTO Panel Report, WT/DS400/AB/R, 18 June 2014, para. 5.115.

[7] 其后2003年"Champion Trading 诉埃及案"仲裁庭指出"对埃及政府的行为意图分析是无关的"。Champion Trading Company and Ameritrade International v. Egypt, ICSID Case No. ARB/002/9, Decision on Jurisdiction, 21 October 2003, para. 133.

业国内支持、农产品市场准入和非农产品市场准入等重要问题上无法达成一致，① 这反映出南北阵营的激烈对抗。国际贸易中，发达国家更多地扮演进口国角色，而发展中国家多为出口国。不要求考虑保护性意图明显更有利于出口国，便于其举证产品受到低于国内产品的待遇。可见近年来世界贸易组织上诉机构所采取的不要求证明歧视性意图的路径倾向于维护发展中国家的利益。这或许可以从实证的视角解释为什么近年来发达国家试图突破WTO框架甚至不惜阻挠WTO上诉机构正常运转，② 通过《全面与进步跨太平洋伙伴关系协定》《跨大西洋贸易与投资伙伴协议》和《国际服务贸易协定》等区域贸易谈判构建全球贸易新秩序。

"不成比例的利益"标准和对歧视意图的否定正体现了国际投资仲裁庭在东道国规制权和投资者保护之间努力寻求合理的利益平衡。"不成比例的利益"标准赋予了国际投资仲裁庭以一定自由裁量权，同时也给予了东道国在合理范围内差别对待外国投资和本国投资的权力。对歧视意图的否定则考虑到了投资者的相对弱势地位，让远道而来开展投资活动的个人或者企业，承担举证其并不熟悉的东道国具有主观歧视意图的责任对投资者而言负担过重。

本章小结

国民待遇条款反映出东道国和外国投资者在维护本国主权利益和促进资本跨国流动之间的博弈。在东道国与投资者争端解决机制面临改革的背景下，对国民待遇条款的内涵进行准确解读日益重要。

从国际投资仲裁庭近年来的案例，可见其适用国民待遇条款时，对于外国投资与本国投资是否处于"相似情形"的认定路径发展趋势：一方面，国际投资协定中的"相似情形"虽然和国际贸易体系中的"相似情形"在起源和措辞上具有诸多联系，但二者的含义不尽相同。国际贸易法实践倾向于考察产品的价格交叉需求弹性，即是否直接竞争或可替代来认定产品的"相似性"，而国际投资仲裁庭在认定外国投资与本国投资是否处于相似情形时，则倾向于淡化

---

① Alan, Beattie, Frances William. "Doha trade talks collapse". Financial Times，released on 29 July 2008.

② 由于美国滥用其一票否决权，2019年12月11日，世界贸易组织上诉机构因法官人数不足而陷入"停摆"状态。这是该机构成立近25年来首次"停摆"，也是世贸组织有史以来遭遇的一次严重危机。

外国投资与本国投资之间的竞争性/可替代性。另一方面，国际投资仲裁庭的实践表明，其不再是早年作为投资东道国"代言人"的角色，而是在"相似情形"比较量的选择、例外适用的问题上日益注重投资者利益和东道国规制权的平衡。国际投资仲裁庭在裁决时，不仅分析外国投资者和本国投资者是否处于同一经济部门，而且强调把东道国采取调控措施的目的纳入考量范围。

在认定东道国是否给予了外国投资或外国投资者以"不低于"给予本国投资或本国投资者待遇的问题上，投资仲裁庭普遍认定东道国是否对外国投资者具有主观的歧视意图并不是构成其违反国民待遇的要件，外国投资者也不需要承担证明东道国是故意歧视外国投资者而给予差别待遇的举证责任，只需要证明东道国的调控措施造成了事实上对外国投资者歧视的效果。如果协定中没有特别指明比较范围，则外国投资者应当享有不低于处于相似情形的任何国内投资者所接受到的待遇，即不低于处于相似情形的所有国内投资者中的"最优待遇"。在量化方式上，早期仲裁庭采用的"不成比例优势"路径意味着仅当东道国行为结果给东道国国民带来相较于非国民而言不成比例的优势时，才可能被视为违背了其国民待遇义务。相比之下，"不合理区分"路径在量上降低了对东道国措施造成影响的程度要求。后期的"实质性影响"路径再次降低了该要求，只要东道国措施事实上没有对外国投资者造成非实质性的负面影响，则可能被视为给予了外国投资者歧视待遇。当东道国政策和其实行的差别待遇之间具有"合理联系"，即东道国调控措施意在维护其合法的、非保护性的公共政策时，东道国可论证其差别待遇的合法性，即豁免东道国在该情形下履行国民待遇的义务。合理的政策基础可视作歧视待遇的例外，给予了东道国对其调控措施辩解的权力。但是对该政策是否可被合理援引的判断需要仲裁庭结合政策出台时间、背景，配套法律法规等各相关要素综合考量。

通过考察国际投资仲裁庭在适用国民待遇条款时对于外国投资与本国投资是否处于"相似情形"，以及外国投资者是否接受了"不低于"本国投资者接受的待遇这两个构成要件的解读可知，国际投资法体系的独立性日益增强。虽然早期国际贸易法实践在很大程度上影响着国际投资法的实践，但晚近国际投资仲裁庭越来越强调与国际贸易法体系的区别。此外，国际投资仲裁庭试图平衡外国投资者利益与东道国规制权，这是由于国际投资法主要面对的是外国投资者与东道国这一二元结构的公私冲突。做好国际投资协定实体条款的公私冲突平衡也将是投资者与东道国争端解决机制改革的核心要义之一。

第四章　国民待遇条款适用的例外

本书序言中提到，分析国民待遇条款的"两步走"方法中，仲裁庭通常会分析是否存在"国民待遇之例外"，而使得外国投资者和本国投资者不处于"相似情形"。国民待遇条款适用的例外即为不适用国民待遇条款的情形。晚近的国际投资仲裁体制过于倾向于保护投资者利益，[1] 导致以玻利维亚为首的数个国家退出《华盛顿公约》，国际投资法体系面临正当性危机，因此保护东道国的合理规制权的重要性开始得到关注。国际投资协定通过运用国民待遇的例外条款，有助于重新平衡东道国规制权和外国投资者权利。现有研究多集中于作为准入前国民待遇例外的负面清单管理模式，[2] 对国民待遇的其他例外情形及"隐含"在仲裁实践中的例外适用规则研究尚有不足。在我国进一步扩大对外投资开放之际，准入前国民待遇可能成为我国在国际投资协定中的"新常态"，[3] 明晰国民待遇条款适用例外的内涵和外延，善用国民待遇例外条款，对完善我国外商投资法律体系，开展国际投资协定谈判，保障我国政府对外商投资的合法规制权，积极应对扩大对外开放可能带来的冲击具有借鉴意义。

---

[1] 例如国际投资仲裁庭采用扩大"外国投资者"定义、滥用保护伞条款等方式扩大投资仲裁庭管辖权。

[2] Wang Zhongmei, "Negative List in the SHPFTZ and Its Implications for China's Future FDI Legal System", *Journal of World Trade* 50（2016）. Yang Songling, "China's Administrative Mode for Foreign Investment: from Positive List to Negative List", *Singapore Law Review* 33（2015）. 王利明：《负面清单管理模式与私法自治》，《中国法学》2014 年第 5 期，第 26—40 页；龚柏华：《中国（上海）自由贸易试验区外资准入"负面清单"模式法律分析》，《世界贸易组织动态与研究》2013 年第 6 期，第 23—33 页。

[3] Qianwen Zhang, China's "new normal" in international investment agreements. *Columbia FDI Perspectives*. No. 174, May 23, 2016, online: http://ccsi.columbia.edu/files/2013/10/No-174-Zhang-FINAL.pdf.

第一节　国民待遇条款适用例外之起源与正当性空间

有原则即有例外，例外与原则相伴而生，例外的设置有助于拓展原则的适用空间。国际投资协定为促进资本跨国平等流动而产生了国民待遇条款适用原则，也应当适当保障投资东道国行使正当规制权的政策空间，规定不给予国民待遇的例外情形。

一、国民待遇条款适用例外的起源

国际投资协定为促进资本跨国平等流动而规定了国民待遇、公平与公正待遇、最惠国待遇，禁止征收等条款适用的基本原则，同时在协定中通过例外适当保障投资东道国规制权，拓展原则的适用空间。国际投资协定例外条款的起源与国际投资活动的发展历程密切相关。

1959年前联邦德国与巴基斯坦缔结了世界上第一个双边投资协定。早在国际投资协定产生初期，吸引外国投资是东道国尤其是发达国家促进经济发展的有力手段。因此，多数国际投资协定重在强调对外国投资者的保护，对例外条款的关注不足，此时的例外条款尚处于萌芽阶段。20世纪70年代，新自由主义兴起，投资自由化浪潮高涨。同时，越来越多的东道国被外国投资者诉诸国际投资仲裁，这在20世纪90年代阿根廷遭遇经济危机后一度到达高峰。因此，各国开始反思投资自由化带来的问题，表现之一便是在国际投资协定中加入更多种类或内涵更为丰富的例外条款，以拓展东道国的政策空间。

国际投资协定的例外条款最早可见于美国的《友好、通商和航海条约》，早期规定较为简单，通常是为了东道国保护公共政策目标所设置。在近年的国际投资协定中内涵日趋丰富，主要表现形式为一般例外、根本安全例外和投资待遇条款的例外。一般例外条款规则主要以《关税及贸易总协定》第20条和《服务贸易总协定》第14条为蓝本，可追溯于1927年《禁止或限制进出口禁令的国际协定》，主要包括对公共道德、人类及动植物生命或健康，本国有艺术、历史等价值的财产、自然资源等利益的保护。根本安全利益例外条款则一直存在于美国《友好、通商和航海条约》，后被德国移植到其双边投资协定之中，再在各国缔结的双边投资协定中广泛传播。由于国民待遇和公平与公正待遇、最惠国待遇均具有密切联系，故许多双边投资协定对投资待遇约定共同的

第四章　国民待遇条款适用的例外　069

例外。此类例外采纳特殊优先于一般的适用原则，即当投资者从事的活动可能同时被其他国际条约调整时，特定领域的国际条约对待遇问题有特别规定的，从其特别规定。常见的种类主要包括区域经济组织例外、[1] 税收例外，例如规定国民待遇不包括缔约一方根据避免双重征税协定或其他税务安排给予第三国投资者的优惠、[2] 知识产权例外、[3] 政府采购和补贴例外等。[4] 但近年来也有部分双边投资协定将此类投资待遇例外纳入一般例外中，这些例外情形则不仅适用于投资的待遇问题，也适用于协定其他条款，例如2014年《英国与哥伦比亚双边投资协定》。

二、国民待遇条款适用例外的正当性空间

（一）维护投资东道国经济主权

设置国民待遇的例外对于维护投资东道国经济主权，平衡投资协定稳定性与灵活性，促成高保护水平投资协定的达成和建立可持续发展的国际投资法体系均具有重要意义。

20世纪60年代中后期开始出现经济主权的概念。1974年，联合国第六届特别联大通过了《关于建立新的国际经济秩序的宣言》，提出国家对其自然资源和国内一切经济活动有权行使永久主权：

"每一个国家对自己的自然资源和一切经济活动拥有充分的永久主权。为了保卫这些资源，每一个国家都有权采取适合于自己情况的手段，对本国资源及其开发实行有效控制，包括有权实行国有化或把所有权转移给自己的国民，这种权利是国家充分的永久主权的一种表现。"[5]

同年由联合国大会第3281（XXIX）号决议通过的《各国经济权利与义务宪章》中也有类似规定：

---

[1] 例如1987年《中国与意大利双边投资协定》第3条第3款。
[2] 例如2007年《英国与墨西哥双边投资协定》第5条第2款。
[3] 例如2012年《美国与卢旺达双边投资协定》第14条第4款。
[4] 例如2012年《美国与卢旺达双边投资协定》第14条第5款。
[5] United Nations General Assembly, Declaration on the Establishment of a New International Economic Order, A/RES/S－6/3201, Article 4（e）, online：http://www.un－documents.net/s6r3201.htm, last visited on May 1, 2021. 原文是 "Full permanent sovereignty of every State over its natural resources and all economic activities. In order to safeguard these resources, each State is entitled to exercise effective control over them and their exploitation with means suitable to its own situation, including the right to nationalization or transfer of ownership to its nationals, this right being an expression of the full permanent sovereignty of the State".

"每个国家对其全部财富、自然资源和经济活动享有充分的永久主权，包括拥有权、使用权和处置权在内，并得自由行使此项主权。"①

　　由此国家经济主权原则在国际法文件中予以确认。根据国家经济主权原则，一国有权自主决定对公共健康、安全、环境等国内经济事务的保护水平。② 外国投资者在东道国境内开展经济活动与该国国内经济事务密切联系。因此，东道国在承诺给予外国投资者国民待遇的同时，通过设置例外情形可适当保留规制权。国民待遇实际上是国家主权和外商投资之间的博弈。国家间双边投资协定的核心目的之一是促进资本的自由流动。③ 因此，双边投资协定常通过一些待遇实体条款给予外国投资者合理保障，比如国民待遇、公平公正待遇、禁止征收等。④ 这些条款看似是东道国承诺给予外国投资者以与本国投资者相同的投资权利，以此来促进资本在国家间的流动。但事实上，没有任何一个国家愿意给外国投资者和外国投资"完全的自由"。对于给予国民待遇，即使一些国家原则上予以接受，一般也都附加了不同程度的限制。⑤ 比如国家在拒绝给外商投资提供国民待遇时，常常明示或暗示地指出案件中的情形是国民待遇的例外。即使是对外资最为开放的美国，对外资进入本国市场领域的限制也有十余种之多。⑥ 一国是否在外资运营阶段实行国民待遇主要受制于该国的

---

① United Nations General Assembly, Charter of Economic Rights and Duties of States, A/RES/29/3281, Article2（1），online：http://www.un-documents.net/a29r3281.htm, last visited on June 15, 2020. 原文是"Every State has and shall freely exercise full permanent sovereignty, including possession, use and disposal, over all its wealth, natural resources and economic activities"。

② Kojo Yelpaala, "Fundamentalism in Public Health and Safety in Bilateral Investment Treaties (PartⅡ)", Asian Journal of WTO & International Health Law and Policy 3（2008）：465-466, 475-479, 492-493.

③ 该目的的表述可详见许多双边投资协定的引言部分，例如 Treaty with the Czech and Slovak Federal Republic Concerning the Reciprocal Encouragement and Protection of Investment, Czech and Slovak, 22 October 1991（amended 1 May 2004）.

④ 例如 Treaty Between the Government of the United States of America and the Government of [country] Concerning the Encouragement and Reciprocal Protection of Investment（the 2012 US Model BIT），Annex B, Article 3，4，5，6.

⑤ 例如 Glamis Gold, Ltd. v. United States, NAFTA（UNCITRAL），Award, 8 June 2009, online：http://www.italaw.com/sites/default/files/case-documents/ita0378.pdf, last visited on June 15, 2020. Metalclad Corporation v. Mexico, ICSID Case No. ARB（AF）/97/1，Award, 30 August 2000, online：http://icsidfiles.worldbank.org/icsid/ICSIDBLOBS/OnlineAwards/C155/DC542_En.pdf, last visited on May 1, 2021. 再如 Tecnicas Medioambientales Tecmed, S. A. v. United Mexico States, ICSID Case No. ARB（AF）/00/2，Award, 29 May 2003, online：http://icsidfiles.worldbank.org/icsid/ICSIDBLOBS/OnlineAwards/C3785/DC4872_En.pdf, last visited on May 1, 2021.

⑥ 姚梅镇：《国际投资法》，武汉：武汉大学出版社1989年版，第51-57页。

经济体制改革的进程与经济发展水平。[①] 通过坚持原则的同时援引例外，主权国家不仅保护了处于竞争中的本国投资者，而且将条约解释的自由控制在了本国手中。

(二) 平衡国际投资协定的稳定性与灵活性

国际投资协定的谈判往往耗时耗力。例如，作为世界上最大的发达国家和最大的发展中国家之间的谈判，中美双边投资协定谈判就曾经历一番波折。为了加强对本国海外投资企业的保护，中美双方于1982年至1987年间开展了六轮双边投资协定谈判，但均以失败告终。自此中美双边投资协定谈判被搁置多年。随着中美两国日渐展示出巨大的双向投资潜力，两国又开始了一些非正式的接触与商谈。2008年6月18日，中国政府和美国政府正式宣布开始启动双边投资协定谈判，"为两国投资者提供投资便利和投资保护，并提高投资的透明度和可预见性。"[②] 在开展谈判初期，中美两国仍然在准入前国民待遇、劳工权利、环境标准等问题上存在较大分歧。经过多个回合的博弈，两国在2013年7月的第五轮中美战略与经济对话上达成一致，同意"以准入前国民待遇和负面清单为基础开展中美双边投资协定的实质性谈判"。[③] 虽然中美双边投资协定谈判在2013年取得突破性进展，但由于美国政府的换届以及随后加剧的中美贸易摩擦，2019年中美双边投资协定谈判暂停，迄今尚未达成最终文本。可见国际投资协定的达成往往需要各国长期的努力和适当的妥协，谈判的过程往往十分漫长，其间伴随很大的不确定性。如此耗时费力达成的国际投资协定应当具备稳定性以及可预见性，以保障其在较长一段时间内对缔约国适用。

与此同时，伴随着国际社会的发展前进，新的公共问题不断涌现。例如，环境问题在几十年前并不是公众关注焦点。但国家在追求经济利益最大化的过程中，不断以牺牲环境安全，破坏自然资源为代价换取经济效益，严重损害了人类生存的家园和全人类的长远利益。因此，各国纷纷开始在投资协定中纳入环境保护条款，这些条款通常以例外形式存在。2007年《加拿大与秘鲁双边投资协定》将保护人类、动物或植物的生命或健康，保护可用竭的生物或非生

[①] 徐崇利：《试论我国对外资实行国民待遇标准的问题》，《国际经济法论丛》1998年第1期，第189—192页。

[②] "第四次中美战略经济对话成果说明"，载新华网 http://news.xinhuanet.com/newscenter/2008-06/27/content_8450010.htm，2021年5月1日最后访问。

[③] "中美战略与经济对话经济成果丰硕"，载新华网 http://news.xinhuanet.com/world/2013-07/13/c_116520838.htm，2021年5月1日最后访问。

物自然资源作为适用该双边投资协定的一般例外情形。① 又例如，日益严峻的知识产权问题也逐渐引起社会关注，使得一些国家将保护知识产权作为例外纳入双边投资协定中，如 2014 年《中国与加拿大双边投资协定》。② 例外条款的设置有助于国家与时俱进，在国际投资协定中纳入东道国需要行使规制权的新情况，弥补为维护条约稳定性而减损的灵活性。

（三）促成高保护水平投资协定的达成

在国际投资协定中设置例外情形增加了国家在投资协定谈判中妥协的可能性。如果没有相应的例外设置，国家间的投资协定谈判博弈很可能更加困难，而能够因此达成的投资协定保护水平将会更低。换言之，每一种例外的设置并非必然导致外国投资者利益的减损。相反，正是例外的存在促成了国家间的妥协，也很可能为外国投资者营造了更好的投资环境。③

例如，《服务贸易总协定》第 17 条以具体承诺为条件要求其成员方给外国服务和外国服务提供者提供国民待遇。④ 换言之，国民待遇被纳入"具体承诺义务"，是需要通过谈判才能实现的具体承诺，而非所有成员方均应承担的"一般义务"。《服务贸易总协定》项下的具体承诺义务包括国民待遇义务是一种非统一的、低水准的服务贸易自由化义务。⑤ 具体承诺义务允许各国保留分期，并降低了妥协的"门槛"，因此更容易得到《服务贸易总协定》各成员方认同。⑥ 相类似的，设置国民待遇的例外情形也是通过降低门槛，赋予东道国一定程度的选择权，促使各国对更高保护水平的国际投资协定做出妥协，进而推动国际投资协定的达成，为外国投资者提供更高水平的保护。

---

① 2007 年《加拿大与秘鲁双边投资协定》第 10 条 "一般例外" 情形规定："Subject to the requirement that such measures are not applied in a manner that would constitute arbitrary or unjustifiable discrimination between investments or between investors, or a disguised restriction on international trade or investment, nothing in this Agreement shall be construed to prevent a Party from adopting or enforcing measures necessary: (a) to protect human, animal or plant life or health; … (c) for the conservation of living or non-living exhaustible natural resources."

② 2012 年《中国与加拿大双边投资协定》第 8 条第（4）款："就知识产权而言，一缔约方可按照符合缔约双方均为成员方的知识产权国际协定的方式，背离本协定第三条、第五条和第六条。"

③ Kenneth J. Vandevelde, "Rebalancing through exceptions", *Lewis & Clark Law Review* 17 (2013): 449—455.

④ GATS 第 17 条 "国民待遇" 第 1 款规定："对于列入减让表的部门，在遵守其中所列任何条件和资格的前提下，每一成员在影响服务提供的所有措施方面给予任何其他成员的服务和服务提供者的待遇，不得低于其给予本国同类服务和服务提供者的待遇。"

⑤ 赵维田：《世贸组织（WTO）的法律制度》，长春：吉林人民出版社，2000 年版，第 368 页。

⑥ 徐崇利：《经济全球化与国际经济条约谈判方式的创新》，《比较法研究》2001 年第 3 期，第 69 页。

(四) 构建可持续发展的条款国际投资法体系

国际投资法中的国民待遇以保护外国投资者和外国投资为主要目标，其调整的是投资东道国和外国投资者之间的法律关系，故主要矛盾表现为公私冲突。合理化解公私冲突是国际投资法体系实现可持续发展的关键。然而，晚近的国际投资争端仲裁实践常常漠视东道国正当权益，① 如此做法引起了许多主权国家的不满。例如，以玻利维亚为首的诸多国家相继退出《华盛顿公约》。投资者与东道国争端解决机制正面临严重的信任危机，改革已迫在眉睫。②

平衡外国投资者利益和东道国规制权是解释国际投资协定的核心要义之一。③ 一边倒的协定将不再被国际社会所接受。④ 在国际投资协定中适当构建例外适用路径，保障投资东道国合理的政策空间，有利于平衡东道国规制权和投资者合法利益，有助于建立更加平衡的国际投资法体系。而一个平衡的国际投资法体系才能是一个更加可持续发展的体系。⑤

第二节 协定文本例外条款的内容扩张

一、国际投资协定中国民待遇文本的例外类型

国际投资协定中国民待遇适用的例外主要有三种情况：第一类是针对国民待遇条款单独设置的例外，不可适用于协定中的其他条款；第二类是针对投资

---

① Jürgen Kurtz, "The Delicate Extension of MFN Treatment to Foreign Investors: Maffezini v. Kingdom of Spain", in Weiler, International Investment Law and Arbitration (Cameron May, 2005), pp. 534—535.

② 相关评论可参见 Fernando Mantilla-Serrano, "The Effect of Bolivia's Withdrawal From the Washington Convention: Is BIT — Based ICSID Jurisdiction Foreclosed?" Mealey's International Arbitration Report 22 (2007): 39.

③ E. García-Bolívar, "The Teleology of International Investment Law: The Role of Purpose in the Interpretation of International Investment Agreements", *The Journal of World Investment & Trade* 6 (2005): 771.

④ Wenhua Shan, *The Legal Framework of EU — China Investment Relations: A Critical Appraisal* (Hart Publishing, 2005), pp. 270 - 276.

⑤ Wenhua Shan, "Towards a Balanced Liberal Investment Regime: General Report on the Protection of Foreign Investment, General Report on the Protection of Investment for the XVIIIth International Congress of Comparative Law 2010 Washington DC", *ICSID Review: Foreign Investment Law Journal* (2010): 473.

待遇条款设置的例外，不仅适用于国民待遇条款，通常还适用于公平与公正待遇条款及最惠国待遇条款；第三类是根本安全例外和一般例外，即适用于整个投资协定的所有条款

（一）国民待遇条款的例外

国际投资协定中的国民待遇条款通常有两种模式，即相对保守的准入后国民待遇模式（post-entry model）和相对激进的准入前国民待遇模式（pre-entry model）。准入后国民待遇模式针对外国投资者进入东道国投资设立企业后的行为活动[1]，而准入前国民待遇模式是将国民待遇的适用范围覆盖到投资设立的准入前阶段。[2] 虽然据商务部统计，全球已有七十多个国家采取了准入前国民待遇模式，但准入后国民待遇模式仍占主流。[3] 绝大多数准入后国民待遇均存在例外，表现形式通常为国民待遇条款中的一些限制性措辞。国际投资协定对国民待遇条款的限制性措辞主要分为以下三类：

第一类国际投资协定的做法是通过措辞实质性豁免东道国的国民待遇义务。其中，最常见的是规定缔约方应"尽量"或"尽可能"给予另一方投资者或投资以国民待遇，例如1994年《中国与冰岛双边投资协定》。"尽量"的措辞既不要求东道国消除现有的歧视措施，也不禁止其未来可能采取的歧视行为。[4] 故"尽量"的表述只是展现缔约国愿意给予外商投资平等待遇的良好愿望，[5] 而非对东道国行为提出实质性要求，故该限制措辞可以使得整个国民待遇义务成为例外。

第二类国际投资协定的做法是把东道国为外国投资者提供国民待遇的义务限制在"不损害其法律法规""根据东道国法律法规"或"互惠"的前提下。例如，2004年《中国与拉脱维亚双边投资协定》第3条第2款规定，缔约一

---

[1] Andrew Newcombe & Lluis Paradell, Law and Practice of Investment Treaties: Standards of Treatment (Kluwer Law International, 2009), p. 134.

[2] OECD, Treatment of Investors and Investments (Pre/Post-Establishment). http://www1.oecd.org/daf/mai/pdf/ng/ng953e.pdf, last visited on June 15, 2020.

[3] 人民网："商务部：已有77个国家采用准入前国民待遇和负面清单模式"，载人民网 http://finance.people.com.cn/n/2013/0712/c1004-22173506.html，2021年5月1日最后访问。

[4] Ibrahim FI Shihata, "Recent Trends Relating to Entry of Foreign Direct Investment", *ICSID Review-Foreign Investment Law Journal* 9 (1994): 55.

[5] Stephan W Schill, "Tearing Down the Great Wall: the New Generation Investment Treaties of the People's Republic of China", *Cardozo Journal of International Comparative Law*, 15 (2007): 95.

方只能"在不损害其法律法规的前提下"给予缔约另一方投资者以国民待遇。① 又如，1999年《印度与印度尼西亚双边投资协定》第4条第3款也规定是否给予外资国民待遇是由本国立法决定的。② 此类限制最为多见，通常被视为不要求东道国消除现有歧视行为。③ 除非东道国法律或规章授予外国投资者国民待遇，否则外国投资者不能当然享有国民待遇。④ "根据东道国法律法规"的限制措辞作为指引，把国民待遇的例外情形限制在了东道国国内法律法规中。和缔结国际投资协定需要多方参与和艰苦博弈不同，东道国制定国内法律法规由东道国单方决定，体现东道国的单方意志，程序简便，效率较高。因此，在国际投资协定中加入"根据东道国法律法规"的限制措辞，可赋予东道国依据国内法规定国民待遇例外情形的权力，由此较大程度地保障东道国的规制权。但是从外国投资者的角度看，这样的规定过度强调东道国自主权，是不利于外国投资者利益保护的。也有部分国际投资协定将提供给外国投资者国民待遇限制在"基于互惠"的条件下适用，如2002年《中国与塞浦路斯双边投资协定》。⑤ 限定"互惠"为适用条件，实质上是限定最惠国待遇条款的适用。例如A国和B国签订双边投资协定中约定基于互惠而给予国民待遇，A国和B国签订的双边投资协定以及B国和C国签订双边投资协定中均约定了给予最惠国待遇，但A国和C国尚未签订双边投资协定。如果C国投资者到A国开展投资，则可能依据A、B国双边投资协定和B、C国双边投资协定中的最惠国待遇条款，主张C国投资者在A国享有A、B国双边投资协定中的国民待遇。由于最惠国待遇具有"多边自动传导效应"，通过限定"互惠"的条件可一定程度上限缩国民待遇适用范围。

第三类是近年以欧盟为代表的国际投资协定，它们大幅增加了国民待遇适

---

① Agreement between the Government of the People's Republic of China and the Government of the Republic of Latvia on the Promotion and Protection of Investments, 15 April 2004, Article 3（2），online：http：//investmentpolicyhub. unctad. org/Download/TreatyFile/754，last visited on May 1,2021.

② Agreement between the Government of the Republic of Indonesia and the Government of the Republic of India for the Promotion and Protection of Investments, 8 February 1999, online：http：//investmentpolicyhub. unctad. org/Download/TreatyFile/1563，last visited on May 1,2021.

③ Ibrahim FI Shihata, "Recent Trends Relating to Entry of Foreign Direct Investment", *ICSID Review-Foreign Investment Law Journal* 9（1994）：955.

④ Berger A., China's New Bilateral Investment Treaty Programme：Substance, Rational and Implications for International Investment Law Making. American Society of International Economic Law Interest Group 2008 Conference in Washington, DC, November. 2008：12.

⑤ 《中华人民共和国政府和塞浦路斯共和国政府关于相互促进和保护投资协定和议定书》第三条第四款，http：//tfs. mofcom. gov. cn/article/h/au/201002/20100206785142. shtml.

用例外的内容。这里的例外涵盖的内容则相当广泛，不仅可能包括公共安全、公共道德、公共秩序、保护人类和动植物的生命或健康、保护文化历史遗产、保障公平有效地直接征收等措施，①甚至近年来出现了将"保护与个人数据处理和传输相关的个人隐私"和"保护个人记录和账户的隐私"纳入国民待遇的例外之中。②

准入前国民待遇的例外一般通过"负面清单"的方式表现。"负面清单"指向的东道国予以保留的不适用国民待遇的产业和部门，③实为"冻结承诺"，原则上东道国不可在负面清单之外增加新的不符措施。④负面清单通过使外国投资者迅速确定其投资领域是否面临限制和约束，以及面临怎样的限制和约束，意在增加东道国外商投资管理体制的透明度。⑤

（二）投资待遇条款的例外

如前面所述，20世纪60年代中期之前，国民待遇都不是双边投资协定中典型的独立适用的条款，也未独立于其他实体待遇条款而存在。⑥在一些较为早期的欧洲国家间双边投资协定中，国民待遇和公平与公正待遇很大程度上是互相混同的。⑦此外，由于国民待遇和最惠国待遇都属于非歧视原则的重要内核，故许多双边投资协定的国民待遇和最惠国待遇都规定在同一条款之内。常见的表述为"缔约一方应给予缔约另一方的投资者在其领土内的投资不低于其给予本国投资者投资的待遇，或不低于其给予任何第三国投资者投资的待遇，如果此待遇更为优惠。"例如，2014年《英国与哥伦比亚双边投资协定》第3条第1款。但是近年来双边投资协定中的国民待遇条款却逐渐独立成为一项重要的实体标准。

---

① Investment Protection Agreement between the European Union and its Member States, of the one part, and the Republic of Singapore, of the other part, Article 2.3.3.

② Investment Protection Agreement between the European Union and its Member States, of the one part, and the Republic of Singapore, of the other part, Article 2.3.3 (e) (ii).

③ United Nations Conference on Trade and Development, Admission and establishment, UNCTAD Series on issues in international investment agreements. United Nations Publication. 2002. 5.

④ United Nations Conference on Trade and Development, Preserving Flexibility in IIAs: the Use of Reservations. United Nations publication, 2006. 19.

⑤ Thomas Pollan, *Legal Framework for the Admission of FDI* (Eleven International Publishing, 2006), pp. 136-137.

⑥ Kenneth Vandevelde, *Bilateral Investment Treaties: History, Policy, and Interpretation* (Oxford University Press, 2010), p. 374.

⑦ 例如 Traité entre la Confédération Suisse et la République Tunisienne relatif à la protection et à l'encouragement des investissements de capitaux, Swiss and Tunisia, le 2 décembre 1961, Article 1.

由于国民待遇与公平与公正待遇和最惠国待遇具有密切联系，故许多国际投资协定对投资待遇的条款约定共同的例外。此类例外采纳特殊优先于一般的适用原则，即当投资者从事的活动可能同时被其他国际条约调整时，特定领域的国际条约对国民待遇问题有特别规定的，从其特别规定。常见的种类主要包括：（1）区域经济组织例外，例如1982年《英国与也门双边投资协定》。（2）税收例外，即规定国民待遇不包括缔约一方根据避免双重征税协定或其他税务安排给予第三国投资者的优惠，例如2007年《英国与墨西哥双边投资协定》第5条第2款。（3）知识产权例外，例如2012年《美国与卢旺达双边投资协定》第14条第4款，规定"国民待遇和最惠国待遇不适用于《与贸易有关的知识产权协定》第3条中关于义务例外和减损的规定。"（4）政府采购和补贴例外，例如2012年《美国与卢旺达双边投资协定》第14条第5款，规定"国民待遇和最惠国待遇不适用于：a. 政府采购；b. 缔约方给予的补贴或赠款，包括政府支持的贷款、担保和保险。"但近年来也有部分双边投资协定将此类例外纳入一般例外中，不仅适用于国民待遇义务，也适用于协定其他条款，如2014年《英国与哥伦比亚双边投资协定》。

常见的投资待遇条款的例外情形包括国家安全、国民健康、公序良俗、避免双重征税协定、知识产权保护以及特别保留的投资部门等。除此之外，还有一些例外规定体现在东道国的国内立法中。国际投资仲裁庭也多次肯定例外情形的适用，如"Pope & Talbot 诉加拿大案"提到了公共政策作为适用的例外。[①] 又如在"S. D Myer 诉加拿大案"中，投资仲裁庭运用了世界贸易组织专家组对国民待遇"相似产品"相似程度的分析方法。世界贸易组织案件中，专家组和上诉机构需要判断是否存在属于《关税及贸易总协定》第20条中的例外情形。[②] 换言之，应当考量东道国的条款措施是否意在保护本国的公共利益，从而认定东道国的行为是否违反其国民待遇义务。[③] 《关税及贸易总协定》第20条列举了一些例外情形，比如涉及人体健康或者自然资源的事项。也有的双边投资协定中明确规定了此类例外，比如2007年《挪威双边投资协定范本》。但是《北美自由贸易协定》文本中并没有明确列出例外情形。

[①] Pope & Talbot, Inc. v. Government of Canada, NAFTA (UNCITRAL), Award on the Merits of Phase 2, 10 April 2001, para. 73.

[②] S. D. Myers, Inc. v. Canada, NAFTA (UNCITRAL), Partial Award, 13 November 2002, para. 246.

[③] S. D. Myers, Inc. v. Canada, NAFTA (UNCITRAL), Partial Award, 13 November 2002, para. 250.

（三）根本安全例外和一般例外

阿根廷遭遇经济危机，引发被多国投资者诉至国际投资仲裁庭的"多米诺骨牌"效应，使各国在签订国际投资协定时愈发重视"国家安全例外"或"根本安全例外"条款。"根本安全利益"（essential security interest）作为一般例外的一种，在过去几十年有了较大发展。从第二次世界大战后的美国友好、通商和航海条约中开始，根本安全利益条款长期应用在国家间经济合作条约中。在现行生效的双边投资协定中，根本安全利益例外条款至少出现在其中的200多个条约中。[①] 根本安全利益例外条款起着安全阀的作用，意在对风险进行再分配，即将例外情形下损害投资者的费用从东道国转移给外国投资者，一定程度上限制了对外国投资者的保护。

早期的双边投资协定多数没有包括一般例外条款，但在双边投资协定中纳入一般例外条款开始成为国际投资协定新趋势。[②] 据统计，早期（1962—2011年）包括一般例外条款的双边投资协定仅占缔结双边投资协定总数的12%，而晚近（2012—2014年）包含一般例外条款的双边投资协定数目已占缔结双边投资协定总数的58%。[③] 2012年新签订的30项国际投资协定中，就有10项协定明确规定了一般例外条款。[④] 在例外条款中，安全例外条款的增长数量占比较大。根据 UNCTAD 的统计数据显示，现有2577个国际投资协定中，有394个包含了安全例外条款，其中255个国际投资协定为2000年之后签订，这表明安全例外正日益受到缔约国重视。一般例外条款同根本安全例外一样，不仅适用于国民待遇义务，而且适用于整个投资协定的其他条款。中国近年来也日趋重视在国际投资协定中补充例外条款。在2012年中加双边投资协定中，中国首次特别纳入了税收措施和财务审慎措施作为例外情况。

[①] W. W. Bruke & A. V. Staden, "Investment Protection in Extraordinary Times: The Implication and Application of Non–Preclude Measures Provisions in Bilateral Investment Treaties", *Virginia Journal of International Law* 48 (2008): 313.

[②] Kenneth J. Vandevelde, Rebalancing through exceptions. *Lewis & Clark Law Review* 17 (2013), p. 451.

[③] United Nations Conference on Trade and Development, World Investment Report 2016: Investment Nationality: Policy Challenges. United Nations Publication, 2015. 114.

[④] United Nations Conference on Trade and Development, World Investment Report 2013: Global Value Chains: Investment and Trade for Development. United Nations Publication, 2012. 101–102. 这十项国际投资协定中，《欧盟与伊拉克投资合作协定》第203条和《欧盟—哥伦比亚—秘鲁自由贸易协定》第167条的一般例外条款并非专属于投资章节，但适用于投资。

一般例外条款的内容非常广泛，常见内容包括公共安全和健康，[①] 公共秩序，[②] 自然资源、人类、动植物生命或健康，[③] 金融审慎原则，[④] 劳工和环境，[⑤] 文化产业发展[⑥]等。和根本安全例外类似，一般例外也呈现扩张趋势。欧盟甚至提出投资协定的例外也应包括为保护艺术、历史和古迹等国家财富而采取的必要措施。[⑦]

二、国际投资协定中国民待遇文本的例外扩张表现

20世纪末的投资自由化浪潮高涨，加之国际投资仲裁庭在适用国际投资协定时倾向于保护外国投资者利益，严重损害了东道国的合法权利。面对投资者与东道国争端解决机制的正当性危机，后期新缔结的国际投资协定明显比过

[①] Agreement between the Arab Republic of Egypt and the Federal Republic of Germany concerning the Encouragement and Reciprocal Protection of Investments，Egypt and Germany，16 June 2005，Article 3（2），online：http://investmentpolicyhub.unctad.org/Download/TreatyFile/1072,last visited on May 1,2021.

[②] Bilateral Investment Treaty between the Government of The Hashemite Kingdom of Jordan and the Government of the Republic Of Singapore，Jordan-Singapore BIT，16 May 2004，Article 18（a），online：http://investmentpolicyhub.unctad.org/Download/TreatyFile/1755,last visited on May 1,2021.

[③] Agreement between Canada and the Republic of Peru for the Promotion and Protection of Investments，Canada and Peru，14 November 2006，Article10，online：http://investmentpolicyhub.unctad.org/Download/TreatyFile/626,last visited on May 1,2021.

[④] Agreement Between the Government of Canada and the Government of the Hong Kong Special Administrative Region of the People's Republic of China for the Promotion and Protection of Investments，Canada and Hong Kong，10 February 2016，Article 20（1）.

[⑤] Agreement between the Swiss Confederation and Georgia on the Promotion and Reciprocal Protection of Investments，Switzerland and Georgia，3 June 2014，Article 9（1），online：http://investmentpolicyhub.unctad.org/Download/TreatyFile/4814,last visited on May 1,2021.

[⑥] Agreement between Japan and the Republic of Kazakhstan for the Promotion and Protection of Investment，Japan and Kazakhstan，23 October 2014，Article 17（7），online：http://investmentpolicyhub.unctad.org/Download/TreatyFile/3283,last visited on May 1,2021.

[⑦] Nathalie Bernasconi-Osterwalder，The Draft Investment Chapter of the Canada-EU Comprehensive Economic and Trade Agreement：A Step Backwards for the EU and Canada?，online：http://www.iisd.org/itn/2013/06/26/the-draft-investment-chapter-of-canada-eu-comprehensive-economic-and-trade-agreement-a-step-backwards-for-the-eu-and-canada/，2021年5月1日最后访问。2004年《约旦与新加坡双边投资协定》中已将保护艺术、历史和古迹等国家财富必要的措施也纳入例外范围，See Bilateral Investment Treaty between the Government of The Hashemite Kingdom of Jordan and the Government of the Republic Of Singapore，Jordan-Singapore BIT，16 May 2004，Article 18（d）.

去更多地纳入例外条款。① 根据联合国贸易和发展会议（UNCTAD）的统计，在现今 2577 个国际投资协定中，共计 394 个包含根本安全例外条款。其中，早期（1962—1999 年）包括根本安全例外的国际投资协定 139 个，而晚近（2000—2019 年）缔结的协定中包含根本安全例外的有 255 个。125 个国际投资协定包含公共政策例外。其中，早期（1962—1999 年）缔结数量为 26 个，而晚近（2000—2019 年）缔结数量为 99 个。112 个国际投资协定包含金融审慎例外。其中，早期（1962—1999 年）缔结数量为 25 个，而晚近（2000—2019 年）缔结数量为 87 个。② 由此可见，无论是根本安全例外、公共政策例外还是金融审慎例外条款在国际投资协定中的数量都在快速增长。伴随东道国规制权意愿的加强，国际投资协定文本中例外条款的内涵不断扩张，这主要可以表现为根本安全范围扩大、信息安全纳入管控和可持续发展纳入公共政策。

（一）根本安全范围扩大

传统观点对根本安全的理解限于国家领土完整范畴，认为此处的根本安全利益是指国家面临来自外部的对领土完整的威胁。③ 当出现威胁到一国自保的情形时，该国可以采取任何必要的措施来维护本国生存。④ 现在这种观点有了新的发展。首先，这里的"安全"不再被局限于国家安全的范围内，许多双边投资协定都降低了"安全"的标准，比如 2004 年《美国双边投资协定范本》，在根本安全例外条款中除纳入缔约方根本安全利益，还加入了履行维持或恢复国际和平与安全的义务有必要的措施。⑤ 一些国际投资仲裁案件将经济危机认定为威胁到了一国的"根本安全利益"。⑥ 其主要的根据是《维也纳条约法》第 31 条第 3 款 c 项的规定，对条约的解释应当"考虑所有在当事方之间可适

---

① 具体统计可参见联合国贸易和发展委员会的统计数据，See UNCTAD, Investment Policy Hub, https://investmentpolicy.unctad.org/international-investment-agreements.

② UNCTAD, Investment Policy Hub, https://investmentpolicy.unctad.org/international-investment-agreements.

③ R. Boed, "State of Necessity as a Justification for Internationally Wrongful Conduct", *Yale Human Rights and Development Law Journal* 3（2001）：4.

④ R. Boed, "State of Necessity as a Justification for Internationally Wrongful Conduct", *Yale Human Rights and Development Law Journal* 3（2001）：4.

⑤ Treaty Between the Government of the United States of America and the Government of [country] Concerning the Encouragement and Reciprocal Protection of Investment（the 2012 US Model BIT）, Article18.

⑥ CMS Gas Transmission Company v. The Republic of Argentine, ICSID Case No. ARB/01/8, Award, para. 360, online: http://icsidfiles.worldbank.org/icsid/ICSIDBLOBS/OnlineAwards/C4/DC504_En.pdf, last visited on May 1, 2021.

用的相关国际法规则"。[1] 该规定促使了仲裁庭结合一国通常所处环境来解释条约。[2] 这样的态度也得到了联合国国际法委员会的认可，其认为在当今社会，对安全的威胁是来自多方面的，甚至包括外部污染、恐怖袭击以及水资源缺乏等。[3] 这个例外最早被国际法委员会在文章中确认，现在已经有了越来越多的相关实例支持，比如国际法院的"伊朗诉美国石油平台案"、[4] 2007年的"Archer Daniels Midland 诉墨西哥案"。[5]

早在1997年的"匈牙利诉斯洛伐克加布奇科沃—大毛斯项目项目案"中，国际法院首次对危急情况规则做出细致认定，确认了《国家责任条款草案》有关危急情况的规定，限制了危急情况只能在某些严格特定条件下才可援引。[6] 笔者认为，国际投资仲裁庭援引"根本安全利益"作为相似情形的例外也需要遵守国际法院确立的三个适用条件。[7] 第一，援引该例外的一方承担举证责任，要证明"根本安全利益"的存在。比如一国采取某种措施是为了保护本国人权等。第二，存在一个非常重要的时间上的限制因素，即援引例外只能在发生客观情况后产生的一段不利影响的时间范围内。例如，在"Continental Casualty Company 诉阿根廷案"中，ICSID 仲裁庭就认为，阿根廷萧条的经济状况已经在逐渐好转了，所以其援引的"重要的安全利益"例外不能成

---

[1] United Nations. Vienna Convention on the Law of Treaties, 1155 UNTS 331, 23 May 1969, Article 31（3）（c）.

[2] Report of the Study Group of the International Law Commission, Fragmentation of International Law：Difficulties Arising from the Diversification and Expansion of International Law, U. N. Doc. A/Cn. 4/L. 682, 4 April 2006, para. 423.

[3] R. Howse & R. G. Teitel, Beyond the Divide：The Covenant on Economic, Social and Cultural Rights and the World Trade Organization, online：http://library.fes.de/pdf-files/iez/global/04572.pdf, last visited on May 1, 2021.

[4] Case Concerning Oil Platforms（Iran v United States of America）, [2003] I. C. J. Report, para. 90, online：http://www.icj-cij.org/docket/index.php?p1=3&p2=3&k=0a&case=90&code=op&p3=4, last visited on May 1, 2021.

[5] Archer Daniels Midland Company and Tate & Lyle Ingredients Americas, Inc v. The United Mexican States, ICSID Case No. ARB（AF）/04/05, Award, paras. 113—123.

[6] Case concerning the Gabcikovo-Nagymoros Project（Hungary v. Slovakia）, [1997] I. C. J. Report, paras. 51—52, online：http://www.icj-cij.org/docket/index.php?p1=3&p2=3&k=8d&case=92&code=hs&p3=4, last visited on May 1, 2021.

[7] Jürgen Kurtz, "Adjuging the Exceptional at International Investment Law：Security, Public Order and Financial Crisis", *The International and Comparative Law Quarterly* 59 (2010)：48.

立。① 第三，最重要的是政府采取的措施要是为了维护这种"重要的安全利益"所必需的。② 由于私人主体在对抗东道国政府时处于相对弱势地位，国际投资仲裁庭总是尽力寻找更好的途径以平衡投资者和东道国利益。

国际投资协定中的根本安全例外和国家安全例外条款数量呈现增长态势，可归因于内因和外因两方面。内因即国际投资仲裁机制改革伴随的对东道国规制权的强化，外因即数字技术发展带来的安全风险多样化和复杂化。

内因方面，大量的国际投资仲裁案件警醒着主权国家在国际投资协定中纳入根本安全例外/国家安全例外条款的重要性。为应对20世纪80年代爆发的经济危机，阿根廷2002年通过《紧急状态法》，取消了货币委员会原本将阿根廷比索与美元挂钩的做法，却导致阿根廷政府多次被外国投资者诉至国际投资仲裁庭。在多个案件中，阿根廷在抗辩时均提出根本安全例外条款，在"LG&E诉阿根廷"等案件中仲裁庭也支持了阿根廷政府援引紧急情况作为征收例外的抗辩。③ 紧急情况下根本安全例外/国家安全例外条款对于保障东道国规制权的重要性由此彰显。

此外，投资者与东道国争端解决机制伴随卡尔沃主义复活。由于投资者与东道国争端解决机制二元结构中投资者的先天弱势地位，以及国际投资仲裁庭对资本输出国利益的后天维护等原因，导致一些投资仲裁案件过度保护投资者，投资者与东道国争端解决机制被质疑面临"正当性危机"。④ 因此，投资者与东道国争端解决机制的改革伴随着对东道国规制权的强化。对此，不同国家提出了投资者与东道国争端解决机制的不同改革方案。在投资者与东道国争端解决机制改革的不同方案中，以委内瑞拉等拉美国家为代表的激进派选择退出《华盛顿公约》，彻底否定投资者与东道国争端解决机制；以欧盟为代表的

---

① Continental Casualty Company v. Argentine Republic, ICSID Case no. ARB/03/9, Award, 5 September 2008, paras. 221—222, online: http://www.italaw.com/cases/329,last visited on May 1, 2021.

② Jürgen Kurtz, "Adjuging the Exceptional at International Investment Law: Security, Public Order and Financial Crisis", *The International and Comparative Law Quarterly* 59 (2010): 48.

③ LG&E Energy Corp., LG&E Capital Corp. and LG&E International Inc. v. Argentine Republic (ICSID Case No. ARB/02/1), Decision on Liability (October 3, 2006).

④ M. Sornarajah, A Coming Crisis: Expansionary Trends in Investment Treaty Arbitration, in Karl P. Sauvant, ed, Appeals Mechanism in International Investment Disputes 39—45 (Oxford 2008); Susan D. Franck, The Legitimacy Crisis in Investment Treaty Arbitration: Privatizing Public International Law through Inconsistent Decisions, 73 Fordham L Rev 1521, 1523 (2005).

改革派建议通过设立国际投资仲裁法庭提高裁决的一致性和透明度；[1] 以美国和日本等国为代表的温和派提议通过完善投资协定文本等方式对既有投资者与东道国争端解决机制进行零碎性修补。方法之一即借鉴国际贸易法的国家安全例外条款，在国际投资协定中纳入根本安全例外/国家安全例外强化东道国对外资的规制权。[2] 以美国和日本等国为代表的温和派提议通过完善投资协定文本等方式对既有投资者与东道国争端解决机制进行零碎性修补。在完善投资协定文本过程中，各国通过借鉴WTO安全例外条款，在国际投资协定中纳入安全例外强化东道国对外资的规制权，[3] 这也是卡尔沃主义复活的表现之一。

（二）信息安全纳入管控

伴随信息与通信技术发展，数字经济时代国际投资协定的安全例外被赋予了更新更广的内涵。数据具有重要的财产价值，已成为跨境投资的主要标的，国际投资中的数据跨境流动涉及国家信息安全和用户数据安全。信息安全关乎国家数据主权，是总体国家安全观的重要内容。"棱镜门"事件折射出数据跨境流动过程中的信息风险。与此同时，区块链等新兴数字技术的发展衍生了复杂的新型网络犯罪。因此，保障信息安全，预防与信息技术相伴而生的网络犯罪对于维护国家安全至关重要。此外，数字企业在对外投资过程中通过提供在线服务设施等方式收集了大量的用户数据，产生了如何在保护投资者利益的同时保护用户数据安全等问题。由此，数字技术发展带来的国家信息安全与用户数据安全问题扩张了传统的安全例外内涵，进一步彰显了国际投资协定中安全

---

[1] European Commission, Multilateral Investment Court Project [EB/OL]. http://trade.ec.europa.eu/doclib/press/index.cfm?id=1608，2021年5月1日最后访问。关于欧盟投资法庭的具体论述还可参见：Gonzalof, Duration of ICSID proceedings, presentation, inter-sessional regional meeting on ISDS reform, Incheon, Korea, 10 September 2018, cited from European Union. Submission of the European Union and its member States to UNCITRAL Working Group Ⅲ, 18 January 2019. http://trade.ec.europa.eu/doclib/docs/2019/januar y/tradoc157631.pdf. Reinisch Bungenberg M, From bilateral arbitral tribunal and investment courts to a multilateral investment court: Options regarding the institutionalization of investor-state dispute settlement. Springer, 2018. 邓婷婷：《中欧双边投资条约中的投资者—国家争端解决机制——以欧盟投资法庭制度为视角》，《政治与法律》，2017年第4期，第99—111页；王鹏：《中立、责任与参与：国际投资仲裁的多边改革与中国对策》，《国际政治研究》2018年第2期，第107—128页；邓婷婷：《欧盟多边投资法院：动因、可行性及挑战》，《中南大学学报（社会科学版）》2019年04期，第62—72页。

[2] OECD, Key Issues on International Investment Agreements, 2017, http://www.oecd.org/investment/globalforum/2017-GFII-Background-Note-Freedom-of-Investment.pdf, last visited on May 1, 2021.

[3] OECD, Key Issues on International Investment Agreements, 2017, http://www.oecd.org/investment/globalforum/2017-GFII-Background-Note-Freedom-of-Investment.pdf, last visited on May 1, 2021.

例外条款的重要性。

近年以欧盟为代表的国家在国际投资协定的例外条款中纳入数据处理和数据保护内容,代表着各国正日渐重视伴随数字技术发展和大数据时代而来的信息风险。数据已不再仅仅是信息的载体,更蕴含着重要的财产价值。在数字经济时代,国家间的竞争已成为数据的竞争,如何规制数据的跨境流动以及数据流动中的安全风险成为近年来各国的争议焦点。

欧盟则将数据权纳入人权范畴,出台了"史上最严厉数据保护措施"——《欧盟通用数据保护条例》,限制数据跨境流动。欧盟近期缔结的国际投资协定也将《欧盟通用数据保护条例》的精神体现在了例外条款中,将保护个人数据作为投资待遇的例外或者一般例外。例如,《欧盟与新加坡自由贸易协定》开创性地明确将"保护与个人数据处理和传输相关的个人隐私"和"保护个人记录和账户的隐私"纳入国民待遇的例外之中。[1]

(三) 可持续发展目标纳入公共政策

国家为了实现国内公共政策也会做出某些例外规定,近年来的公共政策例外规定多和一国可持续发展目标相联系。国际投资协定中的国内公共政策通常包括公共秩序,[2] 自然资源,人类、动植物生命或健康,[3] 金融审慎原则,[4] 劳工和环境,[5] 文化产业发展等。[6] 欧盟及其成员国缔结的国际投资协定较多包含此类公共政策例外条款。[7] 与根本安全例外类似,国内政策例外也呈现扩张趋势。在这一问题上欧盟的做法具备代表性,它甚至希望在投资协定中把保护艺术、历史和古迹等国家财富必要的措施也一并纳入国内政策例外范围。[8] 有的投资协定中将国内政策例外放至投资待遇条款例外中,例如欧盟与新加坡于2018年10月签署的《欧盟与新加坡自由贸易协定》将保护公共安全、公共道

---

[1] Investment Protection Agreement between the European Union and its Member States, of the one part, and the Republic of Singapore, of the other part, Article 2.3.3 (e) (ii).

[2] e. g., 2004 Jordan-Singapore BIT, Article 18 (a).

[3] e. g., 2007 Canada-Peru BIT, Article10.

[4] e. g., 2016 Canada-Hong Kong BIT, Article 20 (1).

[5] e. g., 2015 Switzerland-Georgia, Article 9 (1).

[6] e. g., 2014 Japan-Kazakhstan BIT, Article 17 (7).

[7] e. g., 2005 Egypt-Germany BIT, Article 3 (2).

[8] Nathalie Bernasconi-Osterwalder, The Draft Investment Chapter of the Canada-EU Comprehensive Economic and Trade Agreement: A Step Backwards for the EU and Canada?. http://www.iisd.org/itn/2013/06/26/the-draft-investment-chapter-of-canada-eu-comprehensive-economic-and-trade-agreement-a-step-backwards-for-the-eu-and-canada/, last visited on May 1, 2021. 2004年《约旦与新加坡双边投资协定》第18条d款中已将保护艺术、历史和古迹等国家财富必要的措施也纳入例外范围。

德、公共秩序，保护人类和动植物的生命或健康；保护文化历史遗产；保障公平有效的直接征收等措施均纳入国民待遇例外范畴。①

无论是一般例外条款的数量增加还是国际投资协定中例外种类的扩张，都清晰地表明了投资自由化和投资保护已不再是国际投资协定的唯一目标。但例外条款的种类扩张也招致了不少来自学界的批评，认为一味扩张例外条款的种类可能有损国际投资协定应有的透明度和非歧视等基本原则。例如2012年《美国双边投资协定范本》将"履行维持或恢复国际和平与安全的义务有必要的措施"纳入根本安全例外中，若缺乏适用的合理限制则可能导致例外条款的滥用，使国际投资协定脱离其投资促进和投资保护的初衷。为了防止例外条款成为国际投资协定的"阿喀琉斯之踵"，国际投资法体系的建设应合理平衡外国投资者利益和东道国规制权，才能具备可持续发展能力。对此，观察国际投资仲裁庭在适用例外条款时的实践可知，仲裁庭有意限缩例外适用空间，以达成保护投资者利益和维护东道国合法规制权的适度平衡。

第三节 仲裁实践例外条款的限缩适用

一、限制条款溯及力

国民待遇适用的例外应当在纠纷发生前已于双边投资协定中规定，不可事后援引。"Occidental Exploration 诉厄瓜多尔案"仲裁庭指出，国民待遇适用的例外应在双边投资协定或其协定中规定。②"CMS 诉阿根廷案"和"Sempra 诉阿根廷案"仲裁庭也做出类似认定，即一国如果要单方面决定投资者不遵守

---

① Investment Protection Agreement between the European Union and its Member States, of the one part, and the Republic of Singapore, of the other part, Article 2.3.3

② Occidental Exploration and Production Company v. Republic of Ecuador, LCIA Case No. UN3467, Final Award, 1 July 2004, para. 167.

条约义务行为的合法性，则必须在投资协定中明示。① 许多双边投资协定在约定国民待遇例外的同时，也对适用例外提出了程序性要求。例如，1996年《美国与乌克兰双边投资协定》第2条第1款就对适用附件的例外提出了事先通知的要求。② 基于该双边投资协定的"Lemire 诉乌克兰案"仲裁庭指出，双边投资协定既然已经约定对国民待遇的保留须有事先通知，这就是一项强制性的程序要求。法律法规对通知的要求并非仅仅是一种形式要求，而是一项根本性要求。其目的在于保障投资者享有法律确定性，不可由于东道国的事后援引例外而损害投资者的诚实信用。③ 可见，国民待遇的例外适用不可溯及既往有利于保障法律稳定性和投资者的可预见性。

二、限制条款自裁性

一些国际投资协定针对例外条款规定为自裁决条款，引发了学界和实务界较大争议。学界主要有两类认定例外条款自裁性的观点。一类是基于条文本身表述的认定。如果例外条款的条文本身有类似于"it considers""it determines""in the state's opinion"之类的表述，通常认为适用该例外属于东道国自裁范围。对比1995年《美国与阿尔巴尼亚双边投资协定》第14条第1款和1998年《美国与莫桑比克双边投资协定》第14条第1款的例外表述，后者因增加

---

① CMS v. Argentina, ICSID Case No. ARB/01/8, Award, 12 May 2005, para. 370. Sempra v. Argentina, ICSID Case No. ARB/02/16, Award, 28 September 2007, para. 379, online: http://icsidfiles.worldbank.org/icsid/ICSIDBLOBS/OnlineAwards/C8/DC694_En.pdf, last visited on May 1, 2021. 即使在该案其后的撤销程序中，ICSID 专门委员会也肯定了原裁决对双边投资协定例外条款自裁性的认定，详见 Sempra v. Argentina, ICSID Case No. ARB/02/16, Annulment Proceeding, 29 June 2010, para. 170, online: http://icsidfiles.worldbank.org/icsid/ICSIDBLOBS/OnlineAwards/C8/DC1550_En.pdf, last visited on May 1, 2021.

② 该条款原文是："Each Party agrees to notify the other Party before or on the date of entry into force of this Treaty of all such laws and regulations of which it is aware concerning the sectors or matters listed in the Annex. Moreover, each Party agrees to notify the other of any future exception … and to limit such exceptions to a minimum."

③ Joseph C. Lemire v. Ukraine, ICSID Case No. ARB/06/18, Award, 28 March 2011, para. 49, online: http://www.italaw.com/cases/614, last visited on May 1, 2021.

了"it considers necessary"的主观认定表述而被普遍视为自裁性条款。[1]

另一类是基于例外条款类型的认定。有学者提出,涉及国家根本安全例外的条款适用均应遵循国家自行裁决机制,这可以从缔约国真实意图、对国家安全的判断能力、晚近国家双边投资协定实践三方面予以证明。[2]但也有学者对例外条款的自裁性提出异议。例外条款的自裁性导致对法院和仲裁庭认定公共利益的适当路径难以有规律可循。因此,公共利益例外的自裁性应该被改变。解决方式之一便是改变原来的举证责任分配,由主张适用公共利益例外的东道国证明其援引例外具有"清楚且具有说服力的"(clear and convincing)客观理由和相当基础。

笔者以为,例外条款的自裁性实以损害外国投资者期待利益为代价,应当受到严格限制。首先,在双边投资协定条款文本中明确保留东道国对例外的自裁权力应为确定条款自裁性的必要要求。其次,通过合理分配东道国和外国投资者在援引例外中的举证责任,适当加重东道国的举证义务,有助于防止滥用例外,保护外国投资者合法期待,构建有助于平衡东道国和外国投资者利益的国民待遇条款。

三、限制条款效力范围

由于国民待遇条款在演进过程中,长期与公平与公正待遇条款混同,诸多国际投资协定对国民待遇和公平与公正待遇统一约定例外情形。那么在未具体约定的情况下,东道国对国民待遇做出保留的例外情形是否可同样适用于公平与公正待遇等其他条款呢?"Lemire 诉乌克兰案"仲裁庭对该问题做出了否定的回答。Lemire 是美国一家企业,通过乌克兰公司 Mirakom 对乌克兰一家封闭的股份制公司 Gala 持股,是 Gala 公司的大股东。Lemire 先生从 2006 年起间接持有 Gala 公司 100% 的股份。六年间,Gala 公司虽然数百次对广播执照

---

[1] 1995 年《美国与阿尔巴尼亚双边投资协定》第 14 条第 1 款原文是:"This Treaty shall not preclude a Party from applying measures necessary for the fulfillment of its obligations with respect to the maintenance or restoration of international peace or security, or the protection of its own essential security interests." 1998 年《美国与莫桑比克双边投资协定》第 14 条第 1 款原文是:"This Treaty shall not preclude a Party from applying measures that it considers necessary for the fulfillment of its obligations with respect to the maintenance or restoration of international peace or security, or the protection of its own essential security interests."

[2] 余劲松:《国际投资条约仲裁中投资者与东道国权益保护平衡问题研究》,《中国法学》,2011 年第 2 期。

进行投标，但仅仅获得一套安全许可证。相比之下，Gala 公司的竞争对手的竞标成功率却高达 41%。鉴于 Gala 公司和其竞争对手竞标结果的巨大差异，Lemire 先生认为乌克兰政府的行为违背了其基于《美国与乌克兰双边投资协定》所承担的给予外国投资者公平与公正待遇的义务。对此，被申请人乌克兰政府援引《美国与乌克兰双边投资协定》附件中关于保留无线电部门作为国民待遇义务例外的约定，认为该例外可同样适用于公平与公正待遇。该案仲裁庭否定了被申请人这一主张，采取了对条约的严格解释方法，认为双边投资协定附件有关无线电部门的保留例外仅限于国民待遇原则，而在对公平与公正标准进行界定的条款中并没有类似的例外描述，因此国民待遇原则的例外不适用于公平与公正待遇。[1]

四、限制规制措施的目的

例外的适用存在边界和限制。虽然东道国常常依据国内法和国内政策提出抗辩，但并非所有抗辩都可以被仲裁庭认定为合法的国民待遇的例外。可以使东道国给予差别待遇合法化的例外必须是合法的、非保护性的公共政策，并且要以合理方式达成。[2] 根据世界贸易组织的"日本酒类税案"的判决，东道国可以提起抗辩的理由可以是事前公开发布的，也可以是诉讼过程中提出的。[3] 那么怎样的理由才能被仲裁庭认定为符合"合法的、非保护性的"要求？究竟这样的理由和所采取的措施相关即可，还是需要和所采取的措施之间具有实质性的关联，具体的关联程度要求如何把握？在处理公共利益和东道国调控措施之间联系的问题上，仲裁庭采用的主要有两种方法。在早期仲裁庭依据《关税及贸易总协定》专家组裁决所做的裁定中，仲裁庭多采取了"必要性"原则，即看东道国采取的区别待遇措施是否为实现公共目的所必要（necessary）。至于程度的要求，仲裁庭认为应当根据所保护的公共利益的相对重要性（relative importance）的不同而具体分析。换而言之，因东道国意在保护的公共利益的重要性不同，所需联系程度也各异。世界贸易组织承袭了《关税及贸

---

[1] Joseph C. Lemire v. Ukraine, ICSID Case No. ARB/06/18, Award, 28 March 2011, paras. 44—47.

[2] S. D. Myers, Inc. v. Canada, NAFTA (UNCITRAL), Partial Award, 13 November 2002, para. 246.

[3] United Parcel Service of America v. Government of Canada, NAFTA (UNCITRAL), Award on the Merits, May 24, 2007, para. 43.

易总协定》的这种判断标准。基于各国的国家主权，世界贸易组织被视为各方成员讨价还价的平台。世界贸易组织认为最好的方式就是让成员方自己阐述采取调控措施的合法性所在。在判断进口国规制措施的合法性是否成立时，世界贸易组织争端解决机构会审视这种理由是否在第 3 条的范围内，并且是否具备"必要性"。通过这种判断，世界贸易组织可以更具有透明度也更灵活地调控其成员方的活动。[1]"必要性"联系原则要求东道国政府提供足够的证据证明其在特定情况下采取的管制措施确实是必要的，因此对于私人投资者更有利。

不过，近年来有的投资仲裁庭采用了另一种标准，即"合理联系"标准。以"Pope & Talbot 诉加拿大案"为例，该案中，仲裁庭着重分析了 1996 年美国和加拿大签订的《软木协议》的合法性。仲裁庭最后认定，政府采取的措施和政府政策有着"合理的联系"（reasonable nexus）。一方面，无论表面上还是事实上，该措施都没有对外国公司和本国公司进行区别对待。另一方面，该措施没有以其他方式不恰当地有碍于《美国自由贸易协定》第 1102 条项下的投资自由化的宗旨的实现。[2] 正是由于该措施既合法且非保护性，外国投资者和本国投资者不是处于"相似情形"中，加拿大政府也没有违反其国民待遇义务。[3] 而在之后的"Feldman 诉墨西哥案"中，仲裁庭也同样采用了"Pope & Talbot 诉加拿大案"中的分析思路，认为墨西哥政府需要证明其区别对待外商投资和本国投资是意在保护本国知识产权和防止走私，因此是有"合理的依据"的。[4] 但是墨西哥政府没有成功证明这种"合理联系"的存在，所以其调控措施违反了国民待遇要求。[5] 从"必要性"原则到"合理联系"原则的转变，可见虽然仲裁庭清楚私人投资者在和东道国对抗时是处于弱势地位的，但仍然倾向于减轻东道国的压力。

但值得一提的是，国际投资协定例外条款的援引具有内生性。国际投资仲裁实践表明，并不需要明确地在国内法中列出国民待遇适用的例外情形。即使

---

[1] Robert E. Hudec, "Judicialization of GATT Dispute Settlement, In Whose Interest?", in M. M. Hart & D. P. Stegers, Due Process and Transparency in International Trade (Centre for Trade Policy and Law, 1992), pp. 9—43.

[2] Pope & Talbot, Inc. v. Government of Canada, NAFTA (UNCITRAL), Award on the Merits of Phase 2, 10 April 2001, para. 78.

[3] Pope & Talbot, Inc. v. Government of Canada, NAFTA (UNCITRAL), Award on the Merits of Phase 2, 10 April 2001, paras 87—88.

[4] Marvin Roy Feldman Karpa v. United Mexican States, ICSID Case No. ARB (AF)/99/1, Award, para. 170.

[5] Marvin Roy Feldman Karpa v. United Mexican States, ICSID Case No. ARB (AF)/99/1, Award, para. 184.

东道国国内法并没有明确提出适用例外情形,仲裁庭也往往会分析本案中东道国的差别待遇是不是基于保护公共利益的需要。比如在"S. D Myer 诉加拿大案"中,仲裁庭就认为加拿大政府禁止出口多氯联苯污染物的行为并不是维护其公共利益的一种合理举措,尤其是加拿大政府本可以通过给国内产业补贴等其他方式更好地达到其维护公共利益的目的。[1] 由此可见,公共利益作为国际投资协定的例外是不需要明确规定的,它已经成为仲裁庭分析是否违反国民待遇的分析模式中所遵循的一个步骤。通常认为,申请方需要初步证明外国投资和东道国国内本国投资处于相似情形。接着,申请方需要证明外国投资获得了低于本国投资的待遇。从此刻开始,举证责任转换至被申请方。被申请方需要证明东道国给予外国投资和本国投资以差别待遇是基于合法的、非保护性的理由。[2] 由此,适用例外的内在要求得以展现。

五、限制解释的必要性及评价

国际投资协定的安全例外条款在起源、用语、种类上都受到 GATT 第 XXI 条的深刻影响。GATT 第 XXI 条设置了安全例外,成员国可为了维护根本安全利益采取与条约规定不符的措施。但是,一些国家滥用安全例外,采取双重标准对其他国家进行经济制裁。鉴于安全例外条款的重要性及其用语的模糊性,在其后发生的涉及安全例外的争端中,是否允许安全例外措施歧视性适用必将成为争论的焦点。[3] 类似的,国际投资协定的安全例外条款也面临滥用风险。国际投资仲裁庭在解释例外条款时做出限缩解释确有必要性,主要意在防范来自例外条款滥用的风险。

(一) 限制来自文本的滥用风险

如上面所述,诸多国际投资协定通过自裁决条款将安全利益纳入一国自行判断的范围,这种做法有其合理性。从缔约国角度考量,各国的安全利益因其政治、经济、文化等发展需要的不同而各异,因此具有个体性特征。加之安全利益对国家发展极为重要,故缔约国希望将解释权掌握于己方之手。从条约解释的角度考量,仲裁庭倾向于尊重缔约国的本意。《维也纳条约法公约》第 31

---

[1] S. D. Myers, Inc. v. Canada, NAFTA (UNCITRAL), Partial Award, 13 November 2002, para. 255.

[2] Champion Trading Company and Ameritrade International v. Arab Republic of Egypt, ICSID Case No. ARB/002/9, 2008, Award, para. 133.

[3] 陈卫东:《WTO 例外条款解读》,对外经济贸易大学出版社,2002 年版,第 389—399 页。

条作为条约解释的重要依据,其中第四款指出,解释条约用于考察当事国原意时,[①] 同样尊重了缔约国的解释权。从仲裁实践的角度考量,以森普拉能源公司诉阿根廷案仲裁庭案为代表,对此类表述所代表的条款自裁性予以肯定,仅运用《维也纳条约法公约》第 31 条善意解释原则对例外条款的自裁性加以限制。[②]

但是,从适用结果考量,安全例外的自裁性对于缔约国规制权的保障是以损害外国投资者期待利益为代价的。因此,应当运用国际法对安全例外条款的适用加以严格限制,方有益于构建适当平衡东道国规制权和外国投资者利益的协定文本。

(二)限制来自国内法域外适用的滥用风险

国际投资协定与国内立法之间存在紧密互动。一方面,由于国际投资协定在适用过程中对国内法治具有"溢出效应"(spill-over effect),[③] 根据"条约必须信守"的国际法基本原则,国际投资协定的各项条款均可通过国内的立法、司法、行政等方式在一国国内得到贯彻落实,进而影响甚至改革国内法治。另一方面,依据《关于解决国家和他国国民之间投资争端公约》第 42 条第 1 款:"仲裁庭应依照双方可能同意的法律规则对争端做出裁决。如无此种协议,仲裁庭应适用作为争端一方的缔约国的法律(包括其冲突法规则)以及可能适用的国际法规则。"由此可见国内立法可能作为仲裁庭解释国际投资协定的依据。

鉴于国际投资协定中安全例外条款内涵的模糊性和适用的争议性,国内相关立法对于理解国家安全的内涵十分重要,国际投资仲裁庭难以脱离一国国内的立法与政策来认定是否一国国家安全。美国作为在国际投资协定中纳入安全例外和自裁决条款的代表,其近期的立法动向,以及美国国内法普遍的域外适用正凸显了来自国内立法的滥用例外风险。2017 年美国《外国投资风险评估现代化法案》系统性地修改了美国的外国投资国家安全审查制度,强化了美国外国投资委员会的权力。其中不乏剑指中国投资者的条款,具有鲜明的针对

[①] Vienna Convention on the Law of Treaties, 1969, Article 31 (4) states: "A special meaning shall be given to a term if it is established that the parties so intended."

[②] Sempra Energy International v. The Argentine Republic, ICSID Case No. ARB/02/16, Award, 28 September 2007.

[③] Stephan schill, "Tearing down the Great Wall: the new generation investment treaties of the People's Republic of China," Cardozo Journal of International and Comparative Law, vol. 15 (2007), pp. 21—24.

性,[①] 由此可能引发的国家安全审查歧视性适用不免引发争议。鉴于以人工智能为代表的第四次工业革命浪潮来袭,冲击着传统的国家安全内涵,《外国投资风险评估现代化法案》将美国外国投资委员会的管辖范围扩大至对关键基础设施、关键技术及敏感个人信息领域的非控制性投资。根据《维也纳条约法公约》第 31 条第 3 款第 3 项,"适用于当事国间关系之任何有关国际法规则"应该纳入与上下文一并考虑,为援引国际法外部资源提供了依据。国内立法意在保障东道国主权,但与此同时,国内法通过国际条约的域外适用应当符合国际法规则,国家的长臂管辖权应当有所约束。为构建可持续发展的国际投资法体系,达成平衡东道国规制权和投资者权利的投资协定文本,必须运用国际法原则对于适用国际投资协定中的安全例外条款加以规制。

（三）例外条款的规制评价

面对国际投资协定文本例外扩张的现实,国际投资仲裁庭在适用例外的过程中,对条款做出限缩解释,笔者认为有以下三点有益之处:一是合理平衡外国投资者利益和东道国规制权,这也是 2016 年开始国际投资争端解决中心启动国际投资仲裁改革的初衷。投资者与东道国争端机制"正当性危机"固然应当解决,但是"卡尔沃主义"的复活不应矫枉过正,违背国际投资协定保护投资和促进投资的本意以及公平与公正待遇等基本待遇要求。二是约束仲裁庭自由裁量权,增强条款的可预见性。虽然例外条款和自裁决条款均意在将安全利益的决定权掌握在缔约国之手,但是这些条款并非否定仲裁机构的管辖权。[②] 仲裁庭对于条款的适用与解释仍有相当的自由裁量权,但这样的自由裁量权应有限而为之。三是助于构建人类命运共同体。滥用国际投资协定的例外条款实为单边主义,有悖于共商共享共建的"三共"原则。[③] 对例外条款加以合理限制是尊重国家主权的表现,有助于促成和平发展的人类命运共同体。

[①] 例如 FIRRMA 要求 CFIUS 每两年向国会提交一份有关中国对美投资的详细报告。

[②] 韩秀丽:《双边投资协定中的自裁决条款研究——由"森普拉能源公司撤销案"引发的思考》,《法商研究》2011 年第 2 期,第 18 页。

[③] 龚柏华:《"三共"原则是构建人类命运共同体的国际法基石》,《东方法学》2018 年第 1 期,第 30—37 页。

第四节　与国际贸易法国民待遇例外规则的比较

一、构成要件比较

国际贸易法中国民待遇适用的例外规定体现在《关税及贸易总协定》第 3 条第 8 款和第 20 条的一般例外。但 70 年前的《关税及贸易总协定》例外清单是否适合于 21 世纪高速发展的当今社会，是否能够满足当下各国政府日益变化的各种合法需求则尚存疑虑。[①] 例如，随着国际社会对环境污染问题的日益重视，虽然《关税及贸易总协定》中的环境例外条款的判例已经基本实现了保护环境和自由贸易之间的微妙平衡，[②] 但是类似碳关税等新兴概念是否应当纳入东道国遵守国民待遇义务范围等不断出现的新问题值得探讨。由于发达国家和发展中国家阵营的变化、需求的演化导致南北矛盾冲突的更新升级，对例外条款的与时俱进提出挑战。

国际投资法中国民待遇条款和国际贸易法中的国民待遇条款在例外种类这一问题上有较大不同。国际投资法的国民待遇适用例外直接在国际投资协定中体现，通常列于国民待遇章节。以中国缔结的双边投资协定为例，常见例外约定包括：（1）关税同盟、自由贸易区、经济联盟、共同市场和任何其他形式的区域经济组织；（2）与税收有关的国际协议或安排；（3）小额边境贸易；[③]（4）本国国家立法；[④]（5）任何现存的在其境内维持的不符措施；[⑤]（6）为了促进本地工业的产生和发展，只赋予本国国民和公司的特别激励措施等。[⑥] 投资仲裁案件中，公共政策和公共利益是最频繁被援引的例外，例如 "Pope & Talbot 诉加拿大案"。[⑦] 有的投资仲裁庭还参照国际贸易法中的例外条款。例

[①] Frieder Roessler, Beyond the Ostensible: A Tribute to Professor Robert Hudec's Insights on the Determination of the Likeness of Products under the National Treatment Provisions of the General Agreement on Tariffs and Trade. *The Journal of World Investment & Trade* 37 (2003): 777.

[②] 左海聪：《GATT 环境保护例外条款判例法的发展》，《法学》2008 年第 3 期。

[③] 例如 2001 年《中国与荷兰双边投资协定》。

[④] 例如 2007 年《中国与保加利亚双边投资协定议定书》。

[⑤] 例如 2005 年《中国与斯洛伐克双边投资协定议定书》，2007 年《中国与韩国双边投资协定》。

[⑥] 例如 2003 年《中国与圭亚那双边投资协定》。

[⑦] Pope & Talbot, Inc. v. Government of Canada, NAFTA (UNCITRAL), Award on the Merits of Phase 2, 10 April 2001, para. 73.

如"S. D Myer 诉加拿大案"。^① 判断东道国政府的管制措施是否违反国民待遇时,应当同时考虑该措施是否意在保护本国的公共利益。^②

国际贸易法和国际投资法的例外援引均存在法理上的限制,即进口国/东道国需要证明援引这一例外是为了追求合法目的。例如,"欧盟石棉案"专家组就认为,如果欧盟要援引《关税及贸易总协定》第20条,专家组则需要审查这种行为是否为达成保护人类健康的合法目的而言可行、有效且成比例的。^③ 少数双边投资协定对例外援引的条件做了进一步规定,^④ 但多数双边投资协定中并没有相关规定。但无论规定与否,国际投资仲裁庭在分析东道国是否可以援引例外时,通常要求东道国证明其给予外国投资者和本国投资者以差别待遇具有合法的、非保护性的理由。^⑤ 可以使差别待遇合法化的例外必须是合法的、非保护性的公共政策,并且要以合理方式达成。^⑥ 可见此限制是内生于例外规则之中的。

关于例外和该合法目的之间的联系程度,国际贸易法多采用"必要性标准"。《关税及贸易总协定》第20条一般例外涵盖了"为保护公共道德,保护人类、动植物的生命或健康,为了保证某些与本协定的规定并无抵触的法令或条例的贯彻执行等所必需的措施",《服务贸易总协定》第14条的例外也规定为保护公共道德和维护公共秩序,保护人类、动物或植物的生命或健康等理由所必需的措施可为例外。"泰国香烟案"专家组,^⑦"韩国牛肉案"上诉机构,^⑧

---

① S. D. Myers, Inc. v. Canada, NAFTA (UNCITRAL), Partial Award, 13 November 2002, para. 246.

② S. D. Myers, Inc. v. Canada, NAFTA (UNCITRAL), Partial Award, 13 November 2002, para. 250.

③ European Communities – Measures Affecting Asbestos and Asbestos–Containing Products, WTO Panel Report, WT/DS135, 12 March 2001, 40ILM1408, paras. 233—234.

④ 例如1988年《中国与日本双边投资协定议定书》第3条和1991年《中国与捷克斯洛伐克双边投资协定议定书》第1条。

⑤ Champion Trading Company and Ameritrade International v. Arab Republic of Egypt, ICSID Case No. ARB/002/9, Decision on Jurisdiction, 21 October 2003, para. 133.

⑥ S. D. Myers, Inc. v. Canada, NAFTA (UNCITRAL), Partial Award, 13 November 2002, para. 246.

⑦ e. g. Thailand–Restrictions on Importation of and Internal Taxes on Cigarettes, WTO Panel Report, DS1O/R, BISD 37S/200, 7 November 1990, para. 81, online: https://www.wto.org/english/tratop_e/dispu_e/90cigart.pdf, last visited on May 1, 2021.

⑧ Korea–Measures Affecting Imports of Fresh, Chilled and Frozen Beef, WTO Appellate Body Report, WT/DS161/AB/R, WT/DS169/AB/R, 10 January 2001, para. 164.

"欧盟石棉案"专家组，① "美国博彩案"上诉机构②等也多次肯定该"必要性标准"。"必要性标准"要求争端解决机构对一系列相关要素进行衡量和平衡，主要包括（1）该措施意在保护的利益之重要性；（2）该措施对于维护政策目标和保护公共利益的实际作用；（3）该措施对贸易的影响；③（4）是否存在可替代措施等。④

由于国际贸易对国内生产者带来消极影响，而国际投资给一国带来资本、资源和技术，所以来自进口国阻碍进口贸易和服务的政治压力看似比来自东道国调控外国投资的政治压力更大。⑤ 基于这样的差异，可以理解为什么国际贸易法中采纳"必要性标准"，将例外援引限缩在更严格的条件下，亦即限制进口国采取限制自由贸易的措施或行为。而国际投资法中采纳相对于东道国更为宽松的"合理联系标准"，相对赋予东道国更多调控外商投资的自由。换言之，投资本身使得东道国采取更为广泛的管制措施合法化。⑥

二、实践的启示

《关税及贸易总协定》第 XXI 条允许成员国为了维护根本安全利益而采取与条约规定不符的措施。一些国家滥用安全例外条款，采取双重标准对某些国家进行经济制裁。2018 年 3 月开始，中美贸易摩擦逐渐升级。经历了"232 之

---

① European Communities – Measures Affecting Asbestos and Asbestos－Containing Products，WTO Appellate Body Report，WT/DS135/AB/R，5 April 2001，para. 215.

② United States－Measures Affecting the Cross－Border Supply of Gambling and Betting Services，WTO Appellate Body Report，WT/DS285/AB/R，20 April 2005，paras. 304－311，online：https://www.wto.org/english/tratop_e/dispu_e/cases_e/ds285_e.htm，last visited on May 1,2021.

③ United States－Measures Affecting the Cross－Border Supply of Gambling and Betting Services，WTO Appellate Body Report，WT/DS285/AB/R，20 April 2005，para. 306.

④ European Communities – Measures Affecting Asbestos and Asbestos－Containing Products，WTO Appellate Body Report，WT/DS135/AB/R，5 April 2001，para. 234. Dominican Republic－Measures Affecting the Importation and Internal Sale of Cigarettes，WTO Appellate Body Report，WT/DS302/AB/R，19 May 2005，para. 70，online：https://www.wto.org/english/tratop_e/dispu_e/cases_e/ds302_e.htm，last visited on May 1,2021.

⑤ Joel Trachtman，"FDI and the Right to Regulate：Lessons from Trade Law"，in UN Conference on Trade & Development，The Development Dimensions of FDI：Policy and Rule－Making Perspectives（United Nations Publication，2003），p. 189.

⑥ Howard Mann，"The Right of States to Regulate and International Investment Law：A Comment"，in UN Conference on Trade & Development，The Development Dimensions of FDI：Policy and Rule－Making Perspectives（United Nations Publication，2003），p. 189.

战""301之战"和"301+之战"后,中美双方在世界贸易组织互相起诉。① 在中美贸易摩擦中,无论是美国 1962 年《贸易扩展法》第 232 节所称的"保障国家安全"(safeguarding national security),还是美国辩解时援引的《关税及贸易总协定》第 21 条"安全例外",都反映出例外条款的重要性。但迄今国际贸易法关于例外条款的判例甚少。② 2019 年 4 月 5 日,世界贸易组织散发"乌克兰诉俄罗斯运输限制措施案"专家组报告,专家组才首次对国家安全例外条款的自裁决性质、适用情形和适用路径做出法律解释,提出应运用国际法对《关税及贸易总协定》第 XXI 条加以规制。在该案中,专家组通过查明 1947 年安全例外条款的谈判历史,在报告中肯定专家组对于例外条款的客观审查权,并将成员国对安全例外的自裁决权限制于善意适用范畴内。③ 鉴于国际贸易法例外条款与国际投资法例外条款在起源、用语上的相似性,"乌克兰诉俄罗斯运输限制措施案"专家组报告关于安全例外的适用路径选择,对于规制国际投资协定中的安全例外具有重要的借鉴意义。

（一）"乌克兰诉俄罗斯运输限制措施案"案情综述

乌克兰与俄罗斯的争端存在历史原因。乌克兰的克里米亚地区曾是俄罗斯的领土,在归属乌克兰之后仍是以俄罗斯族为主的多民族地域,对乌克兰的民族政策十分敏感,分裂主义势头强劲,意图实现独立并加入俄罗斯联邦。2014年 2 月,乌克兰政府换届。④ 2014 年 3 月 17 日,克里米亚正式宣布独立。其后,俄罗斯通过对克什米尔半岛、乌克兰东部的顿巴斯地区采取一系列军事行动,事实上接管了克里米亚。⑤ 这一事件导致乌克兰和俄罗斯矛盾激化,两国间不断互相施加贸易制裁。⑥

自 2016 年 1 月起,俄罗斯对于穿越乌克兰与俄罗斯边境线、运送货物去哈萨克斯坦的公路和铁路均采取了限制措施,并控制了俄乌边境线。同年 7 月

---

① 关于中美贸易战的国际法分析,可参见杨国华:《中美贸易战中的国际法》,《武大国际法评论》2018 年第 3 期,第 120—141 页。

② 公认滥用安全例外的案例是 1975 年"瑞典鞋案",参见 Sweden－Import restrictions on certain footwear, GATT Document 22L/4250.

③ WTO Report of the Panel, Russia－Measures concerning Traffic in Transit, WT/DS512/R, 5 April 2019.

④ WTO Report of the Panel, Russia－Measures concerning Traffic in Transit, WT/DS512/R, 5 April 2019, at paras. 7.5.

⑤ WTO Report of the Panel, Russia－Measures concerning Traffic in Transit, WT/DS512/R, 5 April 2019, at paras. 7.5.

⑥ WTO Report of the Panel, Russia－Measures concerning Traffic in Transit, WT/DS512/R, 5 April 2019, at paras. 7.9.

起，所有从乌克兰运输来的特殊货物都不能穿过俄罗斯境内（甚至不被允许经过白俄罗斯与俄罗斯边境）。此外，俄罗斯还针对乌克兰实施了多种经济制裁，并在俄乌边界处设置检查点。①

乌克兰认为俄罗斯针对乌克兰所实施的限制与制裁措施违反了《关税及贸易总协定》第五章中俄罗斯应尽的义务以及俄罗斯国内相关的行政命令，并且俄方没有公布《关税及贸易总协定》和其国内行政命令所要求的关于各种措施的具体执行方式。2016年9月14日，乌克兰请求和俄罗斯就《关于争端解决规则与程序的谅解》的第1条、第4条以及《关税及贸易总协定》第22条进行磋商，要求俄罗斯遵守世贸组织和国内法规的要求，停止对乌克兰施加制裁措施。②

2016年11月10日，俄乌首次进行磋商，但以失败告终。2017年2月9日，乌克兰请求世界贸易组织成立专家组协调。③ 2017年3月21日，专家组成立，其后举行了两次实质性会议。乌克兰在会议上提出，俄罗斯的部分国内协定和世界贸易组织的有关规定之间产生了冲突。专家组建议俄罗斯就国内法与世界贸易组织规定不一致的地方做出修改。

对此，俄罗斯辩称：首先，乌克兰在所提交的专家组请求里并未明确争端中所采取的事实措施，例如俄乌双方采取的措施是否存在关联性，争议措施违反了哪部条约的哪些条款，是否有公民个人行为而非国家行为。因此，乌克兰不足以证实争议的存在，因此不符合《关于争端解决规则与程序的谅解》第6.2条关于成立专家组的规定，而且乌克兰也未能证明质疑俄罗斯所为措施究竟存在与否。此外，俄罗斯指出，自2016年起，乌克兰对俄罗斯也采取了一系列制裁措施，例如，加征关税、实施运输限制和禁令、在俄乌边境的铁路要道设置检查点等。最后，俄罗斯针对乌方的所有限制和制裁都是为了保护本国安全利益所采取的必要措施，根据《关税及贸易总协定》第XXI条b项，专家组对于本案并无管辖权。

对于第三项辩解，俄罗斯进一步解释道，俄乌关系出现了紧急情况，有可能对俄罗斯国家安全造成威胁。根据《关税及贸易总协定》第XXI条b项规

---

① WTO Report of the Panel，Russia—Measures concerning Traffic in Transit，WT/DS512/R，5 April 2019，at paras. 7.16—7.19.

② WTO Report of the Panel，Russia—Measures concerning Traffic in Transit，WT/DS512/R，5 April 2019，at para. 1.1.

③ WTO Report of the Panel，Russia—Measures concerning Traffic in Transit，WT/DS512/R，5 April 2019，at para. 1.2—1.3.

定，涉及成员国的实质安全利益以及是否采取必要行为保护安全利益都属于成员国自由裁量权的范围。尽管专家组是依据争端解决机制建立的，但是第XXI条授予了成员国自由裁量权，因此该案不属于专家组的职权范围。此外，该案争端已经超越了经济和贸易范围，更不应该由世界贸易组织管辖。①

2019年4月5日，世贸组织公布了该案的专家组报告，报告包括以下重要认定：第一，世贸组织成员总体上有权自行判断其"基本国家安全利益"以及相关措施是不是保护该利益"所必需的"，但行使该自裁决权应基于"善意原则"（good faith）。② 第二，世贸组织拥有对成员国援引《关贸总协定》安全例外进行客观审查。一旦成员国援引安全例外条款，专家组则有权对该条款进行解释，以便更准确定义审查的实际范围。本案中，专家组在明确了安全例外条款的文义、回顾了该条款的谈判过程以后，驳回了俄罗斯的管辖权异议。第三，俄乌间的紧张关系构成"国际关系中的紧急情况"，俄罗斯在此期间采取的涉案措施符合第21条第2款第3项的规定，并未违反相关世贸规则及俄罗斯的入世承诺。③

（二）"乌克兰诉俄罗斯运输限制措施案"争议焦点

本案的首个争议焦点在于WTO专家组对本案是否享有管辖权，即专家组是否有权审查俄罗斯援引《关贸总协定》第XXI条b项第3款"国家安全例外"条款的合法性。

《关贸总协定》第XXI条b项第3款的原文是：

"*Nothing in this Agreement shall be construed*

(b) to prevent any contracting party from taking any action which it considers necessary for the protection of its essential security interests

(iii) taken in time of war or other emergency in international Relations"

"本协定不得解释为：

（b）不允许阻止任何一个缔约方采取被认为是保护自身安全利益所必要

---

① WTO Report of the Panel, Russia－Measures concerning Traffic in Transit, WT/DS512/R, 5 April 2019, at paras. 7.3－7.4.
② WTO Report of the Panel, Russia－Measures concerning Traffic in Transit, WT/DS512/R, 5 April 2019, at paras. 7.138.
③ WTO Report of the Panel, Russia－Measures concerning Traffic in Transit, WT/DS512/R, 5 April 2019, at paras. 8.1.

（'which it considers necessary'）的行动……

（3）战时或者国际关系中的其他紧急情况。"

俄罗斯提出，应当由世界贸易组织成员自行决定是否引用该条款，因此专家组在决定何为"国家安全例外"的问题上并不享有管辖权。俄罗斯基于第21条中"认为……必要"的措辞，指出这是条款具备自裁性的表现。因此，处于战时或者其他紧急情况下成员国可以采取措施保护自身利益，而相关措施可以豁免于世界贸易组织专家组的审查。①

专家组认为，虽然《关税及贸易总协定》和世界贸易组织都承认成员国可以援引安全例外条款进而豁免部分条约义务，维护自己的非贸易利益，但是这种灵活性是为了确保提高成员国对于多边贸易体制的接受程度。即使在特殊情况下可以免除成员国的部分义务，但是如果将安全例外条款理解为允许成员国拒绝专家组审查，这就和《关税及贸易总协定》与世界贸易组织共同建立的多边贸易体系中的安全和透明度原则背道而驰。因此，专家组认为海牙国际法院（ICJ）以及世界贸易组织专家组理应具有管辖权。虽然《关于争端解决规则与程序的谅解》第1.2条提供了解决争端的特别或者例外规定，《关于争端解决规则与程序的谅解》的附件2也有相关规定，但是附件2并不涉及任何特别或者例外程序规则用于解决《关税及贸易总协定》中的争端。鉴于《关于争端解决规则与程序的谅解》中并未有任何用于解决《关税及贸易总协定》第21条中争端的特殊或者例外程序规则，因此审查俄罗斯是否可以援引《关税及贸易总协定》第XXI条b项应属于专家组的职权范围内的事项。②

在确认了审查俄罗斯的限制和制裁行为属于专家组的职权范围以后，专家组应当分析俄罗斯针对乌克兰所采取的限制和制裁措施是否属于第XXI条b项情形，即这些制裁措施是否为俄罗斯在战时或者国际关系的紧急状态下所采取，俄罗斯是否可以援引安全例外。这就得考虑俄罗斯与乌克兰冲突所处的背景，即乌克兰危机。2013年底，当时的亲俄派总统亚努科维奇欲中止和欧盟签署政治和自由贸易协议，引起反对派强烈不满，暴力抗议示威活动越演越烈，政府岌岌可危。2014年2月，乌克兰政权发生更迭，总统亚努科维奇遭议会罢免，随后俄罗斯军队被俄议会批准进入乌克兰克里米亚地区，同年3月的克里米亚危机更是加剧了俄乌之间的紧张态势。

---

① WTO Report of the Panel，Russia-Measures concerning Traffic in Transit，WT/DS512/R，5 April 2019，at paras. 7.27—7.30.

② WTO Report of the Panel，Russia-Measures concerning Traffic in Transit，WT/DS512/R，5 April 2019，at para. 7.5.3.

俄罗斯提出，俄乌之间所存在的国际关系紧急状态从2014年已见端倪，两国的摩擦在2014年至2018这四年间不断演进升级，因此俄罗斯采取了案件中的一系列措施加以应对。俄罗斯确信，乌克兰方面完全了解俄乌之间的争端与摩擦情况，该冲突足以构成国际关系中的紧急状态。此外，两国争端中出现了关于政治、国家安全和国际和平与安全的问题，这也是俄罗斯援引第XXI条b项的原因。根据该条款，诸如战争、暴动、动荡、国际冲突等引发的争端并不在世界贸易组织的管辖范围之内。但乌克兰辩称，俄罗斯没有充分证据证明2014年的事件是国际关系中的紧急事件。

在第二次专家组会议上，俄罗斯提出了一个"假设性问题"，即是否存在与《关贸总协定》第XXI条b项所描述的"战时或者国际关系的紧急状态"的相似情形，例如以下四种情况之一：（1）出现在近邻成员国的边界处的邻国领域内的动荡不安；（2）邻国的失控行为危及甚至越过了两国边界；（3）难民从邻国领土内向成员国领土内流动；（4）邻国或者其他国家施加未经联合国授权的单边措施或者制裁，如同本案中乌克兰施加于俄罗斯的行为。

当专家组问及俄罗斯，其所描述的假设情况和现实的联系程度时，俄罗斯提出其所描述的情况倾向于假设性。但是与此同时，俄罗斯提出符合"国际关系紧急状态"应当具备如下事实要素：（1）时间段；（2）乌克兰牵涉其中；（3）冲突在多种情势下影响了俄乌边界的安全；（4）导致其他国家对俄罗斯施加制裁措施；（5）这种情况为公众所知晓。

专家组认为，至少从2014年三月开始至2016年年末，俄罗斯和乌克兰之间的恶劣局势已经引起了国际社会的广泛关注。2016年12月，联合国大会承认俄乌关系已经包括武装冲突（armed conflict）。此外，有证据表明许多国家也因这种情况而向俄罗斯施加了制裁和对抗措施。因此，俄罗斯所采取的所有措施都是在俄罗斯和乌克兰国际关系进入紧急状态的时间段内所为，属于《关税及贸易总协定》第XXI条b项所规定的情形。[①]

综上所述，俄乌之间的争议主要涉及《关税及贸易总协定》第XXI条b项相关内容，符合争端自裁性的认定条件。俄罗斯之所以援引《关税及贸易总协定》第XXI条b项，是因为俄乌之间的态势已经属于国际关系的紧急状态，因此俄罗斯有权自行采取限制措施。

（三）"乌克兰诉俄罗斯运输限制措施案"裁决的潜在国际影响

虽然自《关税及贸易总协定》之始，第21条安全例外条款就存在其中，

[①] WTO Report of the Panel, Russia—Measures concerning Traffic in Transit, WT/DS512/R, 5 April 2019, at para. 7.5.4.

但过去的几十年成员国援引安全例外条款的案件很少，也没有专家组对安全例外做出法律解释。"乌克兰诉俄罗斯运输限制措施案"是自世界贸易组织成立以来专家组首次对安全例外条款做出法律解释。鉴于世贸组织专家组报告的重要影响力，该案对于其后各成员国援引安全例外都具有重要的借鉴意义，并且或许会对国际经贸关系产生一定的影响。

一方面，专家组否定了国家对于国家安全例外条款完全的自主裁决权，这可能一定程度上激化世贸组织成员国的矛盾，加剧争端解决机制的危机。本案报告显示，各国对国家安全例外的适用存在较大分歧。美国、澳大利亚、日本等国认为成员国在涉及国家安全的问题上享有绝对的自主裁决权，若将此类问题交由世贸组织裁判是对一国维护自身安全利益能力的严重损害。而欧盟、巴西等国则相对保守，认为由世贸组织来认定国家行为会更为客观。中国、加拿大等国则认为尊重涉案国出于自身安全考量的主观想法固然重要，但是涉案国在对安全情况进行"自主认定"时也应当严格遵循"善意原则"。这样的分歧也反映在了世贸组织上诉机构危机之中。上诉机构危机的直接原因是美国持续阻挠上诉机构启动新成员选任程序，其背后动因之一是美国意在将自身的所谓"国家安全"凌驾于世贸组织多边规则之上。[①] 实践中，美国不仅在新近缔结的《美墨加协定》中扩大国家安全的适用范围，对其不设明确限制，在其国内外国投资国家安全审查立法中也进一步扩张本国政府对国家安全的自由解释权。由此可见，美国将坚持对国家安全例外的扩大适用，并且不会约束其现实中滥用国家安全条款的行为，而这样的态度却与"乌克兰诉俄罗斯运输限制措施案"专家组报告冲突。在世贸组织上诉机构已经停摆的情况下，世贸组织核心成员国之间对于国家安全例外这一举足轻重的条款存在根本性分歧，很可能阻碍成员间对于世贸组织争端解决机制改革达成共识，将不利于世贸组织上诉危机的化解。

但另一方面，"乌克兰诉俄罗斯运输限制措施案"专家组的报告也可能推动各国完善国内的国家安全立法体系，加快国际贸易争端解决的区域化进程。该案中，专家组回溯了《关税及贸易总协定》第XXI条的谈判历史，其中提到美国代表团意图防范成员国将安全例外条款用于商业目的，故提出对安全例外的自主裁决权加以限制。[②] 但如今，美国的立场发生了重大变化，这与美国

[①] 石静霞：《世界贸易组织上诉机构的危机与改革》，《法商研究》2019年第3期，第151—154页。

[②] WTO Report of the Panel, Russia-Measures concerning Traffic in Transit, WT/DS512/R, 5 April 2019, at para. 7.93.

的政治与经济地位变化、科技发展与进步都有密切关系。美国立场的变化也同样反映出伴随时代发展,《关税及贸易总协定》第 XXI 条的局限性逐渐显现,该条款对"安全"的界定难以满足许多国家的安全政策需要。对此,各国亟须完善国家安全立法体系。① 在此过程中,对安全内涵持相似观点的国家或许更容易达成双边或区域性共识,进而推动国际经贸协定的双边化或区域化。② 而国际经贸规则的双边主义或区域主义也可能成为替代世界贸易组织多边争端解决机制的一种路径。2020 年 3 月 27 日,包括中国、欧盟、加拿大在内的世界贸易组织 16 个成员国发表协议,允许上诉机构做出多方临时上诉仲裁安排,允许世贸组织成员国在自愿的情况下使用上诉机制。③ 这或许正是世界贸易组织多边争端解决机制区域化演进的一个例证。

(四)"乌克兰诉俄罗斯运输限制措施案"对于援引投资协定安全例外的启示

本案是世界贸易组织专家组解释安全例外条款的第一案,反映出世界贸易组织成员在国家安全例外的解释方面存在重大分歧,但该案对于阐明国家安全的内涵和适用路径具有重要的指导意义。面对中美贸易摩擦中美国滥用国家安全例外的情形,中国政府在 2019 年 5 月递交世界贸易组织的《中国关于世贸组织改革的建议文件》中也提出,世界贸易组织应"加严对滥用国家安全例外的措施的纪律,应秉承善意和克制原则援引安全例外条款,并应在世贸组织框架下对援引国家安全例外条款予以进一步澄清和规范。"2019 年 12 月 11 日起,世界贸易组织上诉机构停摆,被冠以"皇冠上的明珠"之美誉的世界贸易组织争端解决机制面临严重的危机。我国在积极参与世界贸易组织改革的过程中,应当明确立场,保持定力,寻求合作,为多边贸易体制的构建贡献中国智慧。具体至国家安全例外条款的适用上,我国应支持专家组在"乌克兰诉俄罗斯运输限制措施案"中的判决,运用国际法基本原则限制国家安全例外条款的适用。

虽然自《关税及贸易总协定》之始,第 21 条安全例外条款就存在其中,

---

① 徐程锦:《WTO 安全例外法律解释、影响与规则改革评析——对"乌克兰诉俄罗斯与转运有关的措施"(DS512)案专家组报告的解读》,《信息安全与通信保密》2019 年第 7 期,第 47 页。

② 徐程锦:《WTO 安全例外法律解释、影响与规则改革评析——对"乌克兰诉俄罗斯与转运有关的措施"(DS512)案专家组报告的解读》,《信息安全与通信保密》2019 年第 7 期,第 46 页。

③ European Commission:EU and 15 World Trade Organization members establish contingency appeal arrangement for trade disputes. https://ec.europa.eu/commission/presscorner/detail/en/IP_20_538,last visited on May 1,2021.

但过去的几十年成员国援引安全例外条款的案件很少，也没有专家组对安全例外做出法律解释。"乌克兰诉俄罗斯运输限制措施案"是自世界贸易组织成立以来专家组首次对安全例外条款做出法律解释。鉴于专家组报告的重要影响力，该案对于其后各成员国援引安全例外都具有重要的借鉴意义。

国家安全例外条款是《关税及贸易总协定》为了平衡贸易促进和成员国主权权力所做之设计，"乌克兰诉俄罗斯运输限制措施案"中专家组所作解释明确了专家组审查例外条款的合法性，并从以下三方面限制了成员国援引安全例外的自主权。

首先是必要性限制，即成员国对国家安全例外的自裁决权仅限于措施是否有必要性。由于第21条存在"认为是……所必要"（"which it considers necessary"）这样的措辞，国家安全例外条款是否属于成员国自裁决条款长期存在争议。专家组通过考察《关税及贸易总协定》缔约历史，尤其是美国代表团表达的意见，认为成员国应该只对是否有必要采取措施而非安全利益内涵具备自裁决权，以避免安全例外的滥用，也有助于该条款设计的利益平衡。

其次是适用情形限制，即将安全例外的适用情形严格限制于维护国家根本安全利益范围内。专家组指出，世界贸易组织成员方之间时而产生政治或者经济上的冲突是正常的。甚至虽然有些冲突偶尔从政治的角度看显得很紧急，但只有当这些冲突真正涉及国家的军事、国防利益，以及维护一国的法律及公共秩序利益时，才能称之为第21条第3款所指的"国际关系间的紧急情况"。

最后是善意适用限制，即明确了成员国有义务"善意地"解释和适用国家安全例外。专家组提出，善意履行条约义务是一项一般法律原则，也是一项习惯国际法。据此，成员国不应当将国家安全例外作为逃避条约义务的方式，而是应当证明采取的措施具有维护国家根本安全利益的充分性和紧急性，而非一项明显的贸易保护措施。本案中，乌克兰和俄罗斯两国间已经爆发武装冲突即是两国国际关系处于紧急状态的最好证明。

综上，本案专家组贯彻了世界贸易组织一直以来的防止国家安全例外的思路，从例外条款的自裁决性质、适用情形、适用路径等方面设置了很高的安全例外适用门槛，将《关税及贸易总协定》第21条第3款主要限制在了武装冲突等情况下。本案也表明，国家有义务对于援引国家安全例外进行自我限制，将国家安全仅用于十分必要的、极端的紧急情况。

国际投资协定的例外条款在起源、用语、种类上都受到《关贸总协定》第21条的深刻影响，因此也面临滥用风险。例如，一些国际投资协定在涉及安全利益的例外条款中同样带有"it considers""it determines""in the state's opinion"之类的表述，通常认为这样的措辞代表东道国将安全例外置于自行裁决的范围。甚至有少部分投资协定的安全例外条款除了包括自裁性主观表述，还规定安全例外条款拒绝司法审查（"non-justiciabity"），[1] 进一步加强了东道国的规制权，限制了仲裁庭对安全例外的审查权。因此，国际投资仲裁庭为防止投资协定安全例外条款被滥用，可借鉴"乌克兰诉俄罗斯运输限制措施案"中专家组的认定，通过国际法基本原则与规则限制安全例外条款的适用。

本章小结

　　面对"正当性危机"的持续发酵，投资者与东道国争端解决机制进入多边改革时期，国际投资协定实体条款改革应与程序制度改革并行不悖。面对仲裁庭程序设计的种种弊端，东道国通过在国际投资协定中纳入例外条款和增加例外种类加强对外资的规制权，弱化仲裁庭自由裁量的不确定性，有助于维护东道国经济主权，平衡投资协定的稳定性与灵活性，促成高保护水平投资协定的达成和建立可持续发展的国际投资法体系。

　　国民待遇的例外情形呈现文本类型扩张，实践严格适用的发展趋势。伴随着国际社会发展演进，科技进步和大数据时代到来，各种复杂的新情况、新事物层出不穷，故国际投资协定文本纳入例外条款的数量日趋增加，且趋向于拓展例外条款内涵，例如扩张根本安全范围，将信息安全纳入管控，以及将可持续发展纳入公共政策。而在具体适用例外条款的案件中，国际投资仲裁庭多采用严格解释路径，既严格限制例外适用于国民待遇条款本身，又限制例外的适用阶段，以此约束东道国行使规制权和自由裁量权，防止例外条款滥用，保护外国投资者合法期待。

　　国民待遇例外的适用规则日渐明晰，主要包括例外的不溯及既往限制、自裁性限制、适用范围限制和适用目的限制四个方面。国民待遇的例外应当在纠纷发生前已于国际投资协定中规定，不可事后援引。学界对例外适用是否属于东道国自裁范围则有两种观点：一种是基于条文本身是否有自裁性表述词汇的判断；另一种是基于例外条款类型的判断。例外的适用具有内生性，仲裁庭在适用例外时不要求该例外情形已明确地在国内法中被列明。换言之，即使例外

---

[1] 例如《新加坡与印度自由贸易协定》（Singapore-India Free Trade Agreement），第6.12条第4款，附件5（a）。

情形并未在东道国国内法中列明，仲裁庭在适用国民待遇条款时也通常会考量案件中东道国采取的调控措施是否为保护该国公共利益而行为。例外的适用存在限制，故东道国援引例外作为抗辩理由需要满足一定条件。该例外不仅应当为合法的、且具非保护性的公共政策，并且要东道国通过合理方式达成，如此方可将东道国的差别待遇合法化。早期仲裁庭多采取"必要性"原则，即通过考量东道国的条款行为对于达成其公共目的是否具备必要性，从而认定其措施性质。但近年来有的仲裁庭采用了另一种标准，即"合理联系"，即通过政府采取的措施和政府所维护的公共政策间是否具有合理的联系认定该措施的合理性。

国际贸易法国民待遇适用的例外和国际投资法国民待遇适用的例外呈现一定的差异性，这主要表现在例外种类差异和对东道国采取措施与公共政策之间联系程度要求的差别。这与国际贸易法主要面对南北矛盾而国际投资法重在解决公私冲突密切相关。但考虑到国际贸易法国民待遇的例外和国际投资法国民待遇的例外也存在起源上的密切联系和文本上的相似性，因此国际贸易法实践也可为国际投资仲裁提供借鉴。"乌克兰诉俄罗斯运输限制措施案"是自世界贸易组织成立以来专家组首次对安全例外条款做出法律解释。该案专家组报告明确了专家组审查例外条款的合法性，并在考察了《关税及贸易总协定》第 XXI 条的谈判历史后，从以下三方面限制了成员国援引安全例外的自主权：第一是必要性限制，即成员国对国家安全例外的自裁决权仅限于措施是否有必要性；第二是适用情形限制，即将安全例外的适用情形严格限制于维护国家根本安全利益范围内，即只有当国家间的冲突真正涉及国家的军事、国防利益，以及维护一国的法律及公共秩序利益时，才能称之为第 21 条第 3 款所指的"国际关系间的紧急情况"；第三是善意适用限制，即明确了成员国有义务"善意地"解释和适用国家安全例外，而非将国家安全例外作为逃避条约义务的方式或贸易保护措施。

综上，国际投资协定国民待遇适用的例外存在内涵拓展、外延收缩的趋势，该路径实为国际投资仲裁庭在适用国民待遇条款时，为实现平衡外国投资者利益和东道国权力，协调条约稳定性和灵活性所做规划，有助于建立更加可持续发展的国际投资法律体系。鉴于国际贸易法国民待遇适用的例外和国际投资法国民待遇适用的例外存在联系与差异，应对《关税及贸易总协定》例外条款与国际投资协定的例外条款做出区分。但国际贸易法实践可对国际投资仲裁实践提供一定借鉴。"乌克兰诉俄罗斯运输限制措施案"专家组报告中提出限制安全例外条款的自裁性、限制"紧急情况"的适用以及运用善意原则限制国家援引安全例外，这或许同样可适用于国际投资协定中国民待遇适用的例外条款。

第五章　国际投资仲裁中国民待遇条款的价值平衡

第一节　国际投资仲裁中国民待遇条款的价值平衡样态

一、多元化与一体化

回顾国际投资仲裁中国民待遇条款的适用演进历程有助于更加深入地理解国际投资法体系的变迁。由于各个国家在解释国民待遇的态度上有所不同，自然导致了一些国家缔约上的冲突。由于各个国家历史文化背景和国情的不同，各国采取的外商投资法律规则并不相同。

当我们总结这些导致国家履行其国民待遇义务不同态度的因素时，多元化是不可忽视的重要诱因之一。比如，本书第三章第二节和第三节提到的各国对"投资"和"投资者"的定义，美国和加拿大在定义"投资"和"投资者"时采取的是宽口径态度，附上了一个符合该国对"投资"和"投资者"定义的开放式定义清单。我们可以通过分析这些国家的特殊文化传统观念、历史背景、经济形势和政治愿景等因素对它们的态度有更深入的理解。具体而言，作为世界上最大的资本输出国之一，美国希望扩大其双边投资协定的适用范围以更好地保护在海外的美国投资者。从历史的角度看，美国从早期缔结友好通商航海条约开始一直积极促进国际贸易和国际投资。1994年和2012年的《美国双边投资协定范本》很大程度上沿袭了其在友好通商航海条约中的态度。

再一例是在当下国际投资仲裁实践中越来越为各国青睐的定义投资者国籍

时的真实联系原则。虽然多数国家倾向于定义投资者国籍时采取较为灵活的方式,① 但是各国选用真实联系原则的原因却大相径庭。英国支持采用主要营业地来判断公司国籍,它之所以选用这种灵活的方法和英国的殖民历史有关。作为历史上最主要的殖民国家之一,英国多年来持续在其殖民地开展了大量投资活动。虽然投资的公司常常是在英国以前的殖民地注册的,但是公司董事会和一些大股东往往在英国经营。为了能对这些公司享有属人管辖权,英国便采取主要经营地原则来判断投资者的国籍。

由于国际投资协定通常仅适用于东道国"领土"内的投资,因此对"领土"范围的解读是国际投资仲裁庭认定具体投资行为及投资者是否受该双边投资协定保护的关键。而投资仲裁庭对"领土"的界定同样也是国际投资法在多元化和一体化价值之间平衡的反映。或许是各国意识到了"领土"的复杂性和其定义对于确定国际投资协定适用范围的重要性,无论是《布莱克法律辞典》对"领土"的注释,还是国际投资协定中对"领土"的界定都日渐具体化。② 但近年来,越来越多的国际投资仲裁案件围绕界定"领土"内涵争议不休,引发了诸多讨论。国际投资仲裁实践中关于"领土"的争议也多与"投资"和"投资者"的涵盖范围、投资形式及领土本身性质相关。例如,随着互联网时代的到来,电子商务飞速发展,越来越多的财务交易通过网络达成,大量无形资产的涌现给认定投资是否在领土内带来了一定难度,这都是新形势下新技术的发展给国际投资法带来的难题。此外,领土性质也引发了一系列国际投资仲裁争端,例如现存的少量非自治领土等问题。这些现实情况提醒着我们,现代社会正往一个高度多元化的方向发展。这样的发展趋势同时导致了文化的多元化和法律的多元化,许多投资争端也正是由此发生的。

在对国民待遇条款采取何种模式的问题上,世界各国的做法表现出一定程度的一体化趋势。诸如美国、加拿大、日本等这些世界上主要的资本输出国均采用的准入前国民待遇模式以扩大国民待遇义务的适用范围,③ 据统计,有26

---

① Lee Lawrence Jahoon, "Barcelona Traction in the 21st Century: Revising its Customary and Policy Underpinnings 35 Years Later", *Standford Journal of International Law* 42 (2006): 237−289.

② 例如 Fedax NV v. Venezuela, ICSID Case No. ARB/96/3, Decision of the Tribunal on Objections to Jurisdiction, 11 July 1997. 再如 SGS Société Générale de Surveillance SA v. Republic of the Philippines, ICSID Case No. ARB/02/6, Decision of the Tribunal on Objections to Jurisdiction, 29 January 2004.

③ Peterson E. Luke, Human Rights and Bilateral Investment Treaties: Mapping the Role of Human Rights Law within Investor − State Arbitration (International Centre for Human Rights and Democratic Development, 2009), p. 12.

个国家间或区域自由贸易协定中采取了准入前国民待遇模式，其中包括了越南、菲律宾等发展中国家。① 直至 2009 年，使用该模式的国家在世界上仍然占少数。② 然而，世界各国尤其是例如欧盟这样的主要发达国家在国际投资协定中对准入前国民待遇的态度在近年已发生变化。截至 2013 年，全球至少有 77 个国家采用了准入前国民待遇和负面清单的外资管理模式，③ 表明世界各国对准入前国民待遇模式的态度正逐渐趋向一体化，很可能成为国际投资规则发展的新趋势。

与此同时，国际投资仲裁庭也致力于通过条约解释以及采用习惯国际法原则等方式提高国际投资争端裁决的一致性。例如，分析是否违反国民待遇的"三步走"方法就在许多仲裁案件中得到认同和适用，如"Pope & Talbot 诉加拿大案"。虽然仲裁庭致力于提高国际投资法适用的一致性，但由于各国政治、经济、文化、利益以及历史传统等因素而导致的多元化在可预见的未来仍将长期存在。鉴于此，究竟国际投资法体系能通过什么途径达到怎样的一致性？多边投资协定也许是促进国际投资法一致性的一种途径。而追求一致性的过程中主要需要在各国的利益间取得平衡和协调。

二、东道国与外国投资者

（一）利益根源

国民待遇条款旨在保障进入一国的外商投资和一国到境外开展投资的投资者不因其国籍原因而遭遇歧视。国际投资法中的国民待遇则以保护外国投资者和外国投资为主要目标，其调整的是投资东道国和外国投资者之间的法律关系，故主要矛盾表现为公私冲突。自 20 世纪 80 年代始，经济发展和政治需求也促使许多国家开放其外商直接投资市场，推进了投资自由化。④ 国际投资法

---

① 参见赵玉敏：《国际投资体系中的准入前国民待遇——从日韩投资国民待遇看国际投资规则的发展趋势》，《国际贸易》2012 年第 3 期，第 47 页。

② Andrew Newcombe & Lluis Paradell, *Law and Practice of Investment Treaties: Standards of Treatment* (Kluwer Law International, 2009), p. 158.

③ 中华人民共和国商务部：《商务部新闻发言人沈丹阳就中美积极推进投资协定谈判发表谈话》，2013 年 7 月 12 日，参见 http://www.mofcom.gov.cn/article/ae/ag/201307/20130700196677.shtml, 2021 年 5 月 1 日最后访问。

④ Thomas L. Brewer & Stephen Young, the Multilateral Investment System and Multinational Enterprises (Oxford University Press, 1998), p. 56. United Nations Conference on Trade and Development. Trends in International Investment Agreements: An Overview. United Nations Publication, 1999, online: http://unctad.org/en/Docs/iteiit13_en.pdf, last visited on May 1, 2021.

侧重微观层面具体目标的实现,促进国家间资本流动,保护国家在海外的投资和投资者。其中的关键便是如何平衡东道国让渡的主权权力与给予外国投资者的权利。对国际投资协定中的国民待遇条款的公私冲突利益根源可以从宏观和微观两个维度考察。

1. 宏观视角

从宏观视角的考察包括条约起源和国际背景两方面。条约起源方面,双边投资协定的兴起与历史上资本输出国为巩固其领导地位密切相关。西方殖民国家炮制国际法是为了服务于它们自身的利益。[①] 国际投资协定的产生亦是如此,即作为资本输出国保护其利益的工具。[②] 自17世纪开始,一些发达国家开始建立海外贸易公司,例如著名的荷兰东印度公司。这些公司表面上从事跨国贸易活动,实际上代表着国家职能,通过签订协议、军事征服、建立堡垒等方式进行殖民掠夺。[③] 到18世纪末期,这些海外贸易公司的主要职责已然成了为帝国的扩张和管理服务。[④] 此时,这些海外贸易公司从事活动需要寻求依据,而一系列国际法理论便应运而生。[⑤] 由此,国际投资协定实为资本输出国论证其行为合法性,并保护其输出资本而生的工具。故从国际投资协定国民待遇条款设计的初衷上就非常强调给予外国投资者权利,对外国投资者和外国投资提供充分保护,而对外国投资者的权利和义务的规定不够平衡。[⑥] 国际背景方面,在国际社会的宏观背景下,投资自由化的整体趋势也同样强调投资保护。由于各国信奉经济自由化对经济发展的促进作用,自20世纪80年代中期开始,投资自由化开始成为各国外商直接投资政策的主要变化之一。[⑦] 根据联

---

① 安东尼奥·卡塞斯:《国际法》,蔡从燕等译,法律出版社,2009,第41页。
② Charles Lipson, *Standing Guard*: *Protecting Foreign Capital in The Nineteenth and Twentieth Centuries* (University of California Press, 1985), pp. 37-38; Nico Schrijver, *Sovereignty over Natural Resources*: *Balancing Rights and Duties* (Cambridge University Press, 1997), pp. 173-174. Peter Malanczuk, *Akehurst's Modern International Law* (7ed) (Routledge, 1997), pp. 91-100.
③ Claudia Schnurmann, "Wherever Profit Leads Us, to Every Sea and Shore…: the VOC, the WIC, and Dutch Methods of Globalization in the Seventeenth Century", *Renaissance Studies* 13 (2003): 477-480.
④ C. H. Philips, *The East India Company*: 1784-1834 (Routledge, 1961), p. 23.
⑤ Kate Miles, "International Investment Law: Origins, Imperialism and Conceptualizing the Environment", *Colorado Journal of International Environemntal Law and Policy*, 21 (2010): 13.
⑥ Charles N. Brower, Stephan W. Schill, "Is Arbitration a Treat to a Boon to the Legitimacy of International Investment Law?", *Chicago Journal of International Law* 9 (2009): 475.
⑦ United Nations Conference on Trade and Development, *World Investment Report* 1998: *Trends and Determinants* (United Nations Publication, 1998), p. 94.

合国贸易和发展会议的定义，投资自由化主要包括消除市场扭曲、提高外国投资者待遇和加强市场监督三方面内容，① 这三方面均有利于投资保护。投资自由化的其中一例便是国民待遇条款在投资协定中的纳入。进入 20 世纪 90 年代以来，大量的国际投资协定开始纳入国民待遇条款，其本身就是投资自由化相对于保护东道国幼稚产业已占上风的表现。② 我国缔结的国际投资协定中对待国民待遇条款的态度也于 1990 年后开始发生变化，开始接受有限的准入后国民待遇，同样可视作大浪淘沙的国际社会中的一个侧面。③

2. 微观视角

从微观视角的考察包括投资仲裁性质和对抗双方地位两方面。投资仲裁性质方面，国际投资仲裁本质上是一种公私混合的争端解决机制。和传统的国际商事仲裁不同，国际投资仲裁既具有解决个体争议的司法功能，又具有实现更广泛的东道国政策目标的公共功能。④ 投资仲裁中属于公法性质的决定性要素之一即为东道国为其公共利益而采取管制措施的法定权力。⑤ 然而近年来，虽然国际法学界更强调国际投资仲裁的公法性质，⑥ 仲裁实践却更多地关注国际投资仲裁的私法性质，因此仲裁庭在案件中采取的解释路径也属于源于私法的解释标准。⑦ 在例如合同纠纷这样的私法性质的争端解决机制中，裁决者强调争端双方的主观意愿，整体上容易导致对文本的狭义解释，而淡化更广泛的政策考量。该问题在阿根廷因经济危机而导致的系列诉讼案件"CMS 诉阿根廷

---

① United Nations Conference on Trade and Development, *World Investment Report* 1998: *Trends and Determinants* (United Nations Publication, 1998), p. 94.

② J. K. Galbraith, *A History of Economics* (Penguin, 1987), pp. 92—95.

③ 关于我国在国际投资协定中对待国民待遇条款态度的历史变迁，可参见 Qianwen Zhang, "Opening Pre-establishment National Treatment in International Investment Agreements: An Emerging 'New Normal' in China?", *Asian Journal of WTO & International Health Law and Policy* 11 (2016): 437—476.

④ William W. Burke-White & Andreas von Staden, "Private Litigation in a Public Law Sphere: the Standard of Review in Investor-state Arbitration", *Yale Journal of International Law* 35 (2010): 285.

⑤ Abram Chayes, "The Role of the Judge in Public Law Litigation", *Harvard Law Review* 59 (1976): 1302. See also L. Harold Levinson. "The Public Law/Private Law Distinction in the Courts", *The George Washington Law Review* 57 (1989): 1593.

⑥ Gus Van Harten, *Investment Treaty Arbitration And Public Law* (Oxford University Press, 2007); Gus Van Harten & Martin Loughlin. "Investment Treaty Arbitration as a Species of Global Administrative Law" *European Journal of Interantional Law* 17 (2006): 121.

⑦ William W. Burke-White & Andreas von Staden, "Private Litigation in a Public Law Sphere: the Standard of Review in Investor-state Arbitration", *Yale Journal of International Law* 35 (2010): 285.

案"、"Enron 诉阿根廷案"和"Sempra 诉阿根廷案"中都有所体现。[①] 由此可见,投资仲裁庭基于仲裁的私法性质而在仲裁实践中采取的解释路径更多着眼于争端双方个体的权利保护,却忽视了和东道国主权权力及执行其政府职能相关的公共权力。对抗双方地位方面,通常认为私人投资者在面对东道国时处于相对弱势地位,就信息渠道而言,东道国属于信息发布机关,掌握选择公布与否、如何公布、公布多少信息的主动权,而私人投资者获取信息的渠道则很有限,因此在东道国是否违反其给予国民待遇义务的举证责任上,与国际贸易法中的国家间对抗不同,国际投资仲裁庭理应一定程度上减轻私人投资者的举证责任,把更多的举证义务施加给东道国一方,才能实现实质公平。就救济途径而言,东道国往往要求用尽当地救济,但私人投资者东道国国内的行政复议和行政诉讼其最终决定权仍是在东道国手中,可以说在国内救济程序中,东道国既是"运动员",又是"裁判员",其客观公平性往往难以令人信服,故国际投资仲裁成了外商投资者寻求损害赔偿的"最后一根稻草"。相较而言,东道国维护其利益的方式则更多样化并具有张力。例如,阿根廷宪法规定,除了少数涉及基本人权的国际公约,大多数国际条约都要经过国内政府批准才能获得宪法地位。[②] 故在投资仲裁案件中,阿根廷政府主张其保留依据国内宪法规定,审查投资条约合宪性的权力。[③] 因此在东道国是否违反其给予国民待遇义务的举证责任上,与国际贸易法中的国家间对抗不同,国际投资仲裁庭理应一定程度上减轻私人投资者的举证责任,把更多的举证义务施加给东道国一方,才能实现实质公平。

(二)"卡尔沃主义"的复活

晚近国际投资法领域的论争焦点从"南北矛盾"转为"公私冲突",其中表现之一便是卡尔沃主义呈现复活的趋势。[④] 面对投资者与东道国争端解决机

[①] William W. Burke-White & Andreas von Staden, "Private Litigation in a Public Law Sphere: the Standard of Review in Investor-state Arbitration", *Yale Journal of International Law* 35 (2010): 297-298.

[②] 1994 年《阿根廷宪法》第 75 条第 22 部分规定,除《世界人权宣言》等国际公约的效力与宪法等同,其他关于人权的条约与公约必须先获得参议院同意,并获三分之二以上议会成员通过方可获得宪法地位。

[③] CMS Gas Transmission Company v. the Argentine Republic, ICSID case No. ARB/01/8, Award, 12 May 2005, para. 111. 但笔者难以苟同阿根廷政府的主张,阿根廷政府在批准双边投资协定之前应当已经对协定的合宪性进行了审查,如果以该主张作为政府不履行条约义务的依据则应被对禁止反言原则(estoppel)的违反。

[④] 转引自单文华:《从"南北矛盾"到"公私冲突":卡尔沃主义的复苏与国际投资法的新视野》,《西安交通大学学报:社会科学版》2008 年第 4 期,第 12 页。

制的"正当性危机",以玻利维亚、厄瓜多尔、委内瑞拉和阿根廷为代表的拉美国家采激进策略,纷纷通过退出《华盛顿公约》等方式否定国际投资仲裁;以美国和欧盟为代表的发达国家通过细化投资协定范本、建议设立国际投资法庭等方式提出对投资者与东道国争端解决机制相关条款进行改革。这些现象都显示卡尔沃主义已从复活迹象转为真正的复活。①

追溯卡尔沃主义复活的缘由,可以分别从发达国家和发展中国家两个视角理解。随着国际格局变迁,如中国、印度等一类新兴大国崛起,发达国家不再仅仅是传统意义上的资本输出国。在越来越多的被诉至国际投资仲裁庭的背景下,发达国家开始意识到投资协定不再完全充当保护其输出资本的工具。在此问题上,"Trans-Canada 诉美国案"具有开拓性意义,美国在《北美自由贸易协定》遭遇仲裁挑战,也是促使美国将《北美自由贸易协定》升级为《美国—墨西哥—加拿大协定》(USMCA)的重要原因之一。因此,发达国家开始重新思考国际投资条约的作用,反思自己兼具资本输出国和资本输入国的双重身份,重新设计更为平衡的投资协定体系以弥补先前自由投资体制带来的不利因素。对于发展中国家而言,如阿根廷等国家频繁地被外国投资者提起国际仲裁,疲于应对的同时也要承担极高的风险,面临坐等国内经济崩溃或给予外国投资者巨额赔偿的两难困境。② 在这样的背景下,对现有的投资者与东道国争端解决机制进行改革,在条款上对投资者和东道国的权利义务更为平衡设计,建立更具有可持续发展力的国际投资法体系,成为发达国家和发展中国家的共同诉求。

国家间得以达成投资协定的原因之一在于国家在对外国投资者提供保护和适当的投资待遇以促进投资的同时,保留其管制经济的权力守护国家主权。③ 故公私冲突成为达成权利义务平衡的投资协定的关键之处,即建立一套既可以保护外国投资又能够适应东道国经济政策的国际投资法体系。④ 由于私人投资

---

① 转引自单文华:《从"南北矛盾"到"公私冲突":卡尔沃主义的复苏与国际投资法的新视野》,《西安交通大学学报:社会科学版》2008 年第 4 期,第 12 页。

② ①转引自单文华:《从"南北矛盾"到"公私冲突":卡尔沃主义的复苏与国际投资法的新视野》,《西安交通大学学报:社会科学版》2008 年第 4 期,第 12 页。

③ Saluka v. Czech Republic, UNCITRAL, Partial Award, 17 March 2006, para. 300, online: http://www.italaw.com/sites/default/files/case-documents/ita0740.pdf, last visited in October 8, 2020; El Paso Energy v. Argentina, ICSID Case No. ARB/03/15, Decision on Jurisdiction, 27 April 2006, para. 70, online: http://www.italaw.com/sites/default/files/case-documents/ita0268_0.pdf, last visited in October 8, 2020.

④ CMS Gas Transmission Company v. the Argentine Republic, ICSID case No. ARB/01/8, Award, 20 April 2005, para. 499.

者在信息渠道、举证能力、救济途径等各方面相较于东道国居于弱势地位，因此，投资者很可能被国家实施管制权的行为所侵害，尤其是那些不严格遵守法制的国家。[1] 国际投资仲裁庭应当对私人投资者做一定程度倾斜，那么何种程度的倾斜就尤为重要，因此国际投资法中的国民待遇在实践中面对平衡困境。

面对一些国家相继退出投资者与东道国争端解决机制标志的国际投资仲裁体制信任危机，晚近投资仲裁庭应当做出适当调整，体现对东道国利益的更多关注，朝向平衡东道国规制权和投资者合法利益的目标努力。此外，在同等条件下力争保证裁决的一致性，防止国际投资仲裁体系的过度碎片化。在认定东道国给予外国投资者不低于本国投资者待遇是否需要证明东道国具有歧视意图这一问题上，仲裁庭近年来的裁决都趋于一致，或许也是投资仲裁庭为提高裁决的系统性和可预见性做出的努力。

（三）缔约国与仲裁庭的态度分歧

本章第二节和第三节所述，例外条款在协定文本和仲裁实践呈现背离的发展趋势，这反映出缔约国和仲裁庭在对待投资者与东道国利益的博弈问题上的分歧。伴随着国际社会的发展和新兴技术的出现，各种复杂的新情况层出不穷，因此投资协定文本趋向于拓展例外条款内涵。而在具体适用例外条款的案件中，国际投资仲裁庭多严格限制东道国行使规制权和自由裁量权，防止例外条款滥用，保护外国投资者合法期待。内涵扩张、外延收缩的适用路径反映了外国投资者利益和东道国规制权，条约灵活性和可预见性两组不同价值之间的博弈。

从历史的角度考察，国际法的产生是为了服务于西方殖民国家的利益。[2] 国际投资协定的产生也同样是服务于资本输出国的利益。因此，国际投资协定初期的条款设计更多地保护投资者利益，而弱化东道国规制权。[3] 在国际投资协定演进过程中，投资者与东道国二元冲突始终存在，例如，南北国家围绕征

---

[1] e. g., Christoph Schreuer. "Do We Need Investment Arbitration?", in Jean E Kalicki & Anna Joubin-Bret ed. Reshaping the Investor-State Dispute Settlement System-Journeys for the 21st Century. *Brill*, 2015, p. 879.

[2] 参见［意大利］安东尼奥·卡塞斯：《国际法》，蔡从燕等译，法律出版社2009年版，第41页。

[3] Charles Lipson, *Standing Guard: Protecting Foreign Capital in The Nineteenth and Twentieth Centuries*, Berkeley: University of California Press, 1985, pp. 4, 8, 37-38; Nico Schrijver, Sovereignty over Natural Resources: Balancing Rights and Duties, Cambridge: Cambridge University Press, 1997, pp. 173-174; Peter Malanczuk, *Akehurst's Modern Introduction to International Law* (7th ed), 1997, pp. 91-100.

收的补偿分别主张适当补偿原则和赫尔准则。① 国际投资协定例外条款在文本中的扩张和在实践中的限缩也是投资者与东道国二元冲突的体现。

在成因上，东道国试图拓宽规制权，但仲裁庭关注的是防止例外条款的滥用。对于东道国，一方面，仲裁庭扩张管辖权、扩大"投资""投资者"定义、滥用保护伞条款，扩大最惠国待遇条款在争端解决程序事项的适用等做法过于倾向投资者保护，② 增加了对东道国的不确定性。扩张例外条款的内容有助于东道国拓展规制权空间。另一方面，东道国通过例外条款平衡了条约的稳定性和可预见性。伴随着国际社会的快速发展，新的公共问题不断涌现。例如，许多国家在追求经济利益最大化的过程中，不断以牺牲环境安全、破坏自然资源为代价换取经济效益，严重损害人类生存的家园。因此，2007 年《加拿大与秘鲁双边投资协定》（第 10 条）将保护人类、动物或植物的生命或健康，保护可用竭的生物或非生物自然资源作为适用该双边投资协定的一般例外情形。又如日益严峻的知识产权问题，也使得一些国家将保护知识产权作为例外纳入双边投资条约中，如 2014 年《中国与加拿大双边投资协定》（第 8 条第 4 款）。设置例外条款有助于缔结投资协定时缔约各方未能完全预见的情况进行兜底，弥补为维护协定稳定性而减损的灵活性。

面对东道国运用例外条款的文本强化规制权，投资仲裁庭则通过条约解释的方式避免规制权的滥用，以实现投资者与东道国二元冲突的平衡。许多投资协定例外条款的规定存在模糊地带，例如规定一国的根本安全范围包括国际关系中的"其他紧急情况"。那么，新近在全球大流行的新冠肺炎疫情是否算是国际关系中的"其他紧急情况"，或构成对一国公共安全和公共利益甚至根本安全利益的威胁？这关系到在疫情中东道国是否可以合法援引例外条款豁免其条约义务。投资协定文本中例外条款措辞的模糊性导致条款存在滥用的可能性，因此仲裁庭运用条约解释的方法从条款的溯及力、自裁性和效力范围三方面对例外条款进行规制具有合理性。但仲裁庭对例外条款的规制的核心问题在于缺乏明确规则，解释较为散乱，也尚未存在例如世界贸易组织"乌克兰诉俄罗斯运输限制措施案"报告中，运用善意等习惯国际法原则的具体分析。面对

---

① M. Sornarajah, International Law on Foreign Investment, 3rd ed., Cambridge: Cambridge University Press, 2010, p. 36.
② 徐树：《国际投资仲裁庭管辖权扩张的路径、成因及应对》，《清华法学》2017 年第 3 期；陈安：《对香港居民谢业深诉秘鲁政府案 ICSID 管辖权裁定的四项质疑》，《国际经济法学刊》，2010 年第 1 期；陈辉萍：《ICSID 仲裁庭扩大管辖权之实践剖析——兼评"谢业深案"》，《国际经济法学刊》，2010 年第 3 期。

以美国为例频频滥用国家安全例外的做法，投资者与东道国争端解决机制在改革过程中也应合理构建例外条款适用的规制路径。

三、投资仲裁庭在适用国民待遇条款中的价值平衡

图 5-1 是对于仲裁庭在实践中如何通过在多元化和一致性之间、东道国和投资者利益之间寻求平衡，来解释国民待遇中的每一个要件的分析。

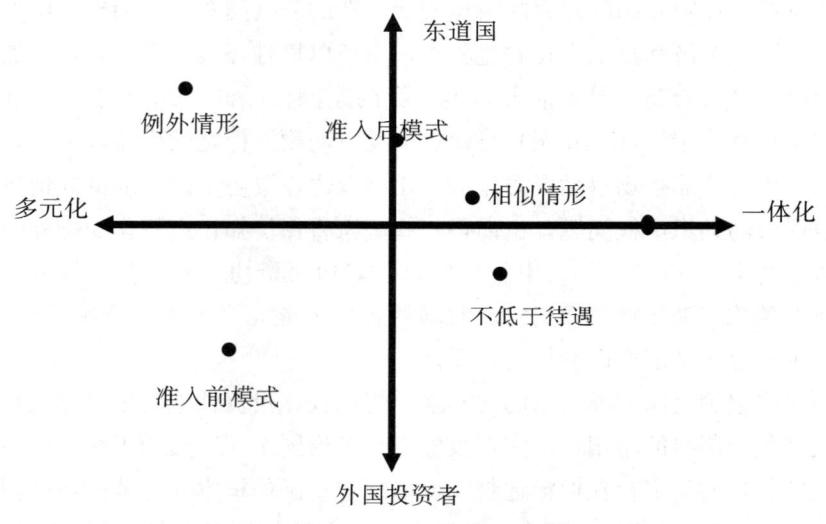

```
                    东道国
                     ↑
        ●            │
     例外情形      准入后模式
                     │
                     │       ● 相似情形
   多元化 ←──────────┼──────────●──→ 一体化
                     │
                     │       ●
                     │    不低于待遇
                     │
            ●        │
         准入前模式   │
                     ↓
                  外国投资者
```

图 5-1　国民待遇各要件的利益平衡分析

对图 5-1 可以做如下解读：

"三步走"法：该方法被广泛用于认定东道国的行为是否违反国民待遇义务。该方法多年来也一直被国际投资仲裁庭和一些特设仲裁庭运用。

准入前模式和准入后模式：和准入后模式相比，东道国在准入前模式中承担的国民待遇义务范围更大。外国投资者也可以在准入前模式中获得比准入后模式更为广泛的保护。

相似情形：通常仲裁庭会通过分析外国投资和国内投资、外国投资者和国内投资者之间是否竞争关系，或者是否处于同一经济领域，来判断二者是否处于相似情形。但仍有些情况下，仲裁庭会将政府管制的目的纳入"相似情形"的考量中，这也是仲裁庭考虑东道国利益的表现。

不低于待遇：国民待遇条款要求东道国给予外国投资者以不低于本国投资者的待遇，该待遇指的是国内所有投资者所获得的待遇。由此可见，国民待遇

条款给外国投资者提供了较好的保护。另外，由于证明歧视待遇不需要东道国有歧视的意图，外国投资者也不需要承担证明东道国是故意歧视其而为之的举证责任。

国民待遇的例外情形：东道国通过援引例外情形可对外国投资者的差别待遇合法化。此处的例外情形主要包括维护国家安全/根本安全利益、公共政策、经济需要、保护文化遗产等。

通过图5-1的分析可以得出以下结论。首先，新近仲裁实践中对于国民待遇的解释大体上是一致的，这可以通过仲裁庭一直使用"三步走"分析法和对不低于待遇的分析路径得知。另外，多元化是投资仲裁中的重要影响因素，东道国也正基于其纷繁复杂的国内需要而援引国民待遇的适用例外。

国际投资仲裁机制类似于一台天平，秤杆两侧分别是投资者利益和东道国规制权。虽然投资仲裁庭对投资者利益以一定程度倾斜具有合理性，但是为了促进国际投资体制的可持续发展，何种程度的倾斜就尤为重要。如前面所述，国际投资仲裁过往的实践曾表现出明显的扩大管辖权倾向，过度强调保护外国投资者利益，致使某些国家宣布退出《华盛顿公约》，引发了一些国家对国际投资仲裁机制丧失信任。鉴于此，改革已迫在眉睫。[①]

第二节　国际投资法和国际贸易法中国民待遇条款的价值平衡比较

一、价值平衡比较

虽然国际投资仲裁实践多次强调国际投资法和国际贸易法是两个不同的体系，[②] 并拒绝简单复制国际贸易法的认定路径，[③] 但两大体系在价值平衡上的

[①] 相关评论可参见 Fernando Mantilla-Serrano, "The Effect of Bolivia's Withdrawal From the Washington Convention: Is BIT - Based ICSID Jurisdiction Foreclosed?", *Mealey's International Arbitration Report* 22 (2007): 39.

[②] Occidental Exploration & Prod. Co. v. Republic of Ecuador, London Cout of International Arbitration, Case No. Un 3647, Award, 1 July 2004, paras. 154-155.

[③] S. D. Myers, Inc. v. Canada, NAFTA (UNCITRAL), Partial Award, 13 November 2002, para. 246. Methanex Corporation v. United States of America, NAFTA (UNCITRAL), Jurisdiction and Merits, 3 August 2005, Part Ⅳ, Chapter B, paras. 21.

相似性仍然客观存在。

本书第二章第二节论述了国际贸易法国民待遇条款和国际投资法中国民待遇条款在认定规则和清单模式方面的相似性。这样的相似性与国际贸易法和国际投资法在起源上的密切联系息息相关。国际贸易法国民待遇条款和国际投资法中国民待遇条款有着共同的起源，二者均着眼于外国人的待遇，体现了非歧视原则。就宏观层面的目标价值而言，国际贸易法追求贸易自由化，国际投资法期待促进投资自由化，均是经济自由化在各自领域的国际法助推力，如表5-1所示。

表5-1 国际贸易法国民待遇条款与国际投资法国民待遇条款的相似性

相似性 \ 体系	国际贸易法国民待遇	国际投资法国民待遇
起源	非歧视原则	非歧视原则
宏观目标	贸易自由化	投资自由化

但就国际贸易法国民待遇条款和国际投资法国民待遇条款的具体而言，二者的着重点存在差异，追求的目标不尽相同。国际贸易法侧重于宏观层面社会整体福利的实现，包括提高就业率、改善生活水平、改善收入水平、保障有效需要的增长、提高社会资源利用率。[1] 可见，国际贸易法主要的价值取向是自由化、社会福利、经济效率。

相对而言，国际投资法更为侧重微观层面具体目标的实现，以保护国家在海外的投资和投资者，促进国家间资本流动为宗旨。虽然数据显示国际投资协定对一国吸引外商投资是否具有促进作用并不明确，但是理论上通常认为，国际投资协定有利于为外资提供更好的保护，而更好的保护代表着良好的投资环境，自然有助于提高对外资的吸引力。因而许多国际投资协定的序言部分都提到以在缔约国境内投资创设有利条件，鼓励、促进和保护投资，增进缔约国间

---

[1] 正如 GATT 序言部分所言："Recognizing that their relations in the field of trade and economic endeavour should be conducted with a view to raising standards of living, ensuring full employment and a large and steadily growing volume of real income and effective demand, developing the full use of the resources of the world and expanding the production and exchange of goods, Being desirous of contributing to these objectives by entering into reciprocal and mutually advantageous arrangements directed to the substantial reduction of tariffs and other barriers to trade and to the elimination of discriminatory treatment in international commerce."

的经济合作和繁荣为目的。① 从 20 世纪 80 年代开始，经济发展和政治需求也促使许多国家开放其外商直接投资市场，推进了投资自由化。② 所以国际投资法主要的价值取向是投资保护、国家利益、自由化，如表 5-2 所示。

表 5-2 国际贸易法国民待遇条款与国际投资法国民待遇条款的差异性

差异性 \ 体系	国际贸易法国民待遇	国际投资法国民待遇
侧重价值	宏观层面	微观层面
	社会福利	国家利益
	经济效率	投资保护
实现路径	维护竞争	利益平衡

由此可见，国际贸易法和国际投资法在价值追求上具有相似性、差异性，甚至一定程度的互补性。③ 二者的差异性和贸易与投资体制的差异性密切相关，贸易体制关注的是市场准入、贸易壁垒等宏观议题，而投资体制则相反，着眼于吸引和保护私有主体的投资。④

国际贸易法和国际投资法在价值取向上的相似性和差异性导致了国际贸易法和国际投资法中国民待遇条款既存在相似性，也具有诸多差别，尤其是在实现路径上有所不同。由于二者均是扎根于非歧视原则，假设实践中涉及国际贸易法和国际投资法中国民待遇原则的问题，例如规则解释路径选择，仲裁实践很可能采取类似的解释思路。

由于国际贸易法追求更高的经济效率，通过削减关税和非关税壁垒，为全

---

① 例如 2003 年《中国与德国双边投资协定》的序言所言："愿为缔约一方的投资者在缔约另一方境内投资创造有利条件，认识到鼓励、促进和保护投资将有助于激励投资者经营的积极性和增进两国繁荣，愿加强两国间的经济合作。"

② Thomas L. Brewer & Stephen Young, the Multilateral Investment System And Multinational Enterprises (Oxford University Press, 1998), p. 56; United Nations Conference on Trade and Development. Trends in International Investment Agreements: An Overview. United Nations Publication, 1999, online: http://unctad.org/en/Docs/iteiit13_en.pdf, last visited on May 1, 2021.

③ Nicholas Di Mascio & Joost Pauwelyn, "Nondiscrimination in Trade and Investment Treaties: Worlds Apart or Two Sides of the Same Coin", Amercian Journal of International Law 102 (2008): 54.

④ Nicholas Di Mascio & Joost Pauwelyn, "Nondiscrimination in Trade and Investment Treaties: Worlds Apart or Two Sides of the Same Coin", Amercian Journal of International Law 102 (2008): 56.

球经济不断带来更高的经济效率，向"帕累托最优"（Pareto Optimality）靠近。① 福利经济学第一定理认为："完全竞争条件下，市场竞争能够通过价格最大效率协调经济活动，从而实现稀缺资源有效配置。"② 因此，《关税及贸易总协定》中的国民待遇强调给外国产品和服务提供者以平等的竞争机会，而非实际的贸易流动。③ 为了追求更高的经济效率，国际贸易法在对规则达成一致的过程中必然需要成员国做出一定妥协。国际贸易法调整的是国家间的贸易关系，国家间的实力对比和需求强度决定了妥协的程度，因此国际贸易法中的矛盾多体现为南北矛盾。在追求达成规则一致，提高经济效率的过程中，国际贸易法可能陷入公平困境，例如僵持不下的多哈回合，反映出国际贸易法体系在效率和公平价值间的艰难博弈。④ 因此，国际贸易法涉及国民待遇的案件中，如何公平地保障市场竞争，如何促使成员国遵守世界贸易组织规则，促进贸易自由化，往往是专家组和上诉机构考虑的重点和难点。

国际投资法中的国民待遇条款则以保护外商投资者和外商投资为主要目标，其调整的是投资东道国和外国投资者之间的法律关系，故主要矛盾表现为公私冲突。由于私人投资者在信息渠道、举证能力、救济途径等各方面相较于东道国居于弱势地位，国际投资仲裁庭应当对私人投资者做一定程度倾斜，那么何种程度的倾斜就尤为重要，因此国际投资法中的国民待遇条款在实践中面对平衡困境，如表 5—3 所示。

表 5—3　国际贸易法国民待遇条款与国际投资法国民待遇各自的矛盾与困境

体系 矛盾与困境	国际贸易法国民待遇	国际投资法国民待遇
主要矛盾	南北矛盾	公私冲突
面临困境	公平困境	平衡困境

国际贸易法的国民待遇和国际投资法中的国民待遇因在起源和宏观目标上

---

① W. Goode, Dictionary of Trade Policy Terms (4) (Cambridge, 2003), p. 268.
② 关于福利经济学三大定理的具体阐释和论证可参见：See Andrew Mas-Colell Michael D. Whinston & Jerry R. Green, *Microeconomic Theory* (Oxford University Press, 1995).
③ Nicholas Di Mascio & Joost Pauwelyn, "Nondiscrimination in Trade and Investment Treaties: Worlds Apart or Two Sides of the Same Coin", *Amercian Journal of International Law* 102（2008）：61.
④ 关于多哈回合中体现对效率与公平的追求与平衡，可参见黄志雄：《效率和公平视角下的 WTO 多哈回合谈判与多边贸易体制的完善》，《武汉大学学报：哲学社会科学版》2008 年第 5 期，第 694—699 页。

的相似性，导致了实践中二者在规则体系、逻辑阐释问题上的相似性。而由于二者在侧重价值、实现路径、面临困境上的差异性，导致多边贸易体制争端解决机构和国际投资仲裁庭在适用国民待遇条款时对其构成要件所做的不同解读。

二、互动模式总结

根据前面的分析，可以将国际贸易法中的国民待遇与国际投资法中国民待遇的相似性和差异性以列表形式总结如表5-4所示：

表5-4 国际贸易法中的国民待遇条款与国际投资法中国民待遇条款的相似性和差异性

相似性	内容	价值引导
准入规则	"三步走"	非歧视原则
清单模式	从正面清单转向负面清单	自由化

差异性	内容	价值引导
比较对象	竞争性/可替代性	公平竞争 v. 投资保护
	目的和效果	
不低于待遇	比较标准	南北矛盾 v. 公私冲突
	主观意图	
国民待遇的例外	例外种类	南北矛盾 v. 公私冲突
	适用标准	

对国际贸易法国民待遇条款和国际投资法国民待遇条款的互动关系可做如下评价：

第一，整体适用规则相似，具体实践解释背离。由表5-4可见，国际贸易法和国际投资法两种体系在整体适用规则上具有一定相似性。因国际贸易法的国民待遇和国际投资法的国民待遇均起源于非歧视原则，世界贸易组织和国际投资仲裁庭在认定一国行为是否违反其国民待遇义务时，均遵循的"对象—待遇—例外"的"三步走"认定思路。此外，国际贸易法的国民待遇和国际投资法中的国民待遇都呈现出从正面清单向负面清单的转变趋势，体现了国际贸易法体系对贸易自由化和国际投资法体系对投资自由化目标的共同追求。有学者认为二者在救济规则上存在不同，① 国际贸易法追求经济效率，因此世界贸易组织争端解决机构若裁决进口国有关行为违反国民待遇，通常要求该国采取与世界贸易组织相关协定一致的贸易救济措施，故救济措施为遵守（compliance）。而国际投资法因以投资保护为宗旨，故若国际投资仲裁庭裁定东道国违反了其在国际投资协定国民待遇义务，则通常要求东道国给予投资者以高额的金钱赔偿，其救济方式为赔偿（compensation）。但笔者认为，国际贸易法国民待遇和国际投资法国民待遇救济措施的差异性仅浮于表面，就最终结果而言，二者可谓殊途同归。若东道国的调控措施被认定违反了其国际投资协定项下的义务，鉴于一国不可援引其国内法对抗其承担的国际条约义务，② 势必导致该国政府改变与投资协定不一致的做法，也会达到"遵守"的效果。③ 但在国民待遇构成要件的具体认定上，国际贸易法和国际投资法实践存在诸多差异，例如对"同类产品"和"相似情形"的认定，对"不低于待遇"标准的把握，对是否考量进口国/东道国主观目的的选择等。国民待遇的例外问题也反映出国际贸易法体系和国际投资法体系的差异性。虽然二者同样存在对例外的法理限制，但在例外种类以及适用标准上大相径庭。

第二，价值追求方面，国际贸易法强调竞争，力求公平；国际投资法着眼于投资保护，追求平衡。实践中，世界贸易组织争端解决机构日益肯定"可替代性/竞争性"在认定"同类产品"中的重要性，逐渐放弃对"目的和效果"理论的运用，转而遵从严格的文本解释方法，尽量减少对一国国内法和国内政策的介入，符合其对公平价值的追求。国际投资仲裁庭则倾向于认为东道国规制行为的目的应被纳入外国投资者和本国投资者是否处于"相似情形"的判断中，反映出在平衡东道国和外国投资者利益时，仲裁庭充分探究争议双方行为动因，以及行为诉诸的利益需求。

第三，冲突矛盾方面，国际贸易法主要面对南北矛盾，而国际投资法重在解决公私冲突。国际贸易法对"不低于待遇"的认定标准从形式上的"微量"

---

① Nicholas Di Mascio & Joost Pauwelyn, "Nondiscrimination in Trade and Investment Treaties: Worlds Apart or Two Sides of the Same Coin", *Amercian Journal of International Law* 102（2008）：56.
② United Nations, Vienna Convention on the Law of Treaties, 1155 UNTS 331, 23 May 1969, Article 27.
③ 例如，2000年11月，"S. D Myers诉加拿大案"仲裁庭裁决加拿大政府于1995年颁布的多氯联苯废料出口禁令违反了加拿大政府在NAFTA项下的义务。加拿大政府2001年随即启动对多氯联苯废料进出口管理法案的修改，详情可参见http://www.ec.gc.ca/lcpe-cepa/default.asp?lang=En&n=43510BA1-1&offset=4&toc=show，2021年5月1日最后访问。

标准转向实质上的竞争关系分析，在是否考量进口国的保护性意图问题上的摇摆不定，是为发达国家和发展中国家激烈博弈的侧面反映。国际投资仲裁则体现出仲裁庭在东道国规制权和外国投资保护间的利益平衡，究其背后，实为国家主权和投资开放的利弊权衡。相比之下，国际贸易法类似于天平，秤砣两端分别是发展中国家和发达国家，双方不断放上砝码展开博弈，而争端解决机构居中裁判，调节天平臂长力求达到各方都可以接受的平衡。一旦失衡，天平过于倾向于一端，多边贸易体系则面临被放弃的风险。而国际投资法则类似于钟摆，仲裁庭在解释路径中体现一定倾向性。该倾向性游走于东道国规制权和外国投资者合法利益之间，时而偏向东道国一方，时而偏向外国投资者一方。这或许和国际投资法律体系较为碎片化，[①]且国际投资仲裁机制中缺乏一个能做出最终权威性解释并协调裁决冲突的机构有关。不同的仲裁庭常采取各不相同的解释规则，而不同仲裁庭针对同一事实的解释有时甚至会相互冲突，不确定性较大。

综上，国际贸易法国民待遇条款和国际投资法国民待遇条款在整体适用规则上的相似和在具体实践解释中的背离体现出两大体系的相互作用关系为：彼此缠绕，各自生长，可类比于藤蔓植物。二者均扎根于非歧视原则的同一土壤，在各自的演进过程中交叉缠绕、相互影响。由于国际投资法构建的是一个开放的体系，国际投资仲裁多为开放地确认仲裁庭拥有选择适用规则的权力，[②]并且肯定了国内法与其他国际规则的补充适用，[③]这类似于在生长过程中同时吸取了其他外来养分。故二者的相互作用重点体现为国际贸易法实践对国际投资仲裁实践的影响。伴随两大体系日益发展成熟，加之外来影响因素的多样化、复杂化，国际投资仲裁庭的独立性日益显现，两大体系逐渐发展出一套独立于对方的实践规则、解释路径。

在发展趋势上，国际贸易法领域主要体现为区域主义的盛行，而国际投资法领域则呈现卡尔沃主义的回归。国际贸易法的天平艰难地在南北矛盾中探索平衡点，但近年来多哈回合谈判的步履维艰反映出在多边贸易体制下有效解决南北矛盾遭遇重重困难。由于美国持续阻挠上诉机构启动新成员选任程序，滥

[①] 关于国际投资法的内部碎片化和外部碎片化相关论述可参见郑蕴、徐崇利：《论国际投资法体系的碎片化结构与性质》，《现代法学》2015年第37卷第1期，第162—171页。

[②] Zachary Douglas, *The International Law of Investment Claims* (Cambridge University Press, 2009), pp. 42—43.

[③] Asian Agricultural Products Limited v. Democratic Socialist Republic of Sri Lanka, ICSID Case No. ARB/87/3, Final Award, 27 June 1990, p. 533, online: http://www.italaw.com/sites/default/files/case-documents/ita1034.pdf, last visited on May 1, 2021.

用其一票否决权，意在将自身的所谓"国家安全"凌驾于世贸组织多边规则之上，直接导致 2019 年 12 月 11 日世界贸易组织上诉机构正式"停摆"。[①] 世贸组织争端解决机制遭遇严重破坏，上诉机构面临严峻的危机。与此同时，世界多极化发展趋势日益明显，故一些国家集团转而到区域贸易体制内探索建立国际贸易新秩序，例如新近达成的《全面进展的跨太平洋伙伴关系协定》（CPTTP）《美国—墨西哥—加拿大贸易协定》。区域主义有利于避免结构上的官僚化、机制化。[②] 相对应的，区域贸易协定谈判效率更高，也更易为国家青睐。[③] 如果世贸组织争端解决机制无法在近期内使得其天平重新达到平衡，可预见其功能可能面对来自区域贸易协定越来越严峻的挑战。

国际投资法领域，卡尔沃主义正在回归。随着晚近对投资者与东道国争端解决条款的争议越演越烈，一些国家通过修改宪法、法律和合同，甚至终止双边投资协定，退出《华盛顿公约》来抗议投资者与东道国争端解决机制，卡尔沃主义复活的趋势和现象已经受到学界关注。[④] 国际投资仲裁实践的变化也印证了这一现象。例如，在明知外国投资者相较于东道国处于弱势的情况下，国际投资仲裁庭开始倾向于在国民待遇的例外中采纳"合理联系标准"。

此外，国际贸易法和国际投资法两大体系共同面临着全新的挑战。随着互联网时代来临，支付清算通过移动互联网进行，完全电子化，[⑤] 国际贸易法和国际投资法都面临着新型业态对传统规则的冲击和挑战。在国际贸易领域，2012 年 7 月 16 日，世界贸易组织裁定首件金融服务争端"电子支付措施案"，专家组首次对"促成服务"概念进行解释，对服务部门细分为两部分，[⑥] 是为日新月异的商业现实对《服务贸易总协定》传统服务分类体系的冲击一例。此外，新近达成的多边贸易协定开始触及数据跨境流动问题。在国际投资领域，跨境金融投资蓬勃发展的同时使得投资形式日益多样化、虚拟化和分散化。随

---

① 石静霞：《世界贸易组织上诉机构的危机与改革》，《法商研究》2019 年第 3 期，第 150－163 页。

② Chad Damro, "The Political Economy of Regional Trade Agreements", in Lorand Bartels & Federico Ortino ed., Regional Trade Agreements and the WTO Legal System (Oxford University Press, 2010): 26.

③ J. A. Frankel, Regional Trading Blocs in the World Economic System (Institute for International Economics, 1997), p. 218.

④ 单文华：《从"南北矛盾"到"公私冲突"：卡尔沃主义的复苏与国际投资法的新视野》，《西安交通大学学报：社会科学版》2008 年第 28 卷第 4 期，第 1－15 页。韩秀丽：《再论卡尔沃主义的复活——投资者—国家争端解决视角》，《现代法学》2014 年第 36 卷第 1 期，第 121－135 页。

⑤ 谢平、尹龙：《网络经济下的金融理论与金融治理》，《经济研究》2001 年第 4 期。

⑥ China－Certain Measures Affecting Electronic Payment Services, WT/DS413/R.

着资本市场的高速发展,在金融中介和多种金融工具的帮助下,实物投资与间接投资之间的界限日渐模糊,相互转化更加便利快捷。大多数双边投资协定在定义"投资"和"投资者"时都要求该投资须在东道国的"境内"或"领土内"进行。且在"领土内"这一要求通常被视为强制性要求。[1] 越来越多的财务交易通过网络达成,大量无形资产和多种支付方式的涌现使得在非实物化投资中,难以按照传统跨境标准界定投资是否发生在东道国"领土内",[2] 如何界定跨境金融投资中的"领土内"问题将成为国际投资法面临的一大难题。伴随互联网带来的产业升级,国际贸易法和国际投资法都将迎接新挑战。

第三节 国际投资仲裁机制改革背景下国民待遇条款的完善路径

一、国际投资仲裁机制的危机与改革

（一）国民待遇条款保护投资者利益倾向

伴随着双边投资协定的蓬勃兴起,国际投资仲裁案件也大幅增长。截至2018年底,投资者共计提起942起投资者与东道国争端。[3] 与此同时,诸多质疑声围绕着这些国际投资仲裁裁决而生,原因之一便是这些裁决中反映出仲裁庭对外国投资者利益的偏袒,这也体现在国际投资协定的国民待遇条款适用中。

国际投资协定的国民待遇条款适用所体现出的仲裁庭侧重保护投资者利益的倾向主要表现在以下两方面:一是文本方面,投资协定条款进一步扩大对外国投资者的保护范围;二是实践方面,仲裁庭采纳倾向于维护投资者利益的解释路径。

在投资协定文本方面,本书第三章中已论述,双边投资协定关于投资准入和设立通常有两种模式,即准入后国民待遇模式（post-establishment model）

---

[1] Philippe Gruslin v. The State of Malaysia, ICSID Case No. ARB/99/3, Award, 27 November 2000, paras. 489-493.

[2] 在跨境金融投资财务交易问题上,"Fedax 诉委内瑞拉案"可以提供一定借鉴。See Fedax NV v. Venezuela, ICSID Case No. ARB/96/3, Decision of the Tribunal on Objections to Jurisdiction, 11 July 1997.

[3] United Nations Conference on Trade and Development, World Investment Report 2019: Investment and New Industrial Policies. United Nations Publication. 2018, Chapter1, pp. 99, 102.

和准入前国民待遇模式（pre-establishment model）。其中，准入后国民待遇模式在过去几十年中最为普遍使用，但准入前国民待遇模式在近年间越来越多地为各国采用。美国是准入前国民待遇的坚决拥护者。[①] 美国的双边投资协定范本、起草的《伙伴关系协定》和新近达成的《美墨加协定》等新近达成的经贸协定均采准入前国民待遇模式。准入前国民待遇可能成为中国在国际投资法中的"新常态"的同时，[②] 成为国际投资规则发展的新趋势。

在仲裁实践方面，投资仲裁庭在认定东道国给予外国投资的待遇是否违反其条约项下的国民待遇义务时，通常采纳的三步程序包括：首先，判断外国投资和本国投资是否处于相似情形，如果是，则接着判断东道国给予外国投资者的待遇是否不低于给予本国投资者的待遇。如果前两者均满足，则考察是否存在适用国民待遇的例外。[③] 在以上三步认定程序中，国际投资仲裁实践均采取了倾向于投资者保护的解释路径。

第一，采纳客观的条约解释路径。例如，在认定外国投资与本国投资是否处于"相似情形"时，倾向于淡化竞争性/可替代性。除"S. D Myers 诉加拿大案"，[④] 其后案件基本都没有通过产品的"可替代性/竞争性"来判断外国投资者和国内投资者是否处于"相似情形"。[⑤] 又如，在判断东道国给予外国投资者的待遇是否"不低于"给予本国投资者的待遇时，认为东道国是否对外国

---

① Peterson E. Luke, Human Rights and Bilateral Investment Treaties: Mapping the Role of Human Rights Law within Investor-State Arbitration (International Centre for Human Rights and Democratic Development, 2009), p. 12. See Treaty Between the Government of the United States of America and the Government of [country] Concerning the Encouragement and Reciprocal Protection of Investment (the 2012 US Model BIT), online: http://www.state.gov/documents/organization/188371.pdf, last visited on May 1, 2021.

② Qianwen Zhang, "Opening Pre-establishment National Treatment in International Investment Agreements: An Emerging 'New Normal' in China?" *Asian Journal of WTO & International Health Law and Policy*, 11 (2016): 437–476.

③ United Parcel Service of America v. Government of Canada, NAFTA (UNCITRAL), Award on the Merits, 24 May 2007, para. 83.

④ S. D. Myers, Inc. v. Canada, NAFTA (UNCITRAL), Partial Award, 13 November 2002, para. 251.

⑤ Occidental Exploration & Prod. Co. v. Republic of Ecuador, London Cout of International Arbitration, Case No. Un 3647, Award, para. 176. Pope & Talbot, Inc. v. Government of Canada, NAFTA (UNCITRAL), Award on the Merits of Phase 2, 10 April 2001, p. 57.

投资者具有主观的歧视意图并不是构成其违反国民待遇的要件,① 因此外国投资者也不需要承担证明东道国是故意歧视外国投资者而给予差别待遇的举证责任,只需要证明东道国的调控措施在事实上造成了对外国投资者歧视的效果。②

第二,提高对投资者的保护水平。针对哪些外国投资者接受的待遇属于可被比较的范围,仲裁庭多做宽泛解读,认为待遇的范围不局限于东道国调控外国投资的待遇,也包括东道国达成投资协议或行使其权力的其他行为,③ 包括几乎所有能想象到的和投资者商业活动开始、发展、运营和终止有关的措施,即所有影响该商业活动的东道国行为的总和。④ 对于投资协定文本中没有限定合理比较对象,案件中也不涉及管辖冲突的情况,投资仲裁庭通常对东道国的国民待遇义务做出较高标准的认定,认为外国投资者应当享有不低于处于相似情形的任何国内投资者所接受到的待遇。⑤

第三,限制东道国适用国民待遇例外。国民待遇原则的例外允许投资东道国在特定情形下对外商投资者和本国投资者进行区分,但在适用规则上受到诸多限制。在适用程序上,国民待遇的例外应当在纠纷发生前已于国际投资条约中规定,不可事后援引。⑥ 如果一国要单方面决定投资者不遵守条约义务行为

---

① International Thunderbird Gaming Corporation v. Mexico, NAFTA (UNCITRAL), Arbitral Award, 26 January 2006, para. 177, online: http://www.italaw.com/sites/default/files/case-documents/ita0431.pdf, last visited on May 1, 2021. Alpha Projektholding GmbH v. Ukraine, ICSID Case No. ARB/07/16, Award, 8 November 2010, para. 427. William Ralph Clayton, William Richard Clayton, Douglas Clayton, Daniel Clayton and Bilcon Delaware Inc. v. Government of Canada, PCA Case No. 2009-04, Award on Jurisdiction and Liability, 17 March 2015, para. 719.

② Bayindir Insaat Turizm Ticaret Ve Sanayi A. S. v. Islamic Republic of Pakistan, ICSID Case No. ARB/03/29, Award, 27 August 2009, para. 390.

③ Bayindir Insaat Turizm Ticaret Ve Sanayi A. S. v. Islamic Republic of Pakistan, ICSID Case No. ARB/03/29, Award, 27 August 2009, para. 388.

④ Merrill & Ring Forestry L. P. v. Government of Canada, NAFTA (UNCITRAL), ICSID Administrated, Award, 31 March 2010, para. 79.

⑤ Pope & Talbot Inc. v. Government of Canada, NAFTA (UNCITRAL), Award on the Merits of Phase 2, 10 April 2001, para 41. See also Marvin Feldman v. Mexico, ICSID Case No. ARB (AF) 99/1, Award, 16 December 2002.

⑥ Occidental Exploration and Production Company v. Republic of Ecuador, LCIA Case No. UN3467, Final Award, 1 July 2004, para. 167.

的合法性，这些情形必须在条约中明示。① 在效力范围上，国民待遇条款的例外严格限于其本身。若无明确约定，国民待遇条款的例外情形不可适用于其他条款，例如公平与公正待遇条款。② 对国民待遇准入阶段的保留不适用于准入后对外国投资者的待遇问题。③ 如果对国民待遇的保留仅为准入前阶段，则不可依据该例外在准入后阶段给予外国投资者歧视待遇。④

（二）国际投资仲裁危机与改革必要性

国民待遇条款的适用现状过于强调投资者利益保护，而忽视了东道国的正当利益，这正是投资者与东道国争端解决机制的缺陷在实体条款方面的重要表现。投资者与东道国争端解决机制在程序和实体两方面的不足导致该机制正遭遇猛烈的抨击和质疑。一方面，许多国家纷纷退出《华盛顿公约》。另一方面，一些国家开始终止其缔结的双边投资协定。2015 年，印度尼西亚政府终止了其缔结的 8 个双边投资协定的效力，其中包括 1995 年《中国与印尼双边投资协定》。此外，印度在通知中声明将在 2016 年继续终止其缔结的另外 10 个双边投资协定的效力。各国的行为不同程度反映出对国际投资法体系的质疑。

追溯缘由，造成投资者与东道国争端解决机制被质疑或批评的原因包括程序和实体两方面。程序设计的不足导致了国际投资仲裁裁决对同一事实的不同认定，且缺乏上诉机制使得投资者在对裁决结果不满时难以寻求救济途径，而实体条款设计失之偏颇则表现在过于强调甚至偏袒对外国投资者利益的保护，而忽视了国家合法的规制权，这直接损害了东道国的合法利益。⑤ 因此，现有的投资者与东道国争端解决机制是一个有损国家主权的不对称的法律体制。⑥

---

① CMS v. Argentina, ICSID Case No. ARB/01/8, Award, 12 May 2005, para. 370. Sempra v. Argentina, ICSID Case No. ARB/02/16, Award, 28 September 2007, para. 379. 即使在该案其后的撤销程序中，ICSID 专门委员会也肯定了原裁决对双边投资条约例外条款自裁性的认定，参见 Sempra v. Argentina, ICSID Case No. ARB/02/16, Annulment Proceeding, 29 June 2010, para. 170.

② Joseph C. Lemire v. Ukraine, ICSID Case No. ARB/06/18, Award, 28 March 2011, paras. 44—47.

③ Philip Morris Brand Sàrl (Switzerland), Philip Morris Products S. A. (Switzerland) and Abal Hermanos S. A. (Uruguay) v. Oriental Republic of Uruguay, ICSID Case No. ARB/10/7, Decision on Jurisdiction, 2 July 2013, para. 174.

④ Joseph C. Lemire v. Ukraine, ICSID Case No. ARB/06/18, Decision on Jurisdiction and Liability, 21 January 2010, para. 267.

⑤ Olivia Chung, "The Lopsided InternationalI Investment Law Regime and Its Effect on the Future of Investor-State Arbitration", *Virginia Journal of International Law* 4 (2007): 956—957.

⑥ Charles N. Brower, Stephan W. Schill, "Is Arbitration a Treat to a Boon to the Legitimacy of International Investment Law?", *Chicago Journal of International Law* 9 (2009): 475.

故以 Sornarajah 教授为代表的学者提出国际投资法体系正遭遇"正当性危机"。①

但以 Charles Brower 教授和 Stephan Schill 教授为代表的学者则认为，国际投资法虽然确实存在缺陷，但"危机"之说言过其实。投资者与东道国争端解决机制的设计整体而言仍具合理性，在外国投资者利益保护和东道国规制权维护二者间较为平衡。②暴露的弊端实质是国际投资法的正当性缺失或不足。③因此，许多国家所做的并非放弃现有的投资者与东道国争端解决机制，而是在现状的基础之上改善。例如，2010 年至 2013 年，厄瓜多尔宪法法院共裁决其缔结的 12 个双边投资协定违宪。④但是，2015 年 12 月，厄瓜多尔公民审计委员会（Citizen Audit Commission）在对厄瓜多尔缔结的双边投资协定的合法性调查报告中仍然提出，建议厄瓜多尔政府通过新的法律文件来替代原来的双边投资协定。这里新的文件包括国家间合约或基于新的范本之上的国际投资协定。⑤此外，联合国贸易和发展会议的数据显示，提交国际投资仲裁庭的争端数量逐年递增，在过去 30 年处于平稳增长态势。这反映了国际投资仲裁仍然受到相当程度的认可。

笔者认为，虽然确有部分国家彻底放弃国际投资仲裁机制或退出投资协定，但许多国家仍然正努力寻求构建更加平衡的国际投资协定以平衡东道国主权和外国投资者利益，而非彻底放弃国际投资法这一框架。例如，以美国和欧盟为代表的发达国家通过细化投资协定范本、建议设立国际投资法庭等方式提出对投资者与东道国争端解决机制进行改革。但是，无论投资者与东道国争端解决机制正遭遇的究竟是"正当性危机"还是"正当性缺失"，都改变不了其亟须改革的处境。

---

① M. Sornarajah, "A Coming Crisis: Expansionary Trends in Investment Treaty Arbitration", *in* Karl P. Sauvant, *Appeals Mechanism in International Investment Disputes* (Oxford University Press, 2008), pp. 39 - 45; Susan D. Frank, "The Legitimacy Crisis in Investment Treaty Arbitration: Privatizing Public International Law through Inconsistent Decisions", *Fordham Law Review* 73 (2005): 1521.1523.

② Charles N. Brower, Stephan W. Schill, "Is Arbitration a Treat to a Boon to the Legitimacy of International Investment Law?", *Chicago Journal of International Law* 9 (2009): 471-498.

③ 郭玉军：《论国际投资条约仲裁的正当性缺失及其矫正》，《法学家》2011 年第 3 期，第 143 页。

④ United Nations Conference on Trade and Development, World Investment Report 2016: Investment Nationality: Policy Challenges. United Nations Publication, 2015, p. 102.

⑤ United Nations Conference on Trade and Development, UNCTAD Expert Meeting on Taking Stock of IIA Reform, online: http://unctad-worldinvestmentforum.org/wp-content/uploads/2016/03/Statement-Ecuador.pdf, last visited on May 1, 2021.

虽然对国际投资法体系的评价不尽相同，但不可否认，国际投资体系的缺陷确已引发一系列负面效应，改革势在必行。既有投资仲裁改革倡议，依据内容倾向可以分为激进派、修正派、保守派和革命派。激进派以欧盟为代表，主张以司法化、常设性、两审终审的投资法庭机制全面取代现在的投资者与东道国争端解决机制。修正派以印度和南非为代表，要求增加东道国在投资仲裁中的权利，以改变投资者与东道国争端解决中的结构性失衡。保守派以美国奥巴马政府和日本为代表，基本认同投资者与东道国争端解决机制的总体结构，仅主张零碎性的修补既有体系。革命派以玻利维亚、委内瑞拉、巴西为代表，澳大利亚一度也持此立场。它们主张完全废除投资者与东道国争端解决机制，并采取了退出《华盛顿公约》等代表性措施。

关于投资者与东道国争端解决机制的改革路径，学界早已有关于在 ICSID 中引入上诉机制的初步讨论。[①] 美国立法机构专门表达了在该问题上的关注，有关立法的构想已经付诸美国的对外缔约实际。[②] 2004 年 10 月 ICSID 秘书长在一篇讨论稿中也提到 ICSID 仲裁框架的优化问题。[③] 此外，2015 年起，欧盟提出多边投资法院改革，其关键之处在于将设有上诉法庭，并独立选任全职法官。[④] 考虑到平衡东道国和外国投资者利益的必要性，投资仲裁庭需要更多公正裁决的仲裁员。因此，《华盛顿公约》规则第 6 条的重要性得以凸显。第 6 条规定仲裁员需要提交一份与仲裁案件中的原被告在过去和现在的专业上、经济上及其他方面一切的联系。该条在保障公正裁决的问题上起到了一定作用。但是，其他仲裁庭并没有沿袭《华盛顿公约》第 6 条的规定。通过分析各方在改革 ICSID 结构和优化仲裁程序方面的努力，可知国际投资法律体系的设计正致力于控制由于 ICSID 体制运作而带来的不确定性。考虑到政治因素，在 ICSID 中建立一个综合性的、永久的上诉机制仍然任重而道远。

ICSID 于 2016 年 10 月启动了修订投资者与东道国争端解决机制的程序。

---

① J. Christian Tams, "An Appealing Option? The Debate about an ICSID Appellate Structure?", *Transnational Economic Law* 57 (2006): 1—50.

② 例如 Treaty Between the Government of the United States of America and the Government of [country] Concerning the Encouragement and Reciprocal Protection of Investment (the 2004 US Model BIT), Article 28 (10).

③ Icsid Secretariat Discussion Paper, Possible Improvements of the Framework for ICSID Arbitration, 22 September 2004, online: http://icsid.worldbank.org/ICSID/FrontServlet?requestType=ICSIDPublicationsRH&actionVal=ViewAnnouncePDF&AnnouncementType=archive&AnnounceNo=14_1.pdf, last visited on May 1, 2021.

④ European Commission, Multilateral Investment Court Project, http://trade.ec.europa.eu/doclib/press/index.cfm?id=1608, last visited on May 1, 2021.

各国关注的焦点集中在程序性事项的改革，例如研究提起国际仲裁和用尽当地救济之间的关系，如何提高仲裁程序的透明度以及减少滥诉，是否应当以及如何建设国际投资法院等。[①] 但国际投资协定实体条款的改革应当与程序性事项的改革齐头并进，方可从根本上保障外国投资者利益和东道国规制权的合理平衡。对此，做好国民待遇条款的设计实为投资者与东道国争端解决机制改革的应有之义。

二、加强东道国规制主权的实现路径：以《全面与进步跨太平洋伙伴关系协定》为例

投资仲裁在平衡公私冲突问题上的失衡在引发一系列国家退出《华盛顿公约》体系的同时，也推动了许多国家反思国际投资法体制的重构。在适当加强东道国规制主权的思路指导下，一些协定文本在条文设计上更为协调，更适度地平衡投资者权利保护和东道国规制主权，例如《全面与进步跨太平洋伙伴关系协定》，这是美国退出原《跨太平洋伙伴关系协定》后，由启动原谈判的11个亚太国家共同发布了联合声明改名而成。虽然美国的退出对于《伙伴关系协定》的实现程度可能造成一定影响，但《伙伴关系协定》的新架构共识保留了原《跨太平洋伙伴关系协定》超过95%的项目，仅搁置部分与知识产权有关的条款。因此，研究《全面与进步跨太平洋伙伴关系协定》文本在国民待遇条款上对公私冲突的平衡设计仍具有重要意义，不仅可为完善国际投资法体制提供一定思路，而且对于我国开展自由贸易区建设具有借鉴作用。

第一，增强条款可预见性。《全面与进步跨太平洋伙伴关系协定》在国民待遇条款上最大的特点就是通过辅之以附注的形式，对文本条款提供进一步解释，增加缔约双方的可预见性。根据《伙伴关系协定》文本第九章"投资"章节内容，国民待遇的规定大体上和《北美自由贸易协定》第1102条关于国民待遇的规定相同。首先，缔约国约定将国民待遇不仅给予准入后的适格投资者和适格投资，也覆盖到准入、设立等准入前阶段。此外，国民待遇也被限制在"相似情形"（like circumstance）的前提范围内。再者，缔约国也对地方政府给予待遇的比较范围做出了限定。

[①] 陶立峰：《投资者与国家争端解决机制的变革发展及中国的选择》，《当代法学》，2019年第6期，第37—49页；王鹏：《中立、责任与参与：国际投资仲裁的多边改革与中国对策》，《国际政治研究》，2018年第2期，第107—128页。

鉴于投资仲裁实践对国民待遇的解释路径不尽相同，因此各缔约国在拟定《伙伴关系协定》文本的同时，也达成了对文本第9条第4款国民待遇中"相似情形"的解释附注，以增强文本的可预见性。附注第2条明确了适用国民待遇条款时，由投资者承担证明"相似情形"的举证责任，并强调了国民待遇的宗旨在于防止基于国籍的歧视。第3条指出了在认定"相似情形"问题上仲裁庭应当具体问题具体分析、综合考量，并特地点明了应当考虑经济领域的竞争性、法律和调控环境以及合法的公共利益目标这三个关键要素。①

当代国际投资法体系遭受质疑的重要原因之一是投资仲裁庭任意行使自由裁量权，而忽视了东道国合法利益。因此《全面与进步跨太平洋伙伴关系协定》文本通过附注的方式，细化了国民待遇条款的内容与构成要件，一定程度上限制了仲裁庭的自由裁量权。虽然附注并未对所有涉及国民待遇的争议问题做出解释，例如在认定东道国是否给予外国投资者和外国投资不低于本国投资者和本国投资的待遇时，何种程度上的差别待遇可能构成对其"事实上的歧视"。但附注的内容尤其是对"相似情形"认定要件的细化有助于更好地平衡投资者合法权利与东道国主权权力。

第二，限制投资者请求权。对比《全面与进步跨太平洋伙伴关系协定》第9章第4款和《北美自由贸易协定》第1102条对"国民待遇"的定义可见，二者最大的差别在于《伙伴关系协定》在定义给予外国投资者和外国投资的国民待遇时，都加上该投资者或投资应在东道国"领土内"（in the territory）进行这一前提条件，而《北美自由贸易协定》中并无此限制。

这一限定对于平衡国民待遇条款中的公私冲突具有一定帮助。晚近的国际投资协定日渐关注限定外国投资者和外国投资位于东道国"领土内"的重要意义，其中之一便是通过对"领土"范围的界定限定投资协定适用的地域范围，进而决定双边投资协定投资保护的范围及外商投资者可请求赔偿的范围，一定程度上限制了外国投资者的诉讼请求权。② 例如，2012年美国双边投资协定范本对"领土"（territory）的定义相比2004年的美国双边投资协定范本而言明

---

① Drafters' Note on Interpretation of "In Like Circumstances" Under Article 9.4（National Treatment）and Article 9.5（Most-Favoured-Nation Treatment），Article 2，3，online：http://tpp.mfat.govt.nz/assets/docs/Interpretation%20of%20In%20Like%20Circumstances.pdf，last visited on May 1, 2021.

② 关于国际投资仲裁中的"领土"认定问题，可参见张倩雯：《国际投资仲裁中的"领土"问题研究及对我国投资仲裁实践的启示》，《国际经济法学刊》2016年第1期，第82—103页。

显具体了很多，分别针对美国和缔约相对方做了定义，[1]也反映出美国意识到"领土"的复杂性和其定义对于确定双边投资协定适用范围的重要性。

第三，文本规定与仲裁实践结合。由于国际投资仲裁案件缺乏先例效力，加之仲裁庭的组成具有随机性，故在实践中存在碎片化特征。投资仲裁庭面对同样的事实做出全然不同的认定已多为主权国家诟病。针对该问题，《全面与进步跨太平洋伙伴关系协定》的国民待遇条款通过附注的解释将文本解释与仲裁实践相结合，起到了对仲裁实践的指引作用。一方面，对仲裁实践中基本达成一致的解释路径在文本中加以明确。例如，"Archer Daniels Midland 诉墨西哥案"、"Pope & Talbot 诉加拿大案"和"United Parcel Service of America 诉加拿大案"仲裁庭均指出，对国民待遇中"相似情形"的判断要求仲裁庭"全面评估全案的整体事实"，并"考虑案件的所有相关情况"。[2]《全面与进步跨太平洋伙伴关系协定》附注的第 3 条也对此进行了确认，认为对"相似情形"的判断应该具体案件具体分析，且对案件所有相关情况通盘考量。[3] 另一方面，对仲裁案件中争议较大的问题在文本中予以澄清。例如，正如本书第三章第一节所述，对于竞争关系在认定外国投资者和本国投资者是否处于"相似情形"的必要性问题，"S. D Myers 诉加拿大案"仲裁庭和"Methanex 诉美国案"仲裁庭曾做出不同的解释。面对这一争议，《伙伴关系协定》附注第 3 条明确了竞争关系作为认定外国投资者和本国投资者是否处于"相似情形"的必要性。此外，《伙伴关系协定》附注在第 4 条和第 5 条还辅之以《北美自由

---

[1] 2012 年的美国示范双边投资协定第 1 条对领土的定义为："（a) with respect to the United States, (i) the customs territory of the United States, which includes the 50 states, the District of Columbia, and Puerto Rico; (ii) the foreign trade zones located in the United States and Puerto Rico. (b) with respect to [Country,] (c) with respect to each Party, the territorial sea and any area beyond the territorial sea of the Party within which, in accordance with customary international law as reflected in the United NationsConvention on the Law of the Sea, the Party may exercise sovereign rights or jurisdiction."

[2] Archer Daniels Midland, et al, v. United Mexican States, ICSID Case No. ARB (AF)/04/05, Award, 21 November 2007, para. 197; Pope & Talbot, Inc. v. Government of Canada, NAFTA (UNCITRAL), Award on the Merits of Phase 2, para. 75; United Parcel Service of America v. Government of Canada, NAFTA (UNCITRAL), Award on the Merits, para. 86.

[3] Drafters' Note on Interpretation of "In Like Circumstances" Under Article 9.4 (National Treatment) and Article 9.5 (Most-Favoured-Nation Treatment), Article 3, online: http://tpp.mfat.govt.nz/assets/docs/Interpretation%20of%20In%20Like%20Circumstances.pdf, last visited on May 1,2021.

贸易协定》中涉及国民待遇条款中"相似情形"问题认定的典型案例。[①] 实体法规则的模糊性被认为是国际投资仲裁正当性缺失的重要原因之一。[②] 尤其在投资协定中实体待遇条款的适用中，缺乏明确的实体法规则指引会导致不同的仲裁员运用全然不同的解释思路，对同一事实做出的认定结果大相径庭。《全面与进步跨太平洋伙伴关系协定》的文本及附注在对条约的解释中与国际投资仲裁案件结合，有助于形成统一的仲裁实践，实为提升国际投资仲裁正当性的一大突破。

笔者认为，《全面与进步跨太平洋伙伴关系协定》中国民待遇条款的表述同样是卡尔沃主义回归的一种表现。但它不同于传统的"经济国家主义"，这更类似于一种修正后的卡尔沃主义，最终追求达到投资者利益与东道国权力的平衡。[③] 以《全面与进步跨太平洋伙伴关系协定》为例，其展现出国际社会，尤其是主要的发达国家在制定国际投资协定、改革国际投资法体系过程中为平衡外国投资者私人权利和投资东道国主权权力这一公私冲突问题所做出的努力。因此，《全面与进步跨太平洋伙伴关系协定》中的国民待遇条款实为各国为建立更加平衡的国际投资法体系进行的探索。

对于此次修正的"卡尔沃主义"的回归，可分别从发达国家和发展中国家两个视角追溯其缘由。伴随国际格局变迁，如中国、印度一类新兴大国崛起，发达国家不再仅仅是传统意义上的资本输出国。以"Trans Canada 诉美国案"为例，越来越多的发达国家被诉至国际投资仲裁庭，导致发达国家开始意识到国际投资协定不能够再完全充当保护输出资本国利益的工具。因此，发达国家开始重新思考国际投资协定的作用，反思自己兼具资本输出国和资本输入国的双重身份，重新设计更为平衡的投资协定以弥补早前自由主义占主导地位的投资体制带来的不利因素。对于发展中国家而言，如阿根廷等国家频繁地被外国投资者提起国际仲裁，疲于应对的同时也要承担极高的风险，面临坐等国内经

[①] Drafters' Note on Interpretation of "In Like Circumstances" Under Article 9.4 (National Treatment) and Article 9.5 (Most-Favoured-Nation Treatment), Article 3, 4, 5, online: http://tpp.mfat.govt.nz/assets/docs/Interpretation%20of%20In%20Like%20Circumstances.pdf, last visited on May 1, 2021.

[②] 参见郭玉军:《论国际投资条约仲裁的正当性缺失及其矫正》,《法学家》2011 年第 3 期, 第 146 页。

[③] 参见单文华:《从"南北矛盾"到"公私冲突":卡尔沃主义的复苏与国际投资法的新视野》,《西安交通大学学报: 社会科学版》, 2008 年第 4 期, 第 11 页。

济崩溃或给予外国投资者巨额赔偿的两难困境。[①] 在这样的背景下，改革现有的国际投资法体制，从条款设计上平衡投资者和东道国的权利义务，建立更具有可持续发展力的国际投资法体系，成为发达国家和发展中国家的共同诉求。

国家间得以达成投资协定的原因之一在于国家在对外国投资者提供保护和适当的投资待遇以促进投资的同时，保留其管制经济的权力以维护国家主权。[②] 故国家间达成权利义务平衡的投资协定的关键是协调公私冲突，即建立一套既可以保护外国投资又能够适应东道国经济政策的国际投资法体系。[③] 由于私人投资者与东道国相比，信息渠道不够畅通，举证能力相对不足，救济途径更加单一，因此处于相对弱势。投资者很可能被国家实施管制权的行为侵害，尤其是遭遇不严格遵守法制的国家时。[④] 因此，国际投资仲裁庭做利益平衡时应当在一定程度上倾向于保护私人投资者利益，但倾斜的程度关系仲裁机制的公正性，因此国际投资法中的国民待遇在实践中面对平衡困境。国际投资仲裁实践一度过于偏袒投资者利益保护，导致国家行使管制主权遭遇重重困难甚至举步维艰，需承担较大的被诉风险，该现象被称为"规制的寒冬"（regulatory chill）。[⑤] 以《伙伴关系协定》为代表的投资协定在条款设计上更加合理平衡公私冲突，代表着修正的"卡尔沃主义"的回归，也预示着寒冬后的复苏。

本章小结

国际投资仲裁中国民待遇条款的演进路径反映出仲裁庭试图在不同价值之间做出平衡。一方面是文化的多元化和一体化。例如，不同国家对于国际投资

[①] 转引自单文华：《从"南北矛盾"到"公私冲突"：卡尔沃主义的复苏与国际投资法的新视野》，《西安交通大学学报：社会科学版》2008年第4期，第12页。

[②] Saluka v. Czech Republic, Award, 17 March 2006, para. 300; El Paso Energy v. Argentina, decision on Jurisdiction, 27 April 2006, para. 70.

[③] CMS Gas Transmission Company v. the Argentine Republic, ICSID case No. ARB/01/8, Award, 20 April 2005, para. 499.

[④] e. g. Christoph Schreuer, "Do We Need Investment Arbitration?", in Jean E Kalicki & Anna Joubin-Bret ed., Reshaping the Investor-State Dispute Settlement System-Journeys for the 21st Century (Brill, 2015), p. 879.

[⑤] Charles N Brower and Sadie Blanchard, "What's in a Meme? The Truth about Investor-State Arbitration: Why It Need Not, and Must Not, Be Repossessed by States", Columbia Journal of Transnational Law 52 (2014), pp. 749-750.

协定中的"投资"和"投资者"的界定就有所不同，这和各国的特殊文化传统观念、历史背景、经济形势和政治愿景等因素密不可分。此外，何为东道国"领土内"的投资也是文化多元的印证。非自治领土等特殊的领土形式正影响着国际投资协定在缔结国"领土内"的适用问题。另一方面是在经济全球化的今天，国际投资协定中越来越需要协调各方的不同诉求，兼顾各国复杂的利益。基于此，适用国际投资法中国民待遇的条款时，仲裁庭也努力寻求在文化的多元化和一体化之间取得平衡。

在一国内部，国内政府对于促进本国投资实践的一体化责任重大。尊重和理解是发展的基础。由于公约和协定对于缔约国经济发展有着重要的影响，文化间的相互理解是必须强调的，这适用于促进多边层面和国际层面的外商直接投资的问题。

在区域层面上，提升国家间的互信仍需进一步推动国家间的合作。《美墨加协定》的前身——《北美自由贸易协定》是协调北美国家间投资冲突的成功范例，也是为何2004年《美国双边投资协定范本》和2004年《加拿大双边投资协定范本》如此相似的潜在影响因素之一。在欧洲区域内，欧盟正试图促进其内部国家的投资实践一体化，其中欧洲法院起到了一定作用。相比之下，亚洲国家间的合作才刚刚起步，非洲国家间也是如此。跨洲的国际投资组织间的联系也需要加强。

除了多元化和一体化，保护外国投资者和保障东道国的合法规制权同样也是投资者与东道国争端解决机制意在平衡的重要价值，也涉及该机制建立的初衷。国际投资仲裁庭在适用国民待遇条款的过程中，在处理东道国和私人投资者之间的冲突时更加侧重于投资者利益的保护。本书第四章关于仲裁庭对"相似情形"和"不低于待遇"的解释即为其中一例。国民待遇的例外允许东道国在符合一定条件时给予外国投资以差别待遇，因此在国际投资法理论和国际投资仲裁实践中，均可见国家主权和投资自由二者的冲突。与此同时，仲裁庭需要考虑的一个原则性问题是如何在文化冲突的背景下平衡各国的利益。在此情形下，"整体改革经济，使其成为公共行为和私人行为之间的分散化参与联系"[1] 具有必要性。跨境投资中的资本和劳动力都比以前更为自由。此时，从国际层面上看，急需限制投机性的金融投资及有效管理国内资本体制。但国际投资法律体系的完善也不容忽视。考察国际投资仲裁庭在多元化和一体化、保

---

[1] C. S De Gortari & Roberto Mangabeira Unger, "The Market Turn Without Neo-liberalism Challenge," *Challenge* 42 (1999): 23.

护外国投资者利益和维护东道国规制权之间的平衡对于完善国际投资法具有重要启迪意义。面对仲裁庭在认定相似的案件情况时采取的大相径庭的裁决路径，投资者与东道国争端解决机制急需通过改革应对碎片化现状和对该机制正当性的批评，以达成长远可持续的发展。在国际投资仲裁进入多边改革的背景下，美国、欧盟、中国等国家纷纷提出各自的改革倡议，这些倡议多着眼于完善程序机制。与此同时，完善国际投资协定核心实体条款的设计也对提升投资者与东道国争端解决机制至关重要。国际投资仲裁庭适用国民待遇条款的路径曾倾向于维护外国投资者利益，但晚近投资协定文本的国民待遇条款呈现加强东道国规制权的趋势。例如，《全面与进步跨太平洋伙伴关系协定》中国民待遇条款的设计更加注重平衡外国投资者的权利和东道国的义务，并且运用附注等方式细化了双边投资协定的国民待遇条款，文本条款与仲裁实践相结合，增强了条款透明度，有一定的借鉴意义。

在研究国际投资仲裁中国民待遇条款的价值平衡时，也应关注国际贸易法国民待遇和国际投资法国民待遇的联系与区别。国际贸易法国民待遇和国际投资法国民待遇在整体适用规则上存在相似性，但在具体实践解释中存在差异性。两大体系的相互作用关系可类比于藤蔓植物，即彼此缠绕，各自生长。二者均扎根于非歧视原则的同一土壤，在各自的演进过程中交叉缠绕、相互影响。随着国际贸易和国际投资的蓬勃发展、成熟，外来影响因素的多样化、复杂化，国际投资仲裁庭的独立性日益显现，国际投资法逐步从国际贸易法中获得独立，自成一体。国际投资仲裁庭也在许多案件中否定或未沿袭类似的世贸组织案件的判决。两大体系逐渐发展出一套独立于对方的实践规则和解释路径。在发展趋势上，国际贸易法领域主要体现为区域主义的盛行，而国际投资法领域则呈现卡尔沃主义的回归。而伴随互联网时代来临和科学技术的日新月异，国际贸易法和国际投资法都面临着新型业态对传统规则的冲击和挑战。

第六章 国际投资协定国民待遇条款的中国实践

尽管双边投资协定对于不同国家吸引外商投资的效用并不一致,[①] 但是研究多显示我国签订的双边投资协定对于我国吸引外资和促进对外投资具有正向影响。[②] 所以,我国政府应当重视开展国际投资协定谈判时对国民待遇条款的选择和设计。中国双边投资协定中的国民待遇条款经历了漫长演进历程,大致可分为三个阶段:第一阶段是早期中国政府拒绝给予外商投资以国民待遇;第二阶段是 20 世纪 90 年代开始,中国政府在双边投资协定中逐步给予外商投资有限的准入后国民待遇;第三阶段是从 2013 年开始,中美双边投资协定谈判同意采取准入后国民待遇加负面清单管理模式。中外双边投资协定中国民待遇条款的发展与我国对外投资和利用外资发展历程一脉相承,也反映出国内外资立法与国际投资法的密切互动。

借助历史研究视角,以国际投资法和国内外商投资立法实践为基础研究国民待遇条款有助于补充对我国国民待遇条款实施行为逻辑的研究,并对我国未来国民待遇条款实践具有启迪意义。因此,本章通过提出我国对国民待遇条款设计的"需求—类型—供给"分析框架,梳理中外双边投资协定中国民待遇条款的演进历史,致力于总结中外双边投资协定中的国民待遇条款和中国对外开放发展之间的实践逻辑;结合我国在国际投资仲裁中涉及国民待遇条款的案件展开评论;在《外商投资法》生效之际,结合中美和中欧双边投资协定谈判的

[①] 具体统计数据可参见:Karl Sauvant & Lisa Sachs, *The Effect of Treaties on Foreign Direct Investment: Bilateral Investment Treaties, Double Taxation Treaties, and Investment Flows* (Oxford University Press, 2009), pp. 254—271.

[②] 李玉梅、张琦:《中国签署双边投资协定的引资效应——基于 1994—2013 年面板数据的实证分析》,《亚太经济》2015 年第 4 期,第 132—137 页。太平、刘宏兵:《签订双边投资协定对中国吸收 FDI 影响的实证分析》,《国际商务》2014 年第 4 期,第 53—61 页。李平、孟寒、黎艳:《双边投资协定对中国对外直接投资的实证分析——基于制度距离的视角》,《世界经济研究》2014 年第 12 期,第 58 页。

背景，反思我国深化投资体制改革，加大对外开放可能带来的冲击，从签订国际条约、完善国内立法两个层面提出对策建言。

第一节 国民待遇条款设计的"需求—类型—供给"分析框架

中国双边投资协定中国民待遇条款的设计可从"2W+1H"即模型解释（"Why"——需求，"What"——内容，"How"——难度，三个维度）。国民待遇条款的"内容"即国民待遇条款的类型，是准入前国民待遇还是准入后国民待遇。东道国提供给外国投资者国民待遇的"难度"主要从供给端，即东道国一方的角度开展分析。这三个维度分别与以下三个因素密切相关：国家资本流动活跃度、国家利用外资和外商投资比例，以及国内国际规则差异度。

一、国民待遇条款的需求

既然国民待遇旨在为进入一国的外商投资提供非歧视待遇，并保障一国到境外开展投资的投资者获得非歧视待遇，则跨国资本流动规模直接决定了一国在双边投资协定中纳入国民待遇条款的需求。以我国为例，在我国开展投资的外商投资规模越大，投资者母国越希望在与我国签订的双边投资协定中纳入国民待遇条款，为其投资者提供国民待遇。我国到境外开展投资的规模越大，我国越希望与投资东道国在双边投资协定中纳入国民待遇条款。国家间谈判时通过妥协与合作追求共同利益，因此跨国资本流动规模越大，中央政府在双边投资协定中纳入国民待遇条款的需求越大。

二、国民待遇条款的类型

本书第三章已有论述，双边投资协定中的国民待遇条款通常有两种模式，即相对保守的准入后国民待遇模式（post-entry model）和相对激进的准入前国民待遇模式（pre-entry model）。对于资本净输入国而言，利用外资金额大于外商投资金额，保护境外投资的需求不如缔约相对方强烈，故缔约时更倾向于对国民待遇义务采纳相对保守策略。而对于资本净输出国而言，利用外资金额大于外商投资金额，保护本国境外投资的意愿非常强烈，在缔约时则更倾向于对国民待遇义务采纳相对激进策略。

三、国民待遇条款的供给

国际投资法与一国国内法之间存在深刻互动。国内立法为国际投资谈判奠定基础，同时国际投资法有助改善国内法治。[①] 中国在双边投资协定中改变对国民待遇条款行为模式的难度与国内现有规则差异程度有关。这些国内规则有的以立法形式表现，有的以政策形式呈现。中国在双边投资协定中对国民待遇的行为模式与中国国内立法中的国民待遇模式在发展时间节点上并非完全一致，但存在大致相同的演进历程。[②] 改革开放的初期阶段，受计划经济体制的限制，我国国内立法上并未做好提供国民待遇的条件。[③] 伴随着市场化改革的启动和向社会主义市场经济转型的推进，我国外商投资立法逐渐完善，逐步确立国民待遇原则，并在具体规则中予以细化。在需要国内规则与国际规则相接轨的前提下，就采纳同一项投资规则而言，一国政府的国内规则和国际规则差异越大，即需要改变国内规则的程度越大，则统一国内国际规则的难度越大。如果国内国际规则差异太大，则可能导致一国主动履行国民待遇义务的难度过高，则该国作为投资东道国被提起诉讼的概率增大，故适应国际规则的阻力加大。表6—1即从"需求—类型—供给"模式分析了国家对国际投资协定中国民待遇条款的选择。

表6—1 国家对双边投资协定中国民待遇条款的选择

决策	影响因素	关联关系
Why—需求	跨国资本流动规模	正相关
What—类型	资本输入/资本输出	>1，保守倾向
		<1，激进倾向
How—供给	国内国际规则差异	正相关

[①] 王鹏：《论国际投资法与国内法的互动》，《国际经贸探索》2014年第9期，第89页。

[②] 对自第一次鸦片战争起至2005年间我国国内立法中国民待遇发展的历史性考察可参见 Wang Wei. "Historical Evolution of National Treatment in China", *International Lawyer* 39（2005）：759.

[③] Cai Congyan. "China—US BIT Negotiations and the Future of Investment Treaty Regime：A Grand Bilateral Bargain with Multilateral Implications", *Journal of International Economic Law* 12 （2009）：461.

第二节　中外双边投资协定中国民待遇条款的实践：历史的视角

一、次准入后国民待遇时期

虽然我国于不同时期、与不同国家缔结的双边投资协定对于东道国给予国民待遇义务的规定在表述上存在一定差别，① 但迄今为止生效的中外投资协定中尚无一例采取准入前国民待遇模式。具体而言，我国对于国民待遇条款的态度几经变迁。绝大多数 20 世纪 80 年代签订的中外双边投资协定并没有规定东道国给予外国投资以国民待遇。自 1982 年中国和瑞典签订第一个双边投资协定开始，直到 1986 年的《中国与英国双边投资协定》才首次明确要求"缔约任何一方应尽量根据其法律和法规的规定给予缔约另一方的国民或公司的投资与其给予本国国民或公司以相同的待遇"。② 20 世纪 80 年代我国签订的双边投资协定中包含国民待遇条款的另一个协定是 1988 年的《中国与日本双边投资协定》，其中对国民待遇义务的表述为："缔约任何一方在其境内给予缔约另一方国民和公司就投资财产、收益及与投资有关的业务活动的待遇，不应低于给予该缔约一方国民和公司的待遇。"③ 虽然同为国民待遇条款，《中国与英国双边投资协定》和《中国与日本双边投资协定》的表述却大不相同，实为两种国民待遇条款类型。以上两项协定在国民待遇义务上表述的差异具体表现为：第一，相比于《中国与英国双边投资协定》中规定的"相同的待遇"，《中国与日本双边投资协定》中要求缔约方给予另一方投资者的是"不低于待遇"，后者的表述更接近于通常使用的国民待遇版本。第二，《中国与日本双边投资协定》

---

① 不同的表述可见于《中华人民共和国政府、日本国政府及大韩民国政府关于促进、便利及保护投资的协定》（2012 年）第 3 条第 1 款："缔约一方在其领土内给予缔约另一方投资者及其投资的待遇，不得低于其在类似情形下就投资行为给予本国投资者及其投资的待遇。"《中华人民共和国和德意志联邦共和国关于促进和相互保护投资的协定》（2003 年）第 3 条第 2 款："缔约一方应给予缔约另一方投资者在其境内的投资及与投资有关活动不低于其给予本国投资者的投资及与投资有关活动的待遇。"《中华人民共和国政府和法兰西共和国政府关于相互促进和保护投资的协定》（2007 年）第 4 条："在不损害其法律法规的前提下，缔约一方应在其境内和海域内给予缔约另一方投资者的投资及与投资有关的活动不低于其给予本国投资者的投资及与投资有关的活动的待遇。"
② 1986 年《中国与英国双边投资协定》，第 3 条第 3 款。
③ 1988 年《中国与日本双边投资协定》，第 3 条第 2 款。

第六章　国际投资协定国民待遇条款的中国实践　141

中删除了《中国与英国双边投资协定》中对缔约方应"尽量"给予另一方投资者或投资以国民待遇的弹性规定。第三，两项双边投资协定中均规定了适用国民待遇的例外，但内容不同。《中国与英国双边投资协定》中排除的是关税同盟、边境贸易及税收安排，[①] 其内容类似于《关贸总协定》中的例外规则。[②] 而与《中国与日本双边投资协定》同时签订的议定书中规定的是公共秩序、国家安全或国民经济的正常发展可作为适用国民待遇的例外。此外，《中国与日本双边投资协定》通过"实际需要"等弹性表述将国民待遇的适用效果大打折扣。[③] 更有学者指出，纳入这些弹性概念后，缔约方实际无需承担国民待遇义务。[④] 二者相较而言，《中国与日本双边投资协定》中的国民待遇条款更接近世界上通用的国民待遇版本。由此可见，我国在早期签订双边投资协定时，除了态度上不太接受国民待遇，对国民待遇的内涵也缺乏统一的认识。这一时期我国政府拒绝在双边投资协定中接受国民待遇的态度和20世纪80年代我国政府的对外投资规模密切相关（如图6-1所示）。

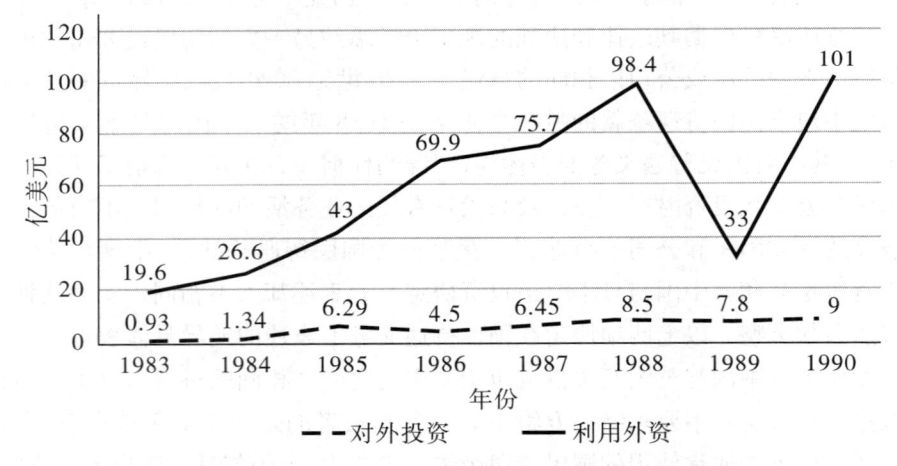

图6-1 1983—1990年我国对外投资额和利用外资额
（数据来源：全国年度统计公报，联合国贸易和发展会议）

---

① 1986年《中国与英国双边投资协定》，第4条第4款。
② United Nations, General Agreement on Tariffs and Trade, 58 UNTS 187, 30 October 1947, Part Ⅲ, Article XXIV. https://www.wto.org/english/docs_e/legal_e/gatt47_02_e.htm#articleXXIV, last visited on May 1, 2021.
③ 1988年《中国与日本双边投资协定》议定书第3条："关于协定第三条第二款的规定，缔约任何一方，根据有关法律和法规，为了公共秩序、国家安全或国民经济的正常发展，在实际需要时，给予缔约另一方国民和公司的差别待遇，不应视为低于该缔约一方国民和公司所享受的待遇。"
④ 单文华：《外资国民待遇及其实施条件》，《中国社会科学》1998年第5期，第132页。

作为 17 世纪至 18 世纪早期欧洲贸易和投资活动全球化的产物，国际投资法从国际法体系中产生，成为保护资本输出国利益的工具。[①] 自 1959 年联邦德国和巴基斯坦签订历史上第一个双边投资协定开始，至 1989 年间世界上已有逾 300 个双边投资协定达成。[②] 在我国，1978 年 12 月十一届三中全会起开始实行改革开放政策。其后我国于 1982 年与瑞典达成了第一个双边投资协定。从闭关自守到改革开放，我国作为一个蕴藏巨大潜力的经济实体，以其稳定的投资环境、广阔的市场前景、廉价的人力成本、优厚的投资政策吸引了大量外商来华投资。在逐渐意识到外商投资的重要性后，我国在 20 世纪 80 年代开始同其他国家缔结了一系列双边投资协定。但是，由于我国才登上国际投资市场的舞台不久，作为一名新成员，我国在能够得心应手地驾驭国际投资游戏规则之前采取了相对保守的态度。在改革开放初期，受国际贸易保护主义等影响，加之考虑到自身经济发展水平，我国保留了许多对外资管控的权力，因此对非歧视原则的采纳也相对谨慎。

需求方面：在实务层面，这一阶段我国对外投资和利用外资规模均较小，且以利用外资为主。从图 6-1 可知，1983 年至 1990 年间，中国对外投资整体呈增长态势，但体量尚小，直到 1990 年也不足 10 亿美元。利用外资规模明显大于对外投资规模，到 1990 年突破 100 亿美元，此时我国为资本净输入国。国家第六个五年计划时期，我国实行了对外开放的政策。1985 年是"六五"时期的最后一年，即使是作为十四个率先对外开放的沿海城市中的排头兵上海，实际利用外资金额也仅为 1.1523 亿美元。[③] 截至 1985 年底，在上海设立的中外合资企业 97 家，中外合作经营项目 61 家，外商独资企业仅有 6 家。[④]

供给方面：国内立法层面，我国外商投资立法刚刚起步。1979 年 7 月 8 日发布的《中外合资经营企业法》标志着我国外资立法的开端。1983 年《中外合资经营企业法实施条例》发布。随后，1986 年全国人大颁布实施《外资企业法》，1988 年颁布《中外合作经营企业法》，标志着我国的外商投资法律体系框架基本形成。20 世纪 80 年代我国的外商投资立法中既没有确立国民待

---

① Kate Miles, "International Investment Law: Origins, Imperialism and Conceptualizing the Environment", *Colorado Journal of International Environemntal Law and Policy* 21 (2010): 2.
② 对截至 1988 年 12 月 31 日前缔结的 309 个双边投资协定的详细论述可参见: Pappas. "References on Bilateral Investment Treaties", *ICSID Review - Foreign Investment Law Journal* 4 (1989).
③ 上海市统计局：《上海统计年鉴》，上海：上海人民出版社，2001 版，第 112 页。
④ 上海市统计局：《上海统计年鉴》，上海：上海人民出版社，1986 版，第 7 页。

遇原则，也没有在具体法律规则中给予外国投资和外国投资者国民待遇。① 究其原因，在于该阶段我国实行的计划经济体制与在外商投资立法中实施国民待遇条款互不相容。② 全民所有制企业、集体所有制企业、私营企业三种所有制形式在我国同时并存。不同所有制形式企业获得的待遇各不相同。例如，国有企业按大中型、小型企业分别适用不同税率，③ 而私营企业则依照35%的比例税率征收所得税。④ 而市场经济以统一市场主体体系为前提，要求平等，崇尚竞争，才能为国民待遇的实行提供基础和保障。⑤ 因此，在计划经济体制下没有实施国民待遇条款可言。

该阶段，我国整体的外资经济状况可归结于以下几点：第一，跨国资本流动规模不大，对外开放程度不高。各省均处于对外开放探索阶段，利用外资规模均不大。第二，利用外资规模远高于对外投资规模。虽然二者均处于起步阶段，但从增长势头来看，利用外资的增速相对而言快速很多，⑥ 这也为其后中央政府签订双边投资协定时对国民待遇条款的态度转变打下了基础。第三，国内实行计划经济体制，外商投资立法中也没有规定给予外商投资和外商投资者以国民待遇。基于以上三点可知，改革开放初期，我国在双边投资协定中纳入国民待遇条款的需求不高，中央政府做出统一决策的难度不大，因此在签订双边投资协定时采取"谨慎观望"态度，普遍拒绝纳入国民待遇条款。在国内层面，中央政府采取"重点培养"策略，通过设立沿海开放城市、经济特区等方式鼓励一部分港口城市率先探索开放。例如，1984年，党中央和国务院决定进一步开放沿海14个港口城市，这些城市交通发达、工业基础好、经济效益高。通过扩大这些城市的自主权，开创利用外资新局面。⑦ 1980年，中共中央、国务院相继批准建立了深圳、珠海、汕头、厦门四个经济特区。1988年，

---

① 但1982年《中华人民共和国宪法》第18条规定："允许外国的企业和其他经济组织或者个人来华投资，保护其合法权利和利益，但应依照中国法投资，遵守国内法义务"，该规定和1979年的《中外合资经营企业法》共同为今后适用国民待遇奠定了基础，详细论述参见Wang Wei, "Historical Evolution of National Treatment in China", *International Lawyer* 39（2005）：773.

② 单文华：《外资国民待遇与陕西的外资政策研究》，《西安交通大学学报（社会科学版）》2013第3期，第83页。

③ 《中华人民共和国国营企业所得税条例（草案）实施细则》，1984年10月18日发布，第六条："国营企业所得税的适用税率，按大中型、小型企业分别确定。大中型企业适用55%的固定比例税率；小型企业适用八级超额累进税率。"

④ 《中华人民共和国私营企业所得税暂行条例》，1988年6月25日发布，第三条。

⑤ 单文华：《市场经济与外商投资企业的国民待遇研究》，《中国法学》1994年第5期，第26页。

⑥ 1985年上海统计年鉴、重庆统计年鉴和甘肃统计年鉴中均未列明对外投资金额。

⑦ 周川：《充分发挥沿海开放城市的优势——十四个新开放城市简介》，《经济管理》1984年第9期，第53页。

海南经济特区成立。经济特区作为对外开放的窗口，在区域内实行灵活的经济措施和特殊的经济管理体制，既有利于引进先进的科学技术，又有助于扩大出口，适应国际市场需要。由于港口具有天然区位优势，在政策引导下，初步奠定了港口和内陆对外开放差异的根基。

二、准入后国民待遇时期

（一）两个时期

20世纪90年代开始，有限的准入后国民待遇越来越多地被纳入我国签订的双边投资协定中。这一阶段又可以具体细分为两个时期：第一时期为20世纪90年代，部分中外双边投资协定纳入了有限的准入后国民待遇，这些双边投资协定包括以下10个：1991年《中国与捷克和斯洛伐克双边投资协定》[①]，1993年《中国与斯洛文尼亚双边投资协定》[②]，1994年《中国与冰岛双边投资协定》[③]，1995年《中国与摩洛哥双边投资协定》[④]，1995年《中国与南斯拉夫双边投资协定》[⑤]，1996年《中国与沙特阿拉伯双边投资协定》[⑥]，1997年《中国与加蓬双边投资协定》[⑦]，1997年《中国与南非双边投资协定》[⑧]，1997年《中国与马其顿双边投资协定》[⑨]，1998年《中国与也门双边投资协定》[⑩]。这一时期签订中外双边投资协定总数为57个，占比17.54%。第二时期为2000年后，这一时期我国共计签订32个双边投资协定，除了2004年《中国与突尼斯双边投资协定》和2007年《中国与古巴双边投资协定》没有将国民待遇条款纳入，其余所有双边投资协定均包含了有限的准入后国民待遇条款，占双边投资协定总数的93.75%。

（二）条款类型

我国现行有效的双边投资协定中纳入的国民待遇条款，均为准入后国民待遇条款，即在外资进入东道国后给予其国民待遇。此时的准入后国民待遇条款

[①] 1991年《中国与捷克和斯洛伐克双边投资协定》，第3条第2款。
[②] 1993年《中国与斯洛文尼亚双边投资协定》，第3条第2款。
[③] 1994年《中国与冰岛双边投资协定》，第3条第3款。
[④] 1995年《中国与摩洛哥双边投资协定》，第3条第1款。
[⑤] 1995年《中国与南斯拉夫双边投资协定》，第3条第2款。
[⑥] 1996年《中国与沙特阿拉伯双边投资协定》，第3条第2款。
[⑦] 1997年《中国与加蓬双边投资协定》，第3条第1款。
[⑧] 1997年《中国与南非双边投资协定》，第3条第3款。
[⑨] 1997年《中国与马其顿双边投资协定》，第3条第3款。
[⑩] 1998年《中国与也门双边投资协定》，第3条第1款。

的通常表述为"缔约一方应给予缔约另一方投资者在其境内的投资及与投资有关活动不低于其给予本国投资者的投资及与投资有关活动的待遇",如 2005 年《中国与西班牙双边投资协定》、2005 年《中国与葡萄牙双边投资协定》。此时的准入后国民待遇也时常伴随着以下三类限制:第一类是规定缔约方应"尽量"或"尽可能"给予另一方投资者或投资以国民待遇,如 1994 年《中国与冰岛双边投资协定》,这类弹性表述的限制多体现在我国 2000 年前签订的早期双边投资协定中。第二类是把提供国民待遇限制在"不损害其法律法规"或"根据东道国法律法规"的前提下,如 2007 年《中国与法国双边投资协定》、2006 年《中国与俄罗斯双边投资协定》,此类限制最为多见,多被视为不要求东道国消除现有歧视行为。① 第三类是规定在"相似情形下"(in like circumstance)或"类似情形"下给予另一方投资者以国民待遇,如 2007 年《中国与韩国双边投资协定》、2012 年《中国与加拿大双边投资协定》,该类限制最早体现在北美自由贸易协定中,② 与 2004 年和 2012 年美国双边投资协定范本规定相同。③ 体现在我国签订的双边投资协定中的国民待遇例外情形则种类较多,包括通过自由贸易区、关税同盟、共同市场协定或避免双重征税协定等安排而产生的优惠,不符措施、战争、武装冲突、公共安全和秩序等。这一阶段,中外双边投资协定中开始逐步接受准入后国民待遇条款,但对该条款尚未达成较为一致的理解,不同类型的表述一定程度上反映出我国对国民待遇条款内涵认知的探索过程。

---

① Ibrahim FI Shihata,"Recent Trends Relating to Entry of Foreign Direct Investment", *ICSID Review—Foreign Investment Law Journal* 9(1994):55.

② North American Free Trade Agreement,Article 1102(1)stipulates:"Each Party shall accord treatment to investors of another Party no less favorable than it accords, in like circumstances, to its own investors with respect to the establishment, acquisition, expansion, management, conduct, operation, and sale or other disposition of investments."

③ Treaty Between the Government of the United States of America and the Government of [country] Concerning the Encouragement and Reciprocal Protection of Investment(the 2004 US Model BIT),Article3(1). Treaty Between the Government of the United States of America and the Government of [country] Concerning the Encouragement and Reciprocal Protection of Investment(the 2012 US Model BIT),Article 3(1).

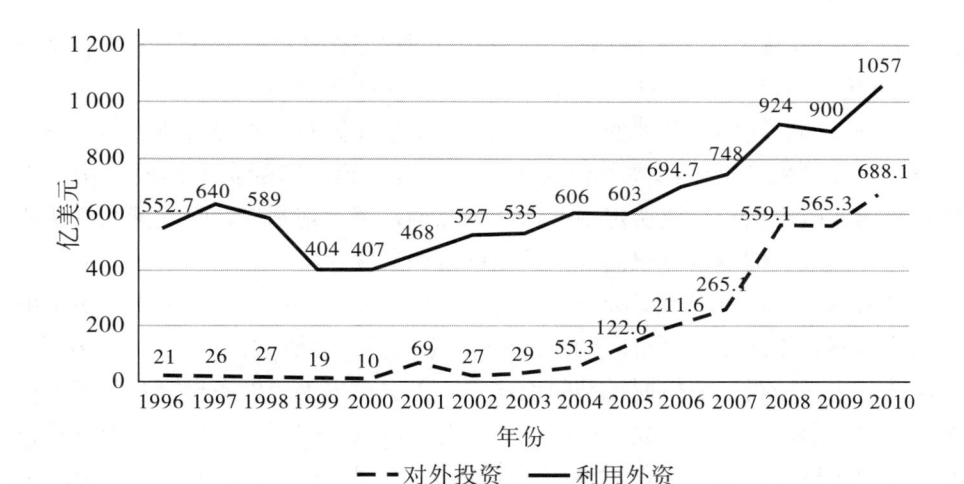

图 6－2　1996—2010 年中国对外投资和使用外资额

（数据来源：1995—2010 年全国年度统计公报，UNCTAD World Investment Report，2003—2010 年度中国对外直接投资统计公报）

（三）"需求—类型—供给"模型分析

需求方面：由图 6－2 可知，20 世纪 90 年代后期，我国整体利用外资规模和对外投资规模相较于 80 年代都有了大幅增长，尤其是利用外资金额基本为 80 年代利用外资金额的 10 倍，并于 2010 年突破千亿美元。在此背景下，我国的投资伙伴国积极寻求与我国签订双边投资协定，为本国投资和投资者提供更高的保护水平。2000 年全国人大九届三次会议期间提出实施"走出去"战略，指出要"把'引进来'和'走出去'紧密结合起来，更好地利用国内外两种资源、两个市场"。2001 年我国加入世界贸易组织，对外开放步入新阶段。同年，《国民经济和社会发展第十个五年计划纲要》中正式纳入"走出去"战略。鼓励参与经济全球化竞争的政策效应很快显现。图 6－2 显示，2003 年前，我国利用外资规模依旧远大于对外投资规模，二者均基本稳定发展。2004 年始，我国对外投资呈现快速增长态势，增长幅度远大于利用外资的增幅。从需求角度考量，20 世纪 90 年代我国在双边投资协定中纳入国民待遇条款，主要在于表明为外商投资提供相对公平、具有透明度及可预见性的投资环境之决心。此时提供国民待遇的动力以外来需求为主，即以发达国家保护其海外投资的需求推动。而 2003 年后随着对外投资规模迅速扩大，保护我国企业海外投资的必要性与日俱增，在双边投资协定中纳入国民待遇条款的内生需求日益强烈。这一时期提供国民待遇的动力转为内生需求与外来需求并存，因此我国和其主要的投资伙伴国在签订双边投资协定时对纳入国民待遇条款更容易达成共识。以2000年为分水岭，我国签订双边投资协定中纳入国民待遇条款的比例从20世纪90年代的17.54%激增至2000年后的93.75%。

类型方面：在国民待遇的模式问题上，虽然我国对外投资增速明显，但这一阶段我国利用外资整体规模仍大于对外投资规模，即为资本净输入国。因此，我国此时的双边投资协定中的选择为强调东道国规制权，限制国民待遇适用的保守模式，即承担有限的准入后国民待遇义务。

供给方面：1993年十四届三中全会公报《中共中央关于建立社会主义市场经济体制若干问题的决定》（以下简称《决定》）是划时代的转折。《决定》在向社会主义市场经济体制转型的论述中，首次提出给予外商投资企业国民待遇，要求"形成统一、开放、征集、有序的大市场"，"创造条件对外商投资企业实行国民待遇，依法完善对外商投资企业的管理"[①]。1996年《中共中央关于制定国民经济和社会发展"九五"计划和二〇一〇年远景目标的建议》提出："积极合理有效地利用外资，对外商投资企业逐步实行国民待遇。"[②] 20世纪90年代，虽然我国政策引导上已朝向对国民待遇积极肯定，但1990年颁布的《外资企业法实施条例》和1995年颁布的《中外合资经营企业法实施条例》仍尚未在立法层面统一实行国民待遇。不仅如此，这一时期的"次国民待遇"规定在国内立法中可谓比比皆是，如带有"当地成分要求""贸易平衡要求""出口实绩要求"性质的条款。[③] 由于国内立法和规则与国民待遇要求仍然差距较大，故20世纪90年代在中外双边投资协定中纳入国民待遇条款的难度很大。

2001年我国加入世界贸易组织。加入世界贸易组织是我国经济贸易规则与国际接轨的承诺，是我国政府以开放促改革的选择。由于国民待遇原则是世界贸易组织的基本原则，我国对国内立法进行了梳理。伴随着新一轮改革开放带来的引资数量持续增长，我国政府将工作重点转向推进利用外资从"量"到"质"的根本转变。[④] 2007年3月，新《企业所得税法》颁布，将外资企业和

[①] 人民网：中共中央关于建立社会主义市场经济体制若干问题的决定，中国共产党第十四届中央委员会第三次全体会议，1993年11月14日，http://www.people.com.cn/GB/shizheng/252/5089/5106/20010430/456592.html，2021年5月1日最后访问。

[②] 新华网：中共中央关于制定国民经济和社会发展"九五"计划和二〇一〇年远景目标的建议，中国共产党第十四届中央委员会第五次全体会议，1995年9月28日，http://news.xinhuanet.com/ziliao/2005-03/15/content_2700775.htm，2021年5月1日最后访问。

[③] 单文华：《外资国民待遇及其实施条件》，《中国社会科学》1998年第5期，第136—138页。

[④] 2006年国家发展和改革委员会出台《利用外资"十一五"规划》，前沿部分提出，"利用外资工作要全面贯彻落实科学发展观，进一步推动利用外资从'量'到'质'的根本转变"，http://www.fdi.gov.cn/1800000121_23_61601_0_7.html，2021年5月1日最后访问。

国内企业所得税率征收标准统一为25%。① 自此开始，政府针对内外资企业税展开了一系列改革，逐步向统一内外资待遇迈进。② 2001年加入世界贸易组织后，我国通过与国际贸易法规则接轨推动了国内贸易和投资立法的改革，通过对投资相关规则的修订为在双边投资协定中纳入国民待遇条款奠定了基础，使得双边投资协定谈判中接受国民待遇义务难度降低。可推知，需求的改变和难度的降低成为我国签订双边投资协定中纳入国民待遇条款的助推力，导致了中外双边投资协定中包含国民待遇条款数据比例的变化，从20世纪90年代的17.54%激增至2000年后的93.75%。

三、准入前国民待遇时期

作为双边投资协定实践的前驱者，美国具有多年的缔结双边商贸条约的传统。第二次世界大战之前，美国与其他国家签订了大量友好通商航海条约，以调整两国间友好通商关系。友好通商航海条约侧重于保护航海贸易中的商人，内容包括对于对方国民前来从事商业活动给予保障、赋予航海上的自由权等。面对发展中国家的日益壮大，美国逐渐重视发展中国家在投资中的作用。从1981年美国启动其同发展中国家缔结双边投资协定的第一个谈判项目起，③ 截至1990年1月1日，美国已同其他八个发展中国家成功缔结了双边投资协定。④

早在20世纪中叶，中美间就展开了商贸协定谈判活动，曾于1946年缔结了《中美友好通商航海条约》。1980年10月，两国签订了《中华人民共和国政府和美利坚合众国政府关于投资保险和投资保证的鼓励投资的协议及有关问题的换文》（以下简称《换文》）。但是，《换文》一共仅八条，内容过于简单，主要包括承保的范围、代位求偿权和争端解决，意在确认美国海外私人投资公司的投资保险和保证制度适用于在华美国企业投资，并未涉及中国对美投资。可见，《换文》侧重于保障美国在华投资的利益，对缔约双方的权利义务设置并不对等。

为了加强对海外投资企业的保护，中美于1982年至1987年间开展了六轮

---

① 《中华人民共和国企业所得税法》（中华人民共和国主席令第六十三号），2008年1月1日起施行，第四条规定："企业所得税的税率为25%。"
② 详细论述可见 Wenhua Shan, Norah Gallagher & Sheng Zhang, "National Treatment for Foreign Investment in China: A Changing Landscape", *ICSID Review* 27 (2012): 130.
③ William E. Coughlin, "The U. S. Bilateral Investment Treaty: An Answer to Performance Requirements?", in Bart S. Fisher & Jeffrey Turner ed., Regulating the Multinational Enterprise: National and International Challenges (Praeger Publishers, 1983).
④ 这八个国家分别是塞内加尔、扎伊尔、摩洛哥、土耳其、喀麦隆、孟加拉国、埃及和格林纳达。

双边投资协定谈判，但均以失败告终。失败的原因主要由于中美双方的国情和需求大相径庭，因而几乎难以在所有关键问题上达成共识，包括国民待遇、征收和补偿、资金转移和投资争端解决等问题。[①] 自此中美双边投资协定谈判被搁置多年。随着中美两国日渐展示出巨大的双向投资潜力，两国又开始了一些非正式的接触与商谈。2008年6月18日，中美两国政府正式重启双边投资协定谈判，"为两国投资者提供投资便利和投资保护，并提高投资的透明度和可预见性"[②]。中美双边投资协定谈判是世界两个最大经济体间的谈判，同样也是世界上最大的发达国家和最大的发展中国家的谈判，因此被称为"中国的第二次入世谈判"，也被视作世界双边协定条约的"世纪谈判"。[③] 在开展谈判初期，中美两国仍然在准入前国民待遇、劳工权利、环境标准等问题上存在较大分歧。在谈判期间，美国于2012年4月发布了新版双边投资协定范本，并以此作为同中国继续开展谈判的基础。[④] 经过多个回合的博弈，两国在2013年7月的第五轮中美战略与经济对话上达成一致，同意"将尽快进入双边投资协定的实质性谈判阶段"，"以准入前国民待遇和负面清单为基础开展中美双边投资协定的实质性谈判"。[⑤] 中美两国在准入前国民待遇和负面清单模式上达成的共识，标志着中美双边投资协定谈判将迈上新台阶，这也是中国在国民待遇条款实践上的一大突破。

中美两国在双边投资协定谈判中取得的合意和存在的分歧可以从经济因素和文化因素两方面理解。中美双边投资协定谈判取得的突破性进展和两国在经济利益上的一致性和互补性息息相关。在经济全球化和金融一体化的背景下，新兴经济体迅速崛起，世界经济格局正在悄然变化。根据国际货币基金组织的统计，按购买力平价法计算，2013年发展中国家国民生产总值（GDP）占全

[①] 更多论述可参见：曾华群主编《国际投资法学》，北京大学出版社，1999，第410—411页。张任主编《美国对华直接投资：1980—1991年》，复旦大学出版社，1993，第52—53页。张耀辉：《中美双边投资法律协定对美国对华投资的影响与作用》，《上海师范大学学报（社会科学版）》，1998年第4期，第53页。

[②] 新华网：第四次中美战略经济对话成果说明，2008年6月27日，http://news.xinhuanet.com/newscenter/2008-06/27/content_8450010.htm，2021年5月1日最后访问。

[③] Zhang Sheng, The China-United States BIT negotiations: A Chinese Perspective, Columbia FDI Perspective, 6 January 2014, online: https://academiccommons.columbia.edu/catalog/ac%3A171731,last visited on May 1,2021.

[④] 但2012年美国双边投资协定范本与2004年国双边投资协定范本相比并无实质性修改，仅在增加仲裁透明度等程序问题上进行了改进，see Mark Kantor, "Little Has Changed in the New US Model Bilateral Investment Treaty", *ICSID Review* 2012: 335—378.

[⑤] 新华网：中美战略与经济对话经济成果丰硕，2013年7月13日，http://news.xinhuanet.com/world/2013-07/13/c_116520838.htm，2021年5月1日最后访问。

球的50.4%,历史上首次超过发达国家。① 与此同时,我国在世界经济中角色也逐渐转变,从国际经济贸易活动的参加者变为领导者。② 我国缔结了越来越多的双边投资协定,在近年缔结的双边投资协定中日渐呈现国际化特征。③ 这可能由于我国和美国同时作为世界上最重要的资本输入国和资本输出国:一方面,作为投资东道国,维护国家利益和合法的公共福利是政府的重要考虑;而另一方面,作为资本输出国,国家则需要通过激励政策以促进对外投资,并同时以投资者母国的身份为海外投资和海外投资者提供保护。正因为我国和美国同样具有最重要的资本输入国和资本输出国的身份,两国的投资利益在某种程度上有许多相似之处。外商投资利益的一致性是导致我国在中美双边投资协定谈判中接受准入前国民待遇加负面清单模式的重要原因之一。

另一促进中美两国在准入前国民待遇问题上达成一致的原因可能是中美两国在投资和贸易关系上存在的互补性。近年来,中美两国在投资和贸易关系上的互补性日趋增加。④ 经济互补性是指一国的利益和要求能在另一国供给的能力上得到满足。⑤ 根据联合国商品贸易统计数据库数据显示,2006年起中美两国间贸易互补性逐步上升。主要的原因包括我国对能源、原材料等需求增大,美国对华的产业转移和直接投资政策改变,两国在生产链中的不同地位和贸易方式所导致的不同出口结构等。⑥ 2011年前后,我国对美出口优势集中在技术(资本)密集型产品,尤其是机械及运输设备,而美国对华出口优势主要是初级产品。因此,两国在经济发展水平、资源禀赋、产业结构等要素上存在较强

---

① 转引自中华人民共和国国家统计局:地区格局悄然变化 增长动力略有增强——2013年世界经济回顾及2014年展望,http://www.stats.gov.cn/tjsj/zxfb/201402/t20140227_516899.html,2021年5月1日最后访问。

② Wang Guiguo, "China's Practice in International Investment Law: From Participation to Leadership in the World Economy", in Mahnoush H. Arsanjani ed., Looking to the Future: Essays on International Law in Honor of W. Michael Reisman (Martinus Nijhoff Publishers, 2011), pp. 845–890.

③ Cai Congyan, "China-US BIT Negotiations and the Future of Investment Treaty Regime: A Grand Bilateral Bargain with Multilateral Implications", *Journal of International Economic Law* 12 (2009).

④ Zeng Peiyan, Persistently Developing the China – US Reciprocal Economic and Trade Relationship, http://www.cciee.org.cn/thinktanken/NewsInfo.aspx?NId=2784, last visited on May 1, 2021.

⑤ 中华人民共和国商务部 & Foreign Affairs and International Trade Canada. 中国—加拿大经济互补性研究,2012年5月,第3页,http://www.mofcom.gov.cn/accessory/201208/1345032346970.pdf,2021年5月1日最后访问。

⑥ 张彬:《中美双边货物贸易互补性的演变与分析——基于1991—2011年数据的分析》,《国际贸易问题》2013年第12期。

互补性，这也是影响两国投资协定谈判的另一重要因素。

虽然中美两国在经济利益上的一致性和互补性为两国的双边投资协定谈判带来了突破性进展，但与此同时应当注意到，两国在负面清单具体内容、国有企业、强制技术转让等议题上仍存在较大分歧。而中美两国的文化因素则是影响这些分歧的重要原因。

从国家的法制体系、外商投资传统和在国际资本市场所扮演的角色看，一直以来美国更加着眼于保护海外的投资和投资者，而我国相对更加注重维护东道国调控外资的权力。因此，自20世纪80年代以来，国际直接投资发展迅速，以美国为代表的发达国家是投资自由化的重要推动者，而以中国为代表的发展中国家对于投资自由化持保守态度，这是导致中美对国民待遇条款存在分歧的重要原因之一。但伴随中国的改革开放与近年来的飞速发展，两国对于投资自由化逐渐达成共识。这既有经济发展的因素，又有文化价值的影响。

经历了五年的快速增长期后，我国在美国的年对外投资额已经于2014年超过了美国在华的年对外投资额。我国的在美投资给美国创造了更多就业机会，也带来了更具竞争力的消费者市场。[①] 两国未来具有很大的经济合作潜力。同时在2014年初，中美双边投资协定谈判已经进入文本谈判阶段。伴随特朗普政府的上台和中美贸易摩擦的加剧，中美双边投资协定谈判推进脚步相比奥巴马政府时期有所放缓，谈判遭遇一定阻力，甚至陷入停滞。但鉴于缔结投资协定对于中美两个对外投资和引进外资的大国具有举足轻重的意义，重启谈判直至缔结中美双边投资协定仍然未来可期。2020年1月15日，中美双方在美国首都华盛顿签署了中美第一阶段经贸协议，标志着两国暂时的握手言和。虽然中美在过去的谈判中取得了一些关键性一致，但余下的谈判对两国均仍然存在一定挑战，尤其是负面清单的交换和诸如知识产权保护、劳工条款等核心问题的处理。但各界对谈判整体而言还是比较乐观，两国在求同存异的基础上都尽量寻求利益平衡，力求"和而不同"，一方面更好地保护本国的海外投资者，另一方面更有效地维护国家利益。

对准入前国民待遇模式的采用有助于推进中国和另外一些发达国家展开投资协定谈判及自由贸易区谈判。例如，中国与欧盟双边投资协定谈判、中国与韩国自由贸易协定谈判、中国与澳大利亚自由贸易区谈判都取得了很好的进展。

[①] Daniel H. Rosen and Thilo Hanemann, New Realities in the US – China Investment Relationship, April 2014, p. 2, online: https://www.uschamber.com/sites/default/files/documents/files/RHG_New%20Realities_29April2014.pdf, last visited on May 1, 2021.

继 2014 年 5 月习近平总书记在河南考察时提出"新常态"后,在去年的亚太经合组织(APEC)工商领导人峰会上,习近平总书记做了题为《谋求持久发展 共筑亚太梦想》的主旨演讲,首次系统阐述了"新常态"的内涵。习近平总书记指出,"中国经济呈现出新常态",主要表现为经济"从高速增长转为中高速增长","各项主要经济指标处于合理区间"。[①] 随着我国日益成为重要的对外投资及外商投资大国,同时更加积极地参与缔结国际投资协定,我国在国际投资仲裁实践中也呈现出一些新特征。2013 年 9 月,国务院批准《中国(上海)自由贸易试验区总体方案》:"要求在上海自贸区对外商投资试行准入前国民待遇,研究制定试验区外商投资与国民待遇等不符的负面清单。"[②] 随后 11 月通过的《中共中央关于全面深化改革若干重大问题的决定》明确提出"探索对外商投资实行准入前国民待遇加负面清单的管理模式"[③]。在坚持准入后国民待遇原则多年之后,准入前国民待遇加负面清单的管理模式对于我国政府意味着什么?该模式是否已经或即将成为我国投资在国际投资协定中的"新常态"?如果是,这样的变化又会对我国国际投资实践活动产生怎样的影响?

[①] "习近平首次系统阐述'新常态'",载新华网 http://news.xinhuanet.com/politics/2014-11/10/c_127195118.htm,2021 年 5 月 1 日最后访问。

[②] "国务院关于印发中国(上海)自由贸易试验区总体方案的通知(国发〔2013〕38 号)",http://www.gov.cn/zwgk/2013-09/27/content_2496147.htm,2021 年 5 月 1 日最后访问。

[③] "中共中央关于全面深化改革若干重大问题的决定,中国共产党第十八届中央委员会第三次全体会议通过",载新华网 http://news.xinhuanet.com/politics/2013-11/15/c_118164235.htm,2021 年 5 月 1 日最后访问。

第三节　准入前国民待遇条款的选择分析及适用影响

一、准入前国民待遇的"需求—类型—供给"分析

图 6-3　2011—2019 年全国对外投资额与利用外资额

（数据来源：2011—2019 年全国年度统计公报，
2011—2019 年度中国对外直接投资统计公报）

需求方面：图 6-3 显示，伴随着我国利用外资和对外投资规模的持续增长，2013 年我国已成为世界第二大资本输入国和世界第三大资本输出国。[1] 我国在世界经济中的角色正逐渐从国际经济贸易活动的参加者转变为领导者。[2] 我国同时扮演世界上最重要的资本输入国和资本输出国的"双重角色"。作为

---

[1] United Nations Conference on Trade and Development，World Investment Report 2014：Investing in the SDGs：An Action Plan. United Nations Press，2014，overview，xv，online：http://unctad.org/en/PublicationsLibrary/wir2014_en.pdf，2021 年 5 月 1 日最后访问。

[2] Wang Guiguo，"China's Practice in International Investment Law：From Participation to Leadership in the World Economy"，in Mahnoush H. Arsanjani，Looking to the Future：Essays on International Law in Honor of W. Michael Reisman（Martinus Nijhoff Publishers，2011），pp. 845-890.

投资东道国，维护国家利益和合法的公共福利是一国的重要考虑；而作为资本输出国，国家则需要通过激励政策以促进对外投资，并同时以投资者母国的身份为海外投资和海外投资者提供保护。面对如此巨大体量的利用外资和对外投资规模，从需求层面考量在中外双边投资协定中纳入国民待遇条款已无异议。

类型方面：2011年至今，我国利用外资金额已维持在相对稳定的高度，而对外投资金额却呈现持续增长势头。2013年，我国利用外资金额和对外投资金额基本持平。2014年，我国的对外投资金额首次超过了利用外资金额，标志着我国从资本净输入国转变为资本净输出国。2016年后，受全球对外投资下滑的大背景影响，我国的对外投资金额也有一定下滑。但伴随"一带一路"倡议的大力实施，我国的对外投资金额仍然大于引进外资金额。当保护我国海外投资的需求占据主导地位时，我国签订的中外双边投资协定中国民待遇条款模式可能相应地发生变化。和准入后国民待遇模式相比，采取准入前国民待遇模式更加有利于资本净输出国扩大其海外投资受保护的范围和程度。因此，我国在成为资本净输出国之际采取的国民待遇条款模式也很可能从准入后模式转变为准入前模式。

供给方面：在我国双边投资协定中的国民待遇呈现变革可能之际，国内立法中的国民待遇也同时面临改革。2013年11月通过的《中共中央关于全面深化改革若干重大问题的决定》（以下简称《决定》）提出"统一内外资法律法规，保持外资政策稳定、透明、可预期"，并且"探索对外商投资实行准入前国民待遇加负面清单的管理模式"[①]。根据《决定》的精神，2015年1月商务部公布了最新修订的《中华人民共和国外国投资法（草案征求意见稿）》（以下简称《外国投资法（草案）》）及相关说明，提出对外国投资者实行准入前国民待遇。[②] 上海、广东、天津、福建4个自由贸易区作为准入前国民待遇的"试验田"，[③] 在自贸区，"借鉴国际通行规则，对外商投资试行准入前国民待遇，

[①] "中共中央关于全面深化改革若干重大问题的决定，中国共产党第十八届中央委员会第三次全体会议通过"，载新华网 http://news.xinhuanet.com/politics/2013-11/15/c_118164235.htm.，2021年5月1日最后访问。

[②] 中华人民共和国商务部：《中华人民共和国外国投资法（草案征求意见稿）》及《中华人民共和国外国投资法（草案征求意见稿）说明》，http://tfs.mofcom.gov.cn/article/as/201501/20150100871010.shtml,2021年5月1日最后访问。

[③] 国务院关于印发中国（上海）自由贸易试验区总体方案的通知（国发〔2013〕38号），第二点第二款第二项，http://www.gov.cn/zwgk/2013-09/27/content_2496147.htm,2021年5月1日最后访问。

研究制订试验区外商投资与国民待遇等不符的负面清单，改革外商投资管理模式"。① 2016年8月31日，党中央、国务院又决定在辽宁、浙江、河南、湖北、重庆、四川、陕西再设立7个自由贸易试验区。2018年12月25日，经中共中央、国务院批准，国家发展改革委和商务部已联合发布《市场准入负面清单（2018年版）》。2018年版的负面清单，再次大幅度放宽市场准入，清单长度由63条减至48条，共在22个领域推出开放措施。截至目前，国内对准入前国民待遇和负面清单的探索已取得一定成果，负面清单不但反映了我国加大对外开放力度的决心，同时也为我国全面接受准入前国民待遇奠定了一定基础，因而国内立法和规则层面对准入前国民待遇的接受程度已较高。经历了为期四年多的修改和征求意见后，2019年3月15日，十三届全国人大二次会议表决通过了《中华人民共和国外商投资法》。2020年1月1日生效的《外商投资法》第4条规定："国家对外商投资实行准入前国民待遇加负面清单管理制度。"这是中国外商投资管理模式的重大变革，展现出中国全面扩大对外开放的决心。《外商投资法》第28条对于投资准入负面清单做出了补充性规定。此后，我国的国内外商投资法立法正式进入准入前国民待遇时代。

二、国内层面的适用影响

采纳准入前国民待遇加负面清单管理模式对于推动我国投资自由化，构建开放型经济体制，实施高水平对外开放，促进国际国内要素自由流动有着重要意义，对国内实践和国际合作都有着积极意义和深远影响。

采取准入前国民待遇加负面清单管理模式对于我国国内层面的影响可以从立法、行政和司法三个角度衡量。

第一，从立法的角度，准入前国民待遇加负面清单管理模式标志着我国正进一步推进外商投资管理体制改革。"准入前国民待遇加负面清单模式"（Pre-establishment with a negative list approach）是联合国贸易和发展委员会总结的关于投资准入的五种主要模式之一。② 实践经验表明，追求更高水平

---

① 国务院关于印发中国（上海）自由贸易试验区总体方案的通知（国发〔2013〕38号），第二点第二款第二项，http://www.gov.cn/zwgk/2013-09/27/content_2496147.htm，2021年5月1日最后访问。

② United Nations Conference on Trade and Development. Admission and establishment, UNCTAD Series on issues in international investment agreements. United Nations Publication, 2002, p. 4.

自由化的国家倾向于负面清单模式，反之则倾向于正面清单模式，[1] 因此清单模式的选择反映着自由化水平的发展趋势。自由化的要求之一是放松管制。负面清单模式允许外国投资者快速判断其投资活动部门是否面临管制约束，有助于增强政府外商投资管理透明度，[2] 符合投资自由化和便利化要求。

《外商投资法》采取了准入前国民待遇和负面清单的外资管理方式。准入前国民待遇加负面清单管理模式的采取同时意味着《中外合资经营企业法》《外资企业法》和《中外合作经营企业法》（以下简称外资三法）确立的逐案审批制度的废除。《外商投资法》的出台将彻底重构我国的外商投资立法体系，也意味着外资三法将合一。相应的，我国政府应全面梳理，及时修订我国现有的外商投资法律法规及政策，以及相关的下位法和规范性文件。

采取准入前国民待遇加负面清单管理模式是以开放促改革促发展。2013年8月国务院批准《中国（上海）自由贸易试验区总体方案》，随后又于2015年和2016年陆续批准设立了广东、天津、福建、辽宁、浙江、河南、湖北、重庆、四川、陕西11个自由贸易试验区。2019年党的第十九届四中全会公报指出，要"推动贸易和投资自由化便利化，推动构建面向全球的高标准自由贸易区网络"。在自贸区，将"借鉴国际通行规则，对外商投资试行准入前国民待遇，研究制订试验区外商投资与国民待遇等不符的负面清单，改革外商投资管理模式"[3]。我国自贸区一直着力于对负面清单的探索。国家发展和改革委员会、商务部于2021年12月27日发布第48号令，颁布了《自由贸易试验区外商投资准入特别管理措施（负面清单）（2021年版）》，自贸试验区外资准入负面清单条目已减至27条，低于全国外资准入负面清单条目数量。

除负面清单外，还将在自贸区内对标国际投资贸易通行规则，在金融制度、海关监管、投资争端解决等方面实行全面改革。作为全面推进改革开放的"试验田"，通过在自贸区内先行先试，积极探索在国内对外商投资立法体制改革的平稳过渡，在国际达成一份高标准双边投资协定的思路和方法。国内若干个自贸区的相继设立，以及在自贸区内开展对准入前国民待遇加负面清单管理模式的探索，是中央在新形势下推进改革开放的重大举措，是对《决定》的贯

---

[1] Pierre Sauvé & Rebert M. Stern et al., GATS 2000 — new directions in services trade liberalization (Brooking Institution Press, 2000), pp. 97—99.

[2] Thomas Pollan, Legal Framework for the Admission of FDI (Eleven International Publishing, 2006), pp. 136—137.

[3] 国务院关于印发中国（上海）自由贸易试验区总体方案的通知（国发〔2013〕38号），第二点第二款第二项，http://www.gov.cn/zwgk/2013-09/27/content_2496147.htm，2021年5月1日最后访问。

彻和落实。

　　第二，从行政的角度，准入前国民待遇加负面清单管理模式是深化行政审批制度改革的重要内容。全面深化行政体制改革需要处理好政府和市场的关系，发挥市场在资源配置中的决定作用，转变政府职能，简政放权、放管结合。完善权力清单制度，法无授权不可为，法定职责必须为。加强事中事后监管，为市场主体营造公平良好的竞争环境。2014年，国务院常务会议部署了"简政放权"，强调转变政府职能，减少前置审批，加强事中事后监管。① 同年政府实现了国务院部门行政审批事项削减三分之一以上的目标。② 实施准入前国民待遇加负面清单管理模式与东道国行政监管能力密切相关，意味着以政府职能转变为核心的事中事后监管制度将在我国初步形成。作为外商投资领域简政放权的举措之一，准入前国民待遇减少了需要发展改革部门审批的程序。因此，应在有限的负面清单之外对外资加强事中事后监管，这对提升我国政府治理能力提出了更高要求。

　　与准入前国民待遇加负面清单管理模式相对应，为了在淡化事前审批的同时保障投资安全性，《外商投资法》第35条规定"国家建立外商投资安全审查制度，对影响或者可能影响国家安全的外商投资进行安全审查"，但删除了《外国投资法（草案）》第四章对于国家安全审查的审查因素和审查程序等内容，以及国家为消除国家安全隐患可采取措施的相关规定。此外，《外商投资法》第35条规定了外商投资信息报告制度，明确了"外国投资者或者外商投资企业应当通过企业登记系统以及企业信用信息公示系统向商务主管部门报送投资信息"，并确立了外商投资信息报告的必要性原则。此外，2015年4月，国务院印发了《关于印发自由贸易试验区外商投资国家安全审查试行办法的通知》，针对在自贸区内投资关系国家安全的产品及服务进行审查。由此可见，准入前国民待遇加负面清单管理模式代表着我国正探索建立一套配合政府职能转变的对外商投资加强事中事后监管的体系。

　　在加强市场监管、保护市场公平竞争问题上，反垄断立法有着不容忽视的作用。在我国行政执法力度逐渐加强的背景下，2008年正式施行的《中华人民共和国反垄断法》（以下简称《反垄断法》）日渐备受关注，该法是十几年的争论和修改后得出的成果。《反垄断法》主要对经营者达成垄断协议，滥用市

---

① 中青在线：40次国务院常务会议21次强调"简政放权"，2015年1月9日，http://zqb.cyol.com/html/2015-01/09/nw.D110000zgqnb_20150109_2-07.htm，2021年5月1日最后访问。

② 人民网：《2015年政府工作报告（全文实录）》，2015年3月5日，http://lianghui.people.com.cn/2015npc/n/2015/0305/c394298-26642056.html，2021年5月1日最后访问。

场支配地位,经营者集中、滥用行政权力排除、限制竞争等行为做出规定。近年来,我国反垄断相关配套立法也取得了积极进展。① 价格反垄断执法上政府更是频频发力,近年来国家市场监督管理局查处了大量垄断案件。其中,原国家价格监督检查及反垄断局查处了许多价格垄断案件,其中高通反垄断案、茅台和五粮液反垄断案、汽车零部件企业反垄断案等案例都引起了社会高度关注。中国正积极与其他国家开展反垄断合作,已签署《中美反托拉斯和反垄断合作谅解备忘录》②《中欧关于反垄断法领域合作的谅解备忘录》③ 等文件。在放宽外资准入后,可预见未来的反垄断执法力度将会进一步加大,而如何保证执法中的公平公正,增强执法透明度,保障投资者合法期待将是需要重点解决的问题。

监管只是手段,其根本目的在于增强社会主体的互信。信用乃立国之本、安身之命。子曰:"人而无信,不知其可也。"足见人以诚立身,故知国以诚立心。建设诚信社会,是推进国家治理体系和治理能力现代化的必然要求,也是实现简政放权,转变政府职能的重要保障。完善社会信用体系奖惩机制是有效规范社会主体信用行为的核心手段。设想如果奖惩机制完善,则即使放宽了外资准入门槛,也可以借助市场优胜劣汰机制让守信投资者各处受益,失信投资者寸步难行,既便利了外商投资者,又有助于政府有效监管。因此,完善社会信用体系奖惩机制是推进政府职能转变和创新社会管理的必然选择,也是采取准入前国民待遇加负面清单管理模式的必需保障。2014年5月,国务院印发了《社会信用体系建设规划纲要(2014—2020年)》(以下简称《规划》),明确了到2020年全面推进社会信用体系建设的整体目标。《规划》是全面推进社会信用体系建设的顶层设计,部署将以推进政务诚信、商务诚信、社会诚信和

---

① 例如《经营者集中申报办法》(商务部令〔2009〕第11号),2010年1月1日;《经营者集中审查办法》(商务部令〔2009〕第12号),2010年1月1日;《工商行政管理机关查处垄断协议、滥用市场支配地位案件程序规定》(工商总局令第42号),2009年7月1日;《工商行政管理机关禁止滥用市场支配地位行为的规定》(工商总局令第54号),2011年2月1日等。

② Memorandum of Understanding on Antitrust and Antimonopoly Cooperation Between the United States Department of Justice and Federal Trade Commission and The People's Republic of China National Development and Reform Commission, Ministry of Commerce, and State Administration for Industry and Commerce, U. S. - China, 27 July 2011, online: https://www.ftc.gov/sys tem/files/110726mou-english.pdf, last visited on May 1,2021.

③ Memorandum of Understanding on Cooperation in the Area of Anti-Monopoly Law Between the European Union and the National Development and Reform Commission and the State Administration for Industry and Commerce of the People's Republic of China, E. U. - China, 20 September 2012, online: http://ec.europa.eu/competition/international/bilateral/mou_china_en.pdf, last visited on May 1,2021.

司法公信为主要内容，以期最终在全社会形成守信光荣、失信可耻的氛围。此外，《规划》还提出加快建设和应用信用信息系统，以及建立健全守信激励和失信惩戒机制，保障社会信用体系制度的运行。在国家《规划》的基础上，许多省市也随后出台了各自的信用体系建设规划。一些大型机构积极行动，将《规划》落到实处。例如，2016年1月，中国人民银行发布了《关于做好个人征信业务准备工作的通知》，允许芝麻信用管理有限公司、腾讯征信有限公司、深圳前海征信中心股份有限公司等八家机构首批开展个人征信（收集个人信用信息、提供个人征信服务）业务准备工作，[①]首次将国内个人征信市场化大门打开。建设社会信用体系是深化行政体制改革的关键举措，是在对外商投资准入简政放权的同时加强事中事后监管的重要抓手。

第三，从司法的角度而言，采取准入前国民待遇加负面清单管理模式对完善我国争端解决机制并加快其与国际接轨提出了更高的要求。我国缔结的双边投资协定中，涉及国内司法机构的争端解决条款主要有两类：一类是用尽当地救济要求，即要求投资者在寻求国际争端解决机构处理前，须用尽缔约方法律法规所规定的国内行政复议程序；[②]一类是"岔路口条款"，即争议可提交国内有管辖权的法院或国际投资争端解决机构。[③]若外商投资者可以在设立、取得、扩大等投资准入前阶段获得国民待遇，则双边投资协定的保护范围相应扩大。随着大量外商来华投资，将会有越来越多的投资争端被提交到国内法院。相应的，国内法院处理国际投资争端的能力亟须进一步提高，包括从实体上对国民待遇条款内涵的准确解释，如对国民待遇条款各要件新近发展的关注和把握，也包括在程序上受理符合条件的投资争端，提高案件判决的透明度，为市场主体提供公平、及时、有效的司法救济。

伴随自贸区持续吸引大量外商投资，可能会有越来越多的投资争端被提起，各地自贸区处理国际投资争端的能力亟须进一步提高。当前各地的自贸区

[①] 中国人民银行：《关于做好个人征信业务准备工作的通知》，2015年1月5日，http://www.pbc.gov.cn/zhengxinguanliju/128332/128352/128402/2810010/index.html，2021年5月1日最后访问。

[②] 例如《中华人民共和国政府和俄罗斯联邦政府关于促进和相互保护投资协定议定书》第3条规定，"在投资者将本协定第九条所提及的争端递交该条第二款第二项和第二款第三项所规定的机构之前，作为争端一方的缔约方可以要求相关投资者用尽该缔约方法律法规所规定的国内行政复议程序"。

[③] 例如《中华人民共和国政府和玻利维亚共和国政府关于鼓励和相互保护投资协定》第8条第2款规定："当事任何一方有权依照缔约国另一方的法律和法规将争议提交接受投资的缔约国一方有管辖权的法院。"该《协定》第3款规定："如涉及征收补偿金额的争议，在诉诸本条第一款的程序后六个月内仍未能解决，可应任何一方的要求，将争议提交专设仲裁庭"，http://tfs.mofcom.gov.cn/aarticle/h/bk/201002/20100206785048.html，2021年5月1日最后访问。

已着手构建自贸区多元争端解决机制,探索建立自贸区、法院、调解室三位一体的非诉衔接机制,建立健全商事纠纷诉讼解决机制。但仍存在不同的争端解决机制衔接度不够、调解前置运用不足、争端解决效率不理想等问题。党的十九届四中全会对完善正确处理新形势下人民内部矛盾有效机制提出了新要求。综合运用多种方式化解矛盾纠纷,是新时代"枫桥经验"的发展方向。对此,我国应健全社会矛盾纠纷预防化解机制,完善调解、仲裁、行政裁决、行政复议、诉讼等有机衔接、相互协调的多元化纠纷解决机制。其中,完善国际投资仲裁裁决的承认与执行是应当及时解决的问题。

我国缔结的双边投资协定中多规定争端裁决应当依据缔约方的法律不迟延地执行。[①] 我国于 1990 年签署《华盛顿公约》,成为其缔约国之一,因而作为成员国应当履行承认与执行国际投资争端解决中心裁决的义务。可见,人民法院在承认和执行投资争端仲裁裁决时应履行职责,以我国民事诉讼法和相关司法解释为基础,结合《关于承认和执行仲裁裁决的纽约公约》中我国商事保留的内容,以国家间的司法协助和仲裁合作协定为补充,对投资争端仲裁裁决予以执行。但依据我国现行国内法律规定,国际投资争端解决中心的裁决在我国的承认与执行仍有诸多问题尚待厘清。

例如,我国并未指定执行国际投资争端解决中心裁决的国内主管机构。《华盛顿公约》第 54 条第 2 款要求"在一缔约国领土内予以承认或执行的一方,应向该缔约国为此目的而指定的主管法院或其他机构提供经秘书长核证无误的该裁决的副本一份"[②],这实为《华盛顿公约》和国内程序法之间的"桥梁"。[③] 由此可见,国际投资争端解决中心的裁决获得承认与执行的必经程序包括向缔约国指定的机构提交裁决副本。值得注意的是,这里的"机构"包括

[①] 例如《中华人民共和国政府和瑞士联邦委员会关于促进和相互保护投资协定及其议定书》,2009 年 1 月 27 日签订,第 11 条第 7 款,http://tfs.mofcom.gov.cn/article/h/au/201004/20100406877284.shtml,2021 年 5 月 1 日最后访问。

[②] 《华盛顿公约》第 54 条规定:"一、每一缔约国应承认依照本公约做出的裁决具有约束力,并在其领土内履行该裁决所加的财政义务,正如该裁决是该国法院的最后判决一样。具有联邦宪法的缔约国可以在联邦法院或通过该法院执行裁决,并可规定联邦法院应把该裁决视为组成联邦的某一邦的法院做出的最后判决。二、要求在一缔约国领土内予以承认或执行的一方,应向该缔约国为此目的而指定的主管法院或其他机构提供经秘书长核证无误的该裁决的副本一份。每一缔约国应将为此目的而指定的主管法院或其他机构以及随后关于此项指定的任何变动通知秘书长。"

[③] Aron Broches, "Awards rendered pursuant to the ICSID convention: binding force, finality, recognition, enforcement, execution", *ICSID Review—Foreign Investment Law Journal* 2 (1987): 327.

但不限于法院。① 例如，美国在《美国法典》中指定的是联邦地方法院，② 而比利时和瑞典指定的该国外交部为主管部门。③

我国《民事诉讼法》第 236 条只笼统地规定了国际条约在我国的自动适用。在实际操作层面上，未指定主管机构可能给裁决的有效承认与执行造成一系列的困难：一方面，当我国政府作为承认与执行的被申请方时，未指定主管机构可能导致我国政府难以及时有效地对仲裁请求做出反应，维护我国合法利益；另一方面，由于申请方在申请裁决的承认与执行过程中缺乏具体的程序指引，且我国负责和国际投资争端解决中心秘书长联系的主管机构不明确，故当我国政府作为第三国面对承认与执行裁决时，不利于申请方及时主张其权利，也无益于我国履行负责任大国的义务。此外，国际投资争端解决中心裁决在我国的承认与执行还存在审判监督程序和公共秩序的适用和国家主权豁免等问题。④

鉴于我国国内法关于承认与执行国际投资争端解决中心裁决的现行规定尚未与《华盛顿公约》接轨。在我国日渐频繁涉足国际投资争端的背景下，及时完善我国承认与执行国际投资争端解决中心裁决配套机制具有必要性。我国作为《华盛顿公约》缔约国，有义务通过指定国内主管机构、尽快制定国家豁免相关立法、完善判决确定债权转让制度等方式保障履行《华盛顿公约》第 54 条规定的义务。⑤ 此外，明确国际投资争端解决中心裁决在我国承认与执行的要求及程序等问题有利于提高裁决执行透明度，增强外国投资者可预见性。最高人民法院已出台《关于人民法院为"一带一路"建设提供司法服务和保障的

---

① Aron Broches, "Awards rendered pursuant to the ICSID convention: binding force, finality, recognition, enforcement, execution", ICSID Review—Foreign Investment Law Journal 2 (1987): 326. Article 54 envisions that recognition and enforcement may be obtained by simple presentation of a copy of the award certified by the Secretary General of ICSID. Id. Review of an award by a domestic court or other authority is limited to verification of the authenticity of the award.

② 22 U. S. C. § 1650a (2012) (b) stipulates: "The district courts of the United States (including the courts enumerated in section 460 of title 28) shall have exclusive jurisdiction over actions and proceedings under subsection (a) of this section, regardless of the amount in controversy."

③ Aron Broches, "Awards rendered pursuant to the ICSID convention: binding force, finality, recognition, enforcement, execution", ICSID Review—Foreign Investment Law Journal 2 (1987): 327.

④ 张倩雯：《多元化纠纷解决视阈下国际投资仲裁裁决在我国的承认与执行》，《法律适用》2019年第 3 期，第 112—120 页。

⑤ Report of the Executive Directors on the Convention 42, http://icsid.worldbank.org/ICSID/StaticFiles/basicdoc/CRR English—final.pdf. 详细可参见张倩雯：《多元化纠纷解决视阈下国际投资仲裁裁决在我国的承认与执行》，《法律适用》2019 年第 3 期，第 112—120 页。

若干意见》，提出人民法院要营造良好的法治环境，为开展"一带一路"提供良好的司法服务和保障。面对外商投资准入的放宽，加之我国对外投资和外商来华投资活动的活跃，完善国内争端解决机制，充分发挥人民法院在争端解决中的积极作用作为深化司法体制改革的重要内容已势在必行。

三、国际层面的适用影响

从国际层面上看，采取准入前国民待遇加负面清单管理模式意味着中国和其他国家在开展外交、投资和贸易交流活动上会拥有更多的契机，但也将面临更大的挑战。

一方面，准入前国民待遇加负面清单管理模式有助于推动中外双边投资协定谈判及区域投资贸易协定谈判的顺利开展。尤其是面对一些作为我国最主要的贸易和投资伙伴国的发达国家，更加开放的投资准入态度有利于双方在合作中达成一致。中欧双边投资协定谈判方面，[1] 虽然中欧双方仍在法律规范、市场保护、知识产权保护等核心问题上存在分歧，但对准入前国民待遇加负面清单模式的共识为中欧双边投资协定谈判释放出积极信号。2018年7月，第20次中欧领导人会晤期间，中欧双方正式交换了清单出价，标志着谈判进入新的阶段。另外，2015年6月，《中国与韩国自由贸易协定》达成。作为我国政府签订的内容涉及面最广、国别贸易额最大的自由贸易协定，《中国与韩国自由贸易协定》生效实施后，两国工业制品中，现行征收税目的90%将在20年内逐步消除。[2] 中韩双方承诺，在协定生效后将启动负面清单模式的第二阶段服务贸易谈判和以准入前国民待遇加负面清单模式的投资议题后续谈判，[3] 可见投资自由化的态度是两国达成共识的重要助力。《中国与韩国自由贸易协定》将大幅提升两国经贸法治程度，成为两国经济发展的新引擎。其成功经验不仅可移植作为"一带一路"区域国家自贸区战略范例，[4] 也为中日韩三国自贸协

---

[1] 新华网："李克强会见欧盟委员会副主席、外交和安全政策高级代表莫盖里尼"，2015年5月6日，http://news.xinhuanet.com/world/2015-05/06/c_1115201066.htm，2021年5月1日最后访问。

[2] Free Trade Agreement between the Government of the People's Republic of China and the Government of the Republic of Korea, China and Korea, 1 June 2015, Annex2-A, 1 (f), http://investmentpolicyhub.unctad.org/Download/TreatyFile/3461, last visited on May 1, 2021.

[3] 中华人民共和国商务部："中韩自贸协定正式签署"，2015年6月1日，http://www.mofcom.gov.cn/article/ae/ai/201506/20150600996379.shtml，2021年5月1日最后访问。

[4] 王鹏：《中韩自贸协定：提升两国经贸法治化程度》，《法制日报》2015年6月9日，http://epaper.legaldaily.com.cn/fzrb/content/20150609/Articel10004GN.htm，2021年5月1日最后访问。

定谈判打下一针强心剂。此外，2016年6月17日签订的《中国与澳大利亚自由贸易协定》也规定了给予外商投资及外商投资者准入前国民待遇，[①] 并就其例外的措施和领域制定了负面清单。[②] 由此可见，准入前国民待遇加负面清单管理模式正逐渐成为一种"常态"，越来越多地被纳入我国缔结的投资贸易协定中，未来的中外投资贸易协定谈判也很可能以该模式作为基础。

另一方面，准入前国民待遇加负面清单不仅是一种外资管理模式，更代表着我国日渐开放的投资自由化态度。准入前国民待遇加负面清单管理模式是深化投资体制改革和进一步对外开放的重要内容，对我国加强同其他国家和地区的投资经贸合作有着良好促进意义。根据联合国贸易和发展会议的统计数据显示，2014年亚洲国家首次超过北美洲成为全球最大的外国直接投资来源地区。其中，中国内地和香港的对外投资共达2660亿美元，使中国继2014年首次超过美国成为全球外国投资第一大目的地国之后，又一跃成为仅次于美国的第二大外国直接投资来源国。[③] 2015年我国对外投资规模首次超过利用外资规模，[④] 我国成为资本净输出国。随着"一带一路"倡议的大力实施，我国与沿线国家开展大量的投资贸易合作，对外投资掀开新的篇章，伴随着大量机遇和挑战。为解决合作中的融资问题，在发起设立亚洲基础设施投资银行的基础上，2014年中国又提出设立"丝路基金"，为"一带一路"有关沿线国家的基础设施建设提供资金支持的同时，利用强大的资金实力直接支持"一带一路"建设。[⑤] 投资自由化趋势不仅将见证中国对外投资的快速增长，还将带来新一轮投资领域的改革开放。

机遇也伴随着挑战，外商投资的快速增长也意味着投资争端风险的增加。根据商务部统计数据显示，中国与外方缔结了共计132个双边投资协定，其中生效双边投资协定共104个。这些生效双边投资协定中，于2010年1月1日

[①] Free Trade Agreement between the Government of Australia and the Government of the People's Republic of China, Australia and China, 17 June 2015, Article 9.3（1），online: http://investmentpolicyhub.unctad.org/Download/TreatyFile/3454, last visited on May 1, 2021.

[②] Free Trade Agreement between the Government of Australia and the Government of the People's Republic of China, Australia and China, 17 June 2015, Article 9.3 (1), Section B.

[③] UNCTAD, Investment by South TNCs Continues to Grow: Developing Asia Became the World's Largest Investor Region, Global Investment Trends Monitor, No. 19, 2015, p. 1, online: http://unctad.org/en/PublicationsLibrary/webdiaeia2015d2_en.pdf, last visited on May 1, 2021.

[④] 新华网："商务部预测2015年中国对外投资规模或超吸收外资规模"，2014年9月16日，http://news.xinhuanet.com/fortune/2014-09/16/c_1112506782.htm, 2021年5月1日最后访问。

[⑤] 中国政府网：《习近平：办好亚投行和丝路基金》，2014年11月7日，http://news.china.com/finance/11155042/20141107/18936959.html, 2021年5月1日最后访问。

之前缔结的共 100 个，其中 96 个在此之前生效。[①] 但是，除了 2007 年的谢业深诉秘鲁案（Tza Yap Shum v. Republic of Peru）涉及我国的香港特别行政区外，2010 年之前我国并没有在国际投资争端解决中心涉及投资仲裁的案件。但自 2010 年至今，已经出现了多起在国际投资争端解决中心登记在册的我国投资者诉他国和他国投资者诉我方的投资仲裁案件，其中我国投资者提起的投资仲裁案件包括谢业深诉秘鲁案、世能公司诉老挝政府案、中国平安诉比利时政府案、北京城建集团诉也门政府案、黑龙江国际经济技术合作公司等诉蒙古政府案，渣打公司诉坦桑尼亚政府案，华为公司诉瑞典政府案以我国政府为被申请者的案件包括韩国安城诉我国政府案、马来西亚伊佳兰诉我国政府案和德国海乐公司诉我国政府案。其中，中国投资者诉比利时政府和也门政府的投资仲裁案均由中国的国有企业提起，也反映出中国企业尤其是国有企业正日渐重视运用国际投资仲裁手段来解决投资争端。在上述案件中，中国平安诉比利时政府案的仲裁裁决和北京城建集团诉也门政府案管辖权裁定已发布。[②] 其中，中国平安诉比利时政府案裁决结果并不如我国投资者之意，从侧面反映出我国投资者对于国际投资仲裁的理论与实践仍需更加准确把握。随着新一轮的"引进来"和"走出去"，中国在国际投资仲裁庭的案件数量也很可能大幅增加，包括作为申请方提起仲裁或作为被申请方参加仲裁的案件，因此对我国投资法律和实践与国际投资法律规则与国际投资习惯接轨提出了急迫的要求。

本章小结

我国双边投资协定中的国民待遇条款经历了漫长的演进历程，大致可分为三个阶段：从早期拒绝给予外商投资以国民待遇，至逐步给予外商投资有限的准入后国民待遇，再至 2013 年后，中美双边投资协定谈判同意采取准入后国民待遇加负面清单管理模式。中外双边投资协定中国民待遇条款的发展与中国对外投资和利用外资发展历程一脉相承，也反映出国内外资立法与国际投资法

---

① 具体统计数据可参见中华人民共和国商务部条约法律司：《我国对外签订双边投资协定一览表》，http://tfs.mofcom.gov.cn/article/Nocategory/201111/20111107819474.shtml，2021 年 5 月 1 日最后访问

② Ping An Life Insurance Company of China, Limited and Ping An Insurance (Group) Company of China, Limited v. Kingdom of Belgium, ICSID Case No. ARB/12/29, Award of the Tribunal, 30 April 2015, online: https://icsid.worldbank.org/ICSID/FrontServlet?requestType=CasesRH&actionVal=showDoc&docId=DC5912_En&caseId=C2463, last visited on May 1, 2021.

的密切互动。

中国在双边投资协定中国民待遇条款的行为逻辑可通过"需求—类型—供给"结构框架予以分析。其中，纳入国民待遇条款的需求与国家资本流动活跃度呈正相关，国家利用外资和对外投资比例决定了国民待遇条款采取准入前模式还是准入后模式，国内国际规则差异度越大，从供给视角而言国家提供国民待遇难度就越大。改革开放初期，由于中国对外投资和利用外资均刚起步，各省对外开放水平均不高且差异不大，在双边投资协定中纳入国民待遇条款的需求并不突出，且国内尚不具备供给国民待遇的条件，故多数中国签订的双边投资协定未纳入国民待遇条款。20世纪90年代开始，中国整体利用外资规模和对外投资规模都有了大幅增长，在双边投资协定中纳入国民待遇条款的需求逐渐增长。随着"走出去"战略成果显现，提供国民待遇的动力转为内生需求与外来需求并存。这一阶段利用外资规模远大于对外投资规模，故中国签订的双边投资协定中尝试探索有限的准入后国民待遇。加入世界贸易组织推动了国内贸易和投资立法的改革，中国政府通过对投资相关规则的修订为在双边投资协定中纳入国民待遇条款奠定了基础，增加供给可能性。在深化投资体制改革，以开放促改革、建设更高水平市场经济体制的背景下，中国的对外投资和利用外资的发展进入新阶段，从资本净输入国转型为资本净输出国，在中外双边投资协定中承诺给予外商投资准入前国民待遇已成为必然趋势，以适应资本净输出大国的新身份。这一改变将为中国海外投资提供更高水平的保护，同时也对国内司法实践与国际规则接轨、中央政府准确把握国际投资仲裁规则、地方政府法治化水平提出了更高要求。与此同时，维护中国作为投资东道国的合理规制权，降低中国被诉至国际投资争端解决机构风险，平衡东西部省份对外开放的不同进度，又对我国政府具体适用准入前国民待遇的规则把握提出了更高水平、更复杂的要求。中国作为发展中国家，签订双边投资协定时应当保留足够的政策空间，通过限定准入前国民待遇的适用范围、明确国民待遇的例外、明确最惠国待遇条款的适用等方式，使得政府能够在双边投资协定确定的权利和义务框架内灵活运用政策，力求在保护中国海外投资和维护中国外资规制权之间寻求合理的平衡。

无论从国内还是国际层面，从立法工作还是司法实践的角度观察都可得知，准入前国民待遇加负面清单管理模式正在成为我国在国际投资仲裁中的"新常态"。这一"新常态"对于我国立法、行政和司法领域都有着重要影响，其所代表的投资自由化态度更是推动着中外投资交流与协作，尤其是双边和多边投资贸易协定谈判的加速进行。在推进"一带一路"倡议的建设过程中，我国将同沿线国家开展全方位的国际合作，而合作的重要形式之一便是投资。面对这一"新常态",我国在把握投资自由化带来的机遇的同时,也应当做好全面的准备应对其伴随而来的挑战,需要从国内和国际两个层面双管齐下,包括加强对国民待遇的要件内涵及新近发展的实证研究,加快我国内外资法律体系的重构,完善对外商投资事中事后监管的制度建设;逐步统一对内对外的法律法规,融入并构建国际投资新秩序;做好"新常态"时期把握投资机遇,应对投资风险的准备,为"一带一路"倡议的实施提供法律服务和制度保障。

党的十九大报告把实施共建"一带一路"倡议作为经济建设和全方位外交布局的重要组成部分。截至 2019 年 11 月,我国对"一带一路"沿线国家投资累计超过 1000 亿美元。[①] 其中,对外承包工程是对外开展投资的重要形式。2019 年 1 月至 10 月,我国企业在"一带一路"沿线国家新签对外承包工程合同额 1121.7 亿美元,占同期总额的 63.5%。[②] 在扎实推进"一带一路"倡议的背景下,可以预见我国企业的对外投资额还将进一步增长。但在我国企业的对外投资中,相当部分流向了法规不健全、风险较高的国家和地区,因此企业承担的风险和遭受损失的可能性也较高,故保障我国企业海外资产安全已成为我国政府刻不容缓的任务。在"中国平安诉比利时案"的管辖权请求被仲裁庭驳回后,"北京城建诉也门政府案"管辖权裁定为中国企业开展海外投资打了一针"强心剂"。中国投资者应重视国际投资仲裁庭对投资定义的新进解释路径,以及中外双边投资协定中与投资相关的限制条件,合理规划投资路径,保护其海外投资合法利益。

[①] 中华人民共和国商务部:"我国企业在"一带一路"沿线国家直接投资累计已超 1000 亿美元",http://www.cs.com.cn/sylm/jsbd/202001/t20200103_6014363.html?from=timeline&isappinstalled=0,2021 年 5 月 1 日最后访问。

[②] 央广网:"1-10 月我国对外投资合作稳中有进 对"一带一路"国家新增投资 114.6 亿美元",http://finance.cnr.cn/gundong/20191114/t20191114_524858538.shtml,2021 年 5 月 1 日最后访问。

第七章　中国外商投资国民待遇条款的完善路径

第一节　完善国民待遇条款的整体思路

1982年，中国同瑞典缔结了第一个双边投资协定。此后的三十多年间，我国缔结了大量双边投资协定。截至2023年9月，中国现行有效的双边投资协定数量累计已达到104个。[①] 此外，中国与欧盟双边投资协定已初步达成。中国与美国双边投资协定谈判在2008年重启后取得了一些重大突破，但因特朗普政府上台后中美贸易摩擦加剧而搁置。

在1998年《中国与巴巴多斯双边投资协定》开启了接受更宽泛的争端解决条款后，近年来我国涉及的国际投资争端日渐增多。截至目前国际投资争端解决中心公布的数据，有九起我国政府作为被申请人的国际投资仲裁案件。其中，"Ekran Berhad诉中国案"涉及马来西亚伊佳兰公司在我国海南省的投资，[②] 该公司主张请求赔偿因海南省政府收回土地使用权而造成的直接损失、预期利润损失及利息损失。[③] "Ansung Housing Co., Ltd诉中国案"涉及韩国安城住宅产业在江苏省射阳县投资高尔夫球场，因地方政府未提供土地而导致申请人撤资。"Hela Schwarz GmbH诉中国案"是由德国企业Hela Schwarz

---

[①] 中华人民共和国商务部条约法律司："我国对外签订双边投资协定一览表"，http://tfs.mofcom.gov.cn/article/Nocategory/201111/20111107819474.shtml，2021年5月1日最后访问。

[②] 2013年5月16日，双方当事人根据ICSID仲裁规则第43（1）条规定，请求本案程序不再继续。秘书处根据ICSID仲裁规则第43（1）条规定，发出程序令，不再继续本案的程序。可见于：https://icsid.worldbank.org/apps/ICSIDWEB/cases/Pages/casedetail.aspx?CaseNo=ARB/11/15，2021年5月1日最后访问。

[③] 漆彤：《论中国在ICSID被诉第一案中的仲裁管辖权问题》，《南京大学法律评论》2014年第1期，第253—263页。

GmbH 的全资子公司——济南海乐西亚泽食品有限公司，针对济南市政府的征收行为提起的投资仲裁。以上三起案件均发生在对外开放程度较高的我国沿海省份。在金融发展程度越高的国家，外商直接投资对于投资的影响力越强，即"互补效应"越明显。[①] 随着中国参与国际经济分工日渐深化和国际影响力的日益增强，中国的对外金融投资规模也显著扩大。在此背景下，灵活运用国际投资争端解决机制，准确把握当前国际投资规则，有效保护中国海外投资者的合法权益成为当下热点。在接受准入前国民待遇扩大投资保护范围时，我国应当尽量防止类似于阿根廷金融危机时由于投资争端仲裁而引发的"多米诺骨牌"效应。

我国政府高度重视并积极参与投资者与东道国争端解决机制的改革。2018年8月，商务部发布了《关于就投资者与国家间争端解决机制改革征求意见的通知》，为研究完善我国政府关于投资者与国家间争端解决机制改革的立场征求意见。2019年7月，我国政府向联合国国际贸易法委员会提交了《中国关于投资者与国家间争端解决机制改革的建议文件》，[②] 并在其中表明了中国政府坚持多边主义，坚定努力推进投资者与国家间争端解决机制改革的决心。在我国表明推进投资者与东道国争端解决机制的改革立场的同时，我国国际投资协定的谈判和升级也齐头并进。其中，国民待遇条款的相关规定也契合我国作为资本净输入国的身份。但伴随我国转型为资本净输出国，国民待遇条款的设计也应当同步更新，以符合我国的利益需求。2020年1月1日，《中华人民共和国外商投资法》正式生效，其中第5条规定，"国家对外商投资实行准入前国民待遇加负面清单管理制度"，由此确立了我国对外商投资实行准入前国民待遇的制度。无论从国内还是国际层面，从立法工作还是司法实践的角度观察都可得知，准入前国民待遇加负面清单管理模式正在成为中国在国际投资仲裁中的"新常态"。这一"新常态"对于我国立法、行政和司法领域都有着重要影响，其所代表的投资自由化态度更是推动着中外投资交流与协作，尤其是双边和多边投资贸易协定谈判的加速进行。在推进"一带一路"倡议的建设过程中，我国将同沿线国家开展全方位的国际合作，而合作的重要形式之一便是投资。面对这一"新常态"，我国在把握投资自由化带来的机遇的同时，也应当

[①] Laura Alfaro, Areendam Chanda, Sebnem Kalemli-Ozcan & Selin Sayek, "FDI and Economic Growth: The Role of Local Financial Markets", *Journal of International Economics* 64 (2004): 89–112.

[②] 联合国国际贸易法委员会："投资人与国家间争端解决制度可能的改革中国政府提交的意见书"，https://uncitral.un.org/sites/uncitral.un.org/files/wp117c.pdf，最后访问于2020年6月15日。

做好全面的准备应对其伴随而来的挑战。对此，我国应从缔结和修订双边投资协定与完善外商投资立法两方面双管齐下，完善国民待遇条款。

一方面，细化国际投资协定中的国民待遇条款，加强对国民待遇的要件内涵及其新近发展的实证研究。我国生效的双边投资协定中近半数包含了国民待遇条款。但这些条款存在诸多问题：一是对于给予国民待遇的程度规定不一致，有的双边投资协定中仅规定东道国应"尽量"给予外国投资者国民待遇；二是缺乏关键概念的定义，有的双边投资协定缺乏对于何为"领土内"的投资进行界定；三是一些规定不适合我国现在国情，即我国兼具资本净输入国和资本净输出国的双重身份。我国的一百多个双边投资协定绝大多数是在2010年之前缔结的，即我国还是资本净输入国的时候。因此，我国双边投资协定中的国民待遇条款亟待改革。此外，虽然学界对国民待遇的文本发展已有一定规范研究，[①]但对其从实证角度进行的研究严重不足。如果案件涉及准入前国民待遇，往往牵涉到多方面要素的认定，如投资和投资者定义，外国投资者和本国投资者是否处于相似情形，东道国的管制行为是否给予外国投资者差别待遇，是否对外商投资造成了"事实上的歧视"（$de-facto$ discrimination），东道国一方是否存在可以不给予国民待遇的例外情况，等等。深入研究国际投资仲裁庭案件，有助于我国司法实践同国际惯例接轨，有利于法院解决外商投资争端，准确地承认和执行仲裁裁决，更有助于我国企业和政府化解外商投资中的纠纷问题。

另一方面，加快我国内外资法律体系的重构。"外资三法"虽然奠定了早期我国外资法律体系的核心框架，但在1992年至2002年间国内的直接投资立法主要处在双轨制发展期。相比内资企业而言，给予外商投资企业较低的税负、较高的经营管理自主权和优惠，但同时又在投资领域、审批手续等方面对外商投资企业进行较多限制。[②] 2002年后，随着我国加入世界贸易组织和大力实施"走出去"战略，外商投资法律体系系统整合了国内外资立法，从外资企业授权立法转变为真正的外资监管立法。[③] 在我国资本输出国和资本输入国双

---

① 徐崇利：《试论我国对外资实行国民待遇标准的问题》，《国际经济法论丛》1998年第1期，第175—201页；单文华：《我国外资国民待遇制度的发展与完善》，《法学研究》1995年第6期，第52—59页；单文华：《外资国民待遇及其实施条件》，《中国社会科学》，1998年第5期第129—142页；余劲松，《中国发展过程中的外资准入阶段国民待遇问题》，《法学家》2004年第6期，第12—17页；朱文龙，《我国在国际投资协定中对国民待遇的选择》，《河北法学》2014年第3期。

② 单文华：《我国外资国民待遇制度的发展与完善》，《法学研究》1995年第6期，第55页。

③ Wenhua Shan, The Legal Framework of EU-China Investment Relations: A Critical Appraisal (Hart Publishing, 2005), pp. 46—51.

重角色日益明显的今日，当下的外商投资法律体系已不能很好地适应我国当前发展需求，离融入国际投资仲裁领域的通行做法尚有较大差距。采取投资准入模式的变化正代表着重建和融入国际投资新秩序的开始，在此形势下重构我国内外资法律体系已势在必行。国内立法层面，2020年开始，《外商投资法》和《外商投资法实施条例》已生效，配套的《外商投资安全审查条例》等文件尚在酝酿之中。应当及时制定相应法律法规进一步整合碎片化的内外资立法，包括明确《外商投资法》中的未尽事宜，例如，细化国家安全审查制度、"境内"的界定标准、地方政府所负义务等。我国政府应以上海自贸区负面清单为契机，同时探索对外资开放的领域、有关行业的风险评估、负面清单的修订机制等内容。通过成熟完备的国内法制打破外国投资者的准入壁垒，同时辅以高水平的负面清单为本国的外资政策发展预留足够空间。[①] 在国际合作层面，我国政府可创新新一代投资协定，在协定中规定国民待遇的例外情形，改革和完善劳工标准、环境标准、国有企业保护，提高透明度等。以采取准入前国民待遇模式为契机，加速双边及多边投资合作，在遵守投资规则的基础上更好地平衡海外投资者利益和东道国国家权力。

鉴于此，本章从双边投资协定国民待遇条款的适用条件界定、对"相似情形"的界定、对"不低于待遇"的界定以及对例外的界定等方面提出完善建议。

第二节　中国双边投资协定中国民待遇条款的完善路径

一、对适用条件的限定

（一）对"领土"的界定

投资协定文本中，对"领土"范围的界定决定了双边投资协定投资保护的范围及外商投资者可请求赔偿的范围。鉴于近年来因投资或投资者是否位于缔约一国"领土内"引发的争议日渐增多，我国政府在双边投资协定谈判和自由贸易协定谈判中应当谨慎界定"领土"的内涵。对于完善我国双边投资协定中的"领土"界定，保护我国海外投资和海外投资者，笔者有以下两点建议。

---

① 韩冰：《准入前国民待遇与负面清单模式：中美BIT对中国外资管理体制的影响》，《国际经济评论》2014年第6期，第106页。

一方面，我国应重视对投资协定文本的"领土"概念加以界定。自19世纪80年代以来，我国和所有欧盟成员国（除爱尔兰）均已缔结双边投资协定。在这些双边投资协定的投资定义条款中，均辅之以地域范围的要求，即要求在缔约另一方领土内。虽然在近年我国缔结的投资协定中多已加入附有领土范围限制的投资者定义条款，如2012年《中日韩投资保护协定》，但我国早期缔结的投资协定文本中并没有加入该条款，如1985年《中国与泰国双边投资协定》。此外，我国早年缔结的投资协定文本也缺乏对"领土"的界定，而近年缔结的投资协定文本中也呈现类似于2012年《美国双边投资协定范本》中"领土"一词分别对缔约双方而言的具体定义，如2009年《中国与马耳他双边投资协定》。虽然我国目前生效的双边投资协定中对"领土"是否定义以及如何定义的做法并不一致，但观察近年缔结的中外双边投资协定可知，协定中正日渐重视界定"领土"的内涵和外延，单独对其给出定义，而且定义呈现复杂化趋势，结合了缔约东道国国内法与国际法规则要素。[1] 鉴于国际投资仲裁实践通常着重考量文本中明确表达的缔约双方意愿，故建议我国政府在未来的投资协定谈判中，应从自身实际出发，结合我国具体国情，通过修订双边投资协定或者签订投资协定补充议定书的方式，在投资和投资者定义中均明确加入"在缔约另一方境内"的地域范围要求，在文本序言中适时加入"领土"限制，在可请求赔偿的投资范围加入"缔约另一方领土内"的地域限定，以避免盲目地扩大我国双边投资协定的投资保护范围，合理平衡投资者权利保护和东道国主权管制。

另一方面，我国应当重视投资仲裁实践在"领土"界定中的实际联系原则。明晰国际投资仲裁庭界定金融投资位于东道国"领土内"的内涵和外延，熟悉国际投资仲裁的理论与实践规则对于保护我国海外投资者合法权益有着重要意义。2015年4月发布的"中国平安保险公司诉比利时案"裁决给我国海外投资者以一记警醒，表明我国投资者在"走出去"的过程中，对国际投资仲裁规则的准确把握仍有欠缺。

如本书第二章第三节所述，晚近国际投资仲裁规则倾向于通过对"领土"的要求约束仲裁庭滥用管辖权，以平衡东道国和投资者利益。我国投资者应重视"领土"正逐渐成为双边投资协定内生要求这一趋势。尤其是面临投资目的

---

[1] 例如2005年11月21日签订的《中国－马达加斯加双边投资协定》中第1条第4项中对领土的定义为："缔约任何一方的领土（包括领海），以及根据缔约任何一方法律和国际法，在其领海以外拥有勘探、开发海床和底土资源及海底以上水资源的主权权利的任何区域。"

地国与我国缔结的双边投资协定中没有明确规定"领土"要求的情况，投资者在开展跨境金融投资时，仍应重视资金与东道国的实际联系，保障海外投资位于东道国"境内"，从而受到双边投资协定保护。我国企业开展对外投资前，应当重视与投资东道国签订的协议。根据上面国际投资仲裁中界定金融投资是否位于东道国"领土内"采纳的路径，建议投资企业与投资目的国协议中尽量明确投资资金的目的和用途，资金和投资目的国之间的关系，具体的资金流向，对东道国政府的作用，避免部分投资得不到双边投资协定保护的风险。如果涉及集合投资，则注明资金构成，明确投资者。增加对"领土内"的界定实质上加重了投资者的举证责任，因此投资者必须加大对资金流向等内容的重视，并保留凭据。

此外，我国法学界应加强对国际投资仲裁中"领土"问题的实证研究，把握国际投资仲裁规则的新近发展，以利于我国在国际投资仲裁舞台上与国际惯例接轨。同时，争取我国政府应力争双边投资协定谈判中的话语权，尽量在协定中体现和维护我国的国家利益。

（二）最惠国待遇条款限制

在中外双边投资协定中采纳准入前国民待遇条款将为我国海外投资提供更高水平的保护，同时也对准确把握国际投资仲裁规则、国内司法实践与国际规则接轨、地方政府法治化水平提出了更高要求。由于我国签订的双边投资协定中都包含了最惠国待遇条款，[1] 因而只要我国与美国或欧盟等国家签订了包含准入前国民待遇条款的双边投资协定，则所有的缔约相对国都可以依据最惠国待遇的"多边自动传导效应"要求我国对该国投资及投资者提供准入前国民待遇。从"面"上讲，如果不对其中任意环节加以限制，准入前国民待遇将在我国的双边投资协定缔约伙伴国中具有极大的覆盖面。因此，建议我国政府在签订双边投资协定时限定最惠国待遇条款的适用。

具体操作层面，鉴于仲裁庭适用国民待遇条款时倾向于维护投资者利益，建议我国在开展投资协定谈判时慎重选择缔约伙伴国，给予适用准入前国民待遇的双边投资协定缔约伙伴国一个渐进发展过程，从我国主要的对外投资目的地国逐步过渡至我国的其他投资伙伴国。此外，由于最惠国待遇具有回溯性，[2] 故建议我国政府在双边投资协定文本中确定最惠国待遇条款适用的时间

---

[1] Norah Gallagher & Wenhua Shan, Chinese Investment Treaties: Policy and Practice (Oxford University Press, 2009), p. 170.

[2] Tony Cole, The Structure of Investment Arbitration (Routledge, 2013), pp. 83—88.

范围。例如，可以借鉴2004年《加拿大双边投资协定范本》附录"最惠国待遇的例外"中的规定，要求"最惠国待遇不应该适用于在本《协议》生效日以前有效或者签订的所有双边或者多边国际协议所赋予的待遇"①。通过限定最惠国待遇的适用，以限定借最惠国待遇条款获得准入前国民待遇的国家范围。在获得准入前国民待遇的双边投资协定缔约伙伴国方面，可以首先锁定为我国主要的对外投资目的地国。②

（三）"符合东道国法律法规"的限制

中国缔结双边投资协定时应当适当使用"投资应当符合东道国法律法规"的限定。近年来，这项与投资定义有关的限制条件因投资争端中被申请方的抗辩而开始受到密切关注。"北京城建诉也门案"涉及投资是否"符合东道国法律法规"这一争议。大量的双边投资协定在定义"投资"时都要求投资应当"符合东道国法律法规"。

从字面上考察，投资应当"符合东道国法律法规"来源于双边投资协定条款的规定。而从法律渊源的角度看，它被视为源于国际公法对合法性（"legality"）和善意原则（"good faith"）的要求。③ 国际投资保护机制的设立宗旨在于保护合法的、善意的投资，因此无论是违反东道国法律的投资，抑或基于隐匿、腐败等滥用国际投资仲裁机制的投资都不应被纳入保护之列。④ 仲裁实践中，2001年的"Salini诉摩洛哥案"中仲裁庭开创性地对投资条约投资定义条款中的"符合东道国法律"要求进行了解释。⑤ 此后，仲裁庭开始将"符合东道国法律"要求作为确定管辖权时的实质考察要件之一。⑥ 其后的仲裁实践中进一步考察了"符合东道国法律"要求的性质、"东道国法律"的范

---

① Agreement Between Canada and ＿ ＿ for the Promotion and Protection of Investments, Canada, online: http://www.italaw.com/documents/Canada2004-FIPA-model-en.pdf, last visited on May 1, 2021.

② 例如《德国与菲律宾双边投资条约》第1条第1款的投资定义条款中对"符合东道国法律"要求作了规定。

③ Pierre-Emmanuel Dupont, "The Notion of ICSID Investment: Ongoing 'Confusion' or 'Emerging Synthesis'?", *Journal of World Investment & Trade* 12 (2011): 258.

④ Phoenix Action Ltd v. Czech Republic, ICSID Case No. ARB/06/5, Award, 15 April 2009, paras. 100—113.

⑤ Salini Costruttori S. P. A. and Italstrade S. P. A. v. Kingdom of Morocco, ICSID Case No. ARB/00/4, Decision on Jurisdiction, 23 July 2001.

⑥ Christina Knahr, "Investment 'in accordance with host state law'", *Transnational Dispute Management* 4 (2007).

围以及确立"符合东道国法律"要求的标准等相关要素。① 虽然"北京城建诉也门案"的仲裁庭并未对也门政府提出的"北京城建的投资不符合也门法律法规"这一理由展开分析,但投资应当符合东道国法律法规正在仲裁实践中日益受到重视,并成为被申请方的抗辩理由之一。

我国作为对外投资大国,应当合理平衡对外投资保护与对外资的规制权。在界定"适格投资"时,可将"投资应当符合东道国法律法规"作为双边投资协定中的一道"安全阀",在开展谈判和修订协定时予以关注。早在十年前,就有学者强调"东道国法律适用"等"安全阀"对于维护我国国家管理公共利益权力的重要性,因此我国在签订双边投资协定时对此不宜轻易拆除。② 我国签订的部分双边投资协定在国民待遇条款中规定了"不损害其法律和法规"的限定条件。③ 由于我国仍处于发展中国家阶段,在对准入前国民待遇具体适用效果尚不明晰时,继续保留该条件有利于保障我国对外资的合理规制权。

二、对"相似情形"的界定

外国投资和本国投资处于"相似情形"是外国投资获得国民待遇的先决条件之一。但从"量"上讲,绝大多数国际投资协定并没有明确外商投资应该和

---

① 详细论述参见王璐:《论投资条约中的"符合东道国法律"要求——兼论我国在中美投资条约谈判中的立场选择》,《法商研究》2013年第1期,第120页。

② 陈安:《中外双边投资协定中的四大"安全阀"不宜贸然拆除——美、加型BITs谈判范本关键性"争端解决"条款剖析》,《国际经济法学刊》,2006年第1期,第3—37页。陈安:《区分两类国家,实行差别互惠:再论ICSID体制赋予中国的四大"安全阀"不宜贸然全面拆除》,《国际经济法学刊》,2007年第14卷第3期,第56—98页。

③ 这些生效双边投资协定包括1985年《中国与科威特双边投资协定》,1985年《中国与丹麦双边投资协定》,1986年《中国与英国双边投资协定》,1988年《中国与澳大利亚双边投资协定》,1991年《中国与马其顿双边投资协定》,1991年《中国与巴布亚新几内亚双边投资协定》,1993年《中国与斯洛文尼亚双边投资协定》,1994年《中国与冰岛双边投资协定》,1994年《中国与埃及双边投资协定》,1995年《中国与南斯拉夫双边投资协定》,1995年《中国与摩洛哥双边投资协定》,1995年《中国与以色列双边投资协定》,1996年《中国与沙特阿拉伯双边投资协定》,1996年《中国与黎巴嫩双边投资协定》,1997年《中国与加蓬双边投资协定》,1998年《中国与也门双边投资协定》,2000年《中国与刚果双边投资协定》,2001年《中国与尼日利亚双边投资协定》,2001年《中国与缅甸双边投资协定》,2002年《中国与特立尼达和多巴哥双边投资协定》,2005年《中国与比利时双边投资协定》,2005年《中国与朝鲜双边投资协定》,2005年《中国与赤道几内亚双边投资协定》,2005年《中国与马达加斯加双边投资协定》,2006年《中国与俄罗斯双边投资协定》,2007年《中国与法国双边投资协定》,2003年《中国与圭亚那双边投资协定》,2009年《中国与马耳他双边投资协定》,2009年《中国与马里双边投资协定》,2011年《中国与乌兹别克斯坦双边投资协定》,2013年《中国与坦桑尼亚双边投资协定》。

国内投资的哪种水平做比较，即外商投资应该享有国内投资所接受待遇的平均水平还是优于任何国内投资的待遇水平。无论是国际条约文本或者国际投资仲裁实践都更倾向于认为比较对象应该是国内投资的最优待遇水平。例如，《北美自由贸易协定》第1102条第3款明确要求外商投资应当接受同等情况下不得低于该州或省给予本国投资者及投资的最优惠待遇。[①] 在"Pope & Talbot诉加拿大案"和"Feldman诉墨西哥案"中，仲裁庭都确认了《北美自由贸易协定》第1102条第3款的精神，并明确指出外国投资者应当享有不低于处于相似情形的任何国内投资者所接受到的待遇。[②] 可见国民待遇义务从"量"上要求也很高，实为"最优待遇"。

我国幅员辽阔，不同省份的经济、法治发展程度差距较大，对实施准入前国民待遇所做准备的充分程度也有所不同。鉴于双边投资协定对国内法律和经济体制发展具有重要影响，[③] 对此，建议我国细化投资协定文本条款，兼顾较落后省份的开放水平，在接受准入前国民待遇模式时"小步慢走"，完善对于"相似情形"的界定，避免因开放过急带来负面影响。建议我国在缔约时明确将准入前国民待遇限定在"相似情形"的适用前提之下。我国绝大部分纳入了国民待遇条款的双边投资协定没有将可比较的外国投资与本国投资限定在"相似情形"下，[④] 但近年来我国签订的双边投资协定和自由贸易协定开始倾向于在国民待遇条款中加入"相似情形"的限定。判断外国投资与本国投资是否处于"相似情形"时，用于比较的主体即为比较量。[⑤] 国际投资仲裁庭裁决案件时在选择比较量的口径上存在差异，有的裁决倾向于以同一经济部门为标

[①] North American Free Trade Agreement，1 Juanuary 1994，Article 1102 (3)，online：https://www.nafta-sec-alena.org/Home/Legal-Texts/North-American-Free-Trade-Agreement?mvid=1&secid=539c50ef-51c1-489b-808b-9e20c9872d25#A1139,last visited on May 1,2021.

[②] Pope & Talbot, Inc. v. Government of Canada, NAFTA (UNCITRAL), Award on the Merits of Phase 2, 10 April 2001, para 41. See also Marvin Roy Feldman Karpa v. United Mexican States, ICSID Case No. ARB (AF) /99/1, Award, 18 ICSID-Rev. -FILJ 488 (2003).

[③] Stephan W Schill, "Tearing Down the Great Wall: the New Generation Investment Treaties of the People's Republic of China", Cardozo Journal of International Comparative Law 15 (2007): 116.

[④] 除了2007年《中国与韩国双边投资协定》，2008年《中国与墨西哥双边投资协定》，2008年《中国与哥伦比亚双边投资协定》，2012年《中国与加拿大双边投资协定》，2013年《中国与坦桑尼亚双边投资协定》。

[⑤] Kenneth Vandevelde, Bilateral Investment Treaties: History, Policy, and Interpretation (Oxford University Press, 2010), p. 338.

准,^① 有的裁决着眼于外国投资者和本国投资者直接是否存在竞争关系,^② 有的裁决认为东道国规制行为的目的应被纳入考量。^③ 尽管投资仲裁实践对"相似情形"的认定标准不一,我国政府在双边投资协定中将准入前国民待遇限定于处于"相似情形"前提下有助于确定被比较的外国投资者范围不被过度泛化,有助于我国一定程度上保留对外资的规制权。

三、对"不低于待遇"的界定

国际投资仲裁实践在认定东道国是否给予外国投资者不低于本国投资者待遇时,整体而言采取的是倾向于保护外国投资者的路径。如果我国在双边投资协定中接受准入前国民待遇,则从投资目的地国角度进一步扩大了对外国投资者的保护范围,对此应当谨慎对待。鉴于双边投资协定对国内法律和经济体制发展具有重要影响,^④ 建议我国政府在投资协定谈判接受准入前国民待遇扩大投资保护范围时,对协定文本适当加以限制,避免由于开放过急过快而导致类似于阿根廷金融危机时遭遇多起外国投资者提起仲裁的"多米诺骨牌"效应。

如果不在文本中加以限定,则仲裁庭通常认定外国投资者应当享有不低于处于相似情形的任何国内投资者所接受到的待遇。但我国各省经济发展程度差异较大,开放的外资政策将对不同省份造成不同影响,究竟各省间的"回波效

---

① United Parcel Service of America v. Government of Canada, NAFTA (UNCITRAL), Award on the Merits, 24 May 2007.
② S. D. Myers, Inc. v. Canada, NAFTA (UNCITRAL), Partial Award, 13 November 2002, para. 251.
③ United Parcel Service of America v. Government of Canada, NAFTA (UNCITRAL), Award on the Merits, 24 May 2007, para. 175. See Pope & Talbot, Inc. v. Government of Canada, NAFTA (UNCITRAL), Award on the Merits of Phase 2, 10 April 2001, paras. 83—95.
④ Stephan W Schill, "Tearing Down the Great Wall: the New Generation Investment Treaties of the People's Republic of China", *Cardozo Journal of International Comparative Law* 15 (2007): 116.

应"还是"波及效应"更显著有待进一步验证。① 换言之,不同省份执行开放外资政策的积极性可能存在较大差异。地方政府利益不一定与中央政府利益随时保持一致。② 由于地方政府具有一定自主处置事务权力,当二者利益不一致时,则地方政府具有潜在的偏离中央政府政策的动机。③ 各省的法制化进程也各异,一些基层地方政府法制化水平有待提高,对政策的贯彻执行力不够。如果基层地方政府对中央政策执行不力则可能导致将中央政府卷入诉讼的风险。为减缓进一步扩大开放对发展程度相对落后的省份带来的引资冲击,可以借鉴《北美自由贸易协定》第 1102 条第 3 款的表述,即约定"在涉及作为其组成部分省的时候,是指在同等情况下不得低于该省给予其本国投资者及投资的最优惠待遇",把最优待遇的比较对象限定在本省内,保障地方政府调控本辖区范围内外商投资以一定的自由裁量权。

四、对例外的界定

本书第四章第二节提到的国民待遇条款的三类例外,在我国缔结的双边投资协定中常见的为前两类。第一类例外规定缔约方应"尽量"或"尽可能"给予另一方投资者或投资以国民待遇,如 1993 年《中国与冰岛双边投资协定》,这类弹性表述的限制多体现在我国 2000 年前签订的早期双边投资协定中。第二类例外是把提供国民待遇限制在"不损害其法律法规"或"根据东道国法律

---

① 冈纳·缪尔达尔等经济学家考察社会经济发展的循环累积因果关系,针对区域经济发展的不平衡性提出了"回波效应"和"扩散效应"。"回波效应"是指经济活动正在扩张的地点和地区将会从其他地区吸引净人口流入、资本流入和贸易活动,从而加快自身发展,并使其周边地区发展速度降低,它强调的是发达地区对不发达地区经济发展的负面效应;"扩散效应"是指所有位于经济扩张中心的周围地区,都会随着与扩张中心地区的基础设施的改善等情况,从中心地区获得资本、人才等,并被刺激促进本地区的发展,逐步赶上中心地区,它强调的是发达地区对不发达地区经济发展的负面效应。See Gunner Myrdal, *Economic Theory and Underdeveloped Regions*(Duckworth, 1957). Gary L Gaile, "The Spread—Backwash Concept", *Regional Studies* 14 (1980). Thomas Vietorisz & Bennett Harrison, "Labor Market Segmentation: Positive Feedback and Divergent Development", *American Economic Review* 63 (1973): 366—376.

② Chung, J. H, "Studies of Central—Provincial Relations in the People's Republic of China: A Mid—Term Appraisal", *China Quarterly* 142 (1995): 487.

③ Li, Linda Chelan, "Provincial Discretion and National Power: Investment Policy in Guangdong and Shanghai, 1978~1993", *China Quarterly* 152 (1997): 778. Mike W Peng. Mike W Peng, "Modeling China's Economic Reforms through an Organizational Approach: The Case of the MForm Hypothesis", *Journal of Management Inquiry* 5 (1996). Mike W Peng, "Controlling the Foreign Agent: How Governments Deal with Multinationals in a Transition Economy", *Management International Review* 40 (2000): 141.

法规"的前提下，例如 2007 年《中国与法国双边投资协定》，2006 年《中国与俄罗斯双边投资协定》，此类限制最为多见。根据第二类条款指引，投资协定可将外商投资负面清单作为准入前国民待遇的保留体现于我国国内法中。

体现在我国签订的双边投资协定中的投资待遇例外情形则种类较多，包括通过自由贸易区、关税同盟、共同市场协定或避免双重征税协定等安排而产生的优惠，不符措施，战争、武装冲突、公共安全和秩序等。21 世纪以来我国缔结的双边投资协定中也逐渐出现一般例外条款，包括保护本国基本安全利益和维持公共秩序所采取的必要措施。但尚未形成一致做法，例如 2007 年《中国与芬兰双边投资协定》，2014 年《中国与加拿大双边投资协定》中包含一般例外条款，[1] 而 2009 年《中国与俄罗斯双边投资协定》，2010 年《中国与法国双边投资协定》中则没有该条款。整体而言，我国双边投资协定中对国民待遇条款设置例外的重视程度不够，做法缺乏一致性，碎片化情况严重。

为了提高利用外资水平，我国将继续放宽投资准入，扩大对外开放，努力打造国际化、法治化、便利化的营商环境。在进一步扩大开放的背景下，伴随着"一带一路"倡议的不断实施，准入前国民待遇可能成为我国在国际投资法中的"新常态"。[2] 但由于我国仍处于发展中国家阶段，在对准入前国民待遇具体适用效果尚不明晰时，我国在投资条约中不仅需要考虑投资者保护，也应重视东道国权益保护问题。在全面接纳准入前国民待遇之际，建议我国政府在双边投资协定中重视例外条款，降低我国被诉至国际投资争端解决机构风险。笔者对此的具体建议包括以下三个方面内容。

第一，适当构建双边投资协定中国民待遇例外适用路径，合理保留我国主权调控空间。早在 10 年前，就有学者强调"东道国法律适用"等"安全阀"对于维护我国国家公共利益管理公共权力的重要性，因此我国政府在签订双边投资协定时对此类"安全阀"不宜轻易拆除。[3] 在我国现行生效双边投资协定中，仅 1992 年《中国与韩国双边投资协定》未对国民待遇条款加以任何限制。

---

[1] 例如 2006 年《中国与芬兰双边投资协定》，第 3 条第 5、6 款。

[2] Qianwen Zhang, "Opening Pre-establishment National Treatment in International Investment Agreements: An Emerging 'New Normal' in China?", *Asian Journal of WTO & International Health Law and Policy* 11 (2016): 437—476.

[3] 陈安：《中外双边投资协定中的四大"安全阀"不宜贸然拆除——美、加型 BITs 谈判范本关键性"争端解决"条款剖析》，《国际经济法学刊》2006 年第 1 期，第 3—37 页。陈安：《区分两类国家，实行差别互惠：再论 ICSID 体制赋予中国的四大"安全阀"不宜贸然全面拆除》，《国际经济法学刊》2007 年第 3 期，第 56—98 页。

徐崇利教授曾指出这可能是我国政府缔约时的失误。① 而新版2007年《中国与韩国双边投资协定》已经纠正了该问题。对于双边投资协定文本中涉及的国民待遇的三类例外我们应区分对待。其中,"尽量"或"尽可能"给予另一方投资者或投资以国民待遇的规定已实际超出国民待遇原则的限度。② 建议在修订或重新缔结双边投资协定时予以废除。我国签订的部分双边投资协定在国民待遇条款中规定了"不损害其法律和法规"的限定条件。③ 该要求符合我国现阶段的投资利益和实践需要,通过强调对国内法的重视和遵守,加强对外资活动的引导,④ 建议我国政府在未来的投资协定中对此予以保留,或在修订双边投资协定时在文本条款中予以添加。对一般例外应当加以重视。阿根廷金融危机时遭遇被多起外国投资者提起仲裁的"多米诺骨牌"效应,使得国际投资法学界日益重视一般例外条款。而我国现行双边投资协定中对一般例外条款重视程度不够,在双边投资协定中鲜有对涉及国家安全、根本安全利益的除外约定。因此建议我国政府在修订或重新缔结双边投资协定时对不同的例外合理甄别、适当补充。

第二,谨慎明晰例外条款内涵和外延,以应对国际投资仲裁庭对例外条款采取的严格解释路径。在文本中明确例外的自裁性表述。如前面所述,国际投资仲裁庭对于例外条款是否具有自裁性的观点并不一致。但如果文本中具有自

---

① 徐崇利:《试论我国对外资实行国民待遇标准的问题》,《国际经济法论丛》1998年第1期,第182页。

② 徐崇利:《试论我国对外资实行国民待遇标准的问题》,《国际经济法论丛》1998年第1期,第181页。

③ 这些生效双边投资协定包括1985年《中国与科威特双边投资协定》,1985年《中国与丹麦双边投资协定》,1986年《中国与英国双边投资协定》,1988年《中国与澳大利亚双边投资协定》,1991年《中国与马其顿双边投资协定》,1991年《中国与巴布亚新几内亚双边投资协定》,1993年《中国与斯洛文尼亚双边投资协定》,1994年《中国与冰岛双边投资协定》,1994年《中国与埃及双边投资协定》,1995年《中国与南斯拉夫双边投资协定》,1995年《中国与摩洛哥双边投资协定》,1995年《中国与以色列双边投资协定》,1996年《中国与沙特阿拉伯双边投资协定》,1996年《中国与黎巴嫩双边投资协定》,1997年《中国与加蓬双边投资协定》,1998年《中国与也门双边投资协定》,2000年《中国与刚果双边投资协定》,2001年《中国与尼日利亚双边投资协定》,2001年《中国与缅甸双边投资协定》,2002年《中国与特立尼达和多巴哥双边投资协定》,2005年《中国与比利时双边投资协定》,2005年《中国与朝鲜双边投资协定》,2005年《中国与赤道几内亚双边投资协定》,2005年《中国与马达加斯加双边投资协定》,2006年《中国与俄罗斯双边投资协定》,2007年《中国与法国双边投资协定》,2003年《中国与圭亚那双边投资协定》,2009年《中国与马耳他双边投资协定》,2009年《中国与马里双边投资协定》,2011年《中国与乌兹别克斯坦双边投资协定》,2013年《中国与坦桑尼亚双边投资协定》。

④ 王璐:《论投资条约中的"符合东道国法律"要求——兼论我国在中美投资条约谈判中的立场选择》,《法商研究》2013年第1期,第125页。

裁性表述，则仲裁庭通常予以认定东道国对例外的认定权力。因此，对文本中的例外，尤其是涉及国家安全例外，建议加入自裁性表述。此外，建议我国政府在双边投资协定中对待遇条款分别设立例外。由于国际投资仲裁实践对例外条款做严格解释，即若非明确约定，国民待遇条款的例外不可适用于其他待遇条款。因此，建议我国在缔约时应对国民待遇、公平与公正待遇、最惠国待遇单独设置各自的例外情形。

　　第三，结合双边投资协定和国内立法明确国民待遇的例外。第一种方法是以公共政策或者公共利益作为例外保留适用准入前国民待遇的例外。公共政策或公共利益的例外在条约实践和投资仲裁实践中均多次得到认可。例如2008年《德国双边投资协定范本》第3条第3款规定："基于公共安全或秩序不得不采取的措施不应视为构成本条规定的不低于待遇。"① 国际投资仲裁庭在适用国民待遇条款时，也多次肯定在判断认定东道国行为是否符合国民待遇义务的要求时，需要考量该行为的目的是否在于维护东道国公共利益。② 依据《关于解决国家和他国国民之间投资争端公约》第42条，国内立法是解释我国签订的国际条约的重要渊源。③ 因此建议在国内相关立法中考虑将公序良俗、国民健康、避免双重征税协定、知识产权保护、环境保护、区域协调发展等重要目标明确为公共利益或公共政策，作为适用准入前国民待遇的例外使用。

　　化解改革投资者与东道国争端解决机制面临的严重信任危机已迫在眉睫，需要国际社会通过构建更加平衡、具有可持续发展力的国际投资法体系予以达成。面对各国相继退出国际投资争端解决中心框架引发的国际投资仲裁体制信任危机，国际投资法试图在设计上做出适当调整，既对纷繁多变的国际社会新形势做出回应，又体现对东道国利益的更多关注，朝向平衡东道国规制权和投资者合法利益的目标努力，反映出各国政府"为达成更准确的协定，更加注重保证协定用语足以表达国内政策目标，重申和强化国家为维护公共利益采取调

---

① Germany Model BIT 2008, Article 3 (3).

② S. D. Myers, Inc. v. Canada, NAFTA (UNCITRAL), Partial Award, 13 November 2002, para. 250. Pope & Talbot, Inc. v. Government of Canada, NAFTA (UNCITRAL), Award on the Merits of Phase 2.

③ Convention on the Settlement of Investment Disputes between States and Nationals of Other States, Article 42 (1) states that: "The Tribunal shall decide a dispute in accordance with such rules of law as may be agreed by the parties. In the absence of such agreement, the Tribunal shall apply the law of the Contracting State party to the dispute (including its rules on the conflict of laws) and such rules of international law as may be applicable", online: https://icsid.worldbank.org/apps/ICSIDWEB/icsiddocs/Documents/ICSID%20Convention%20English.pdf, last visited on May 1, 2021.

控措施的权力"而做出努力。① 具体到国民待遇的例外设置,即拓展文本内涵,增加例外种类,又收缩规则外延,严格适用路径,以建立一个更加可持续发展的国际投资法体系。其中,防止例外条款的滥用势在必行。在全面接受准入前国民待遇模式之际,我国在投资条款谈判中,应适当构建国民待遇例外条款适用路径,维护我国作为投资东道国的合理规制权。区分对待国民待遇条款的例外、投资待遇条款的例外和一般例外。谨慎明晰例外条款内涵和外延,以应对国际投资仲裁庭对例外采取的严格解释路径。

第三节 完善国内外商投资立法中的国民待遇配套措施

2015年5月18日,联合国贸易和发展会议发布的《全球投资趋势检测报告》(第19期)显示,2014年亚洲国家首次成为全球最大的外国直接投资来源地区。其中,中国内地和香港地区的对外投资共达2660亿美元,使中国继2014年首次超过美国成为全球外商投资第一大目的地国之后,又一跃成为仅次于美国的第二大外国直接投资来源国。商务部发布的数据显示,2014年我国实际对外投资规模首次超过利用外资规模,短短12年时间增长了近40倍。根据《2018年度中国对外直接投资统计公报》,2018年中国对外直接投资(OFDI)1430.4亿美元,同比下降9.6%,流量规模略低于日本,全球排名升至第二位,占全球比重上升至14.1%,创历史新高。② 估计在今后几年,对外投资相比于吸引外资的增速会更快,我国已经成为资本的净输出国。从外商投资大国到对外投资大国,我国在国际投资舞台中的地位正在悄然转变。中国深化改革开放需要国内立法的配套改革。

基于改革开放发展市场经济的经验,结合我国外资政策、市场发展水平,2015年1月,商务部发布了《中华人民共和国外国投资法(草案征求意见稿)》,在内容上明确规定了外资准入、国家安全审查等制度,更好地增加了外国投资的透明与公正性。历经四年多的征求意见和修改论证后,2020年1月1

---

① United Nations Conference on Trade and Development. World Investment Report 2010: Investing in a low-carbon economy. United Nations Publication,2010. 87,online:http://unctad.org/en/Docs/wir2010_en.pdf,last visited on May 1,2021.

② 中华人民共和国中央人民政府网站:"商务部等部门联合发布《2018年度中国对外直接投资统计公报》",http://www.gov.cn/xinwen/2019-09/13/content_5429649.htm,2020年6月15日最后访问。

日,《中华人民共和国外商投资法》生效,取代了 1979 年颁布实施的《中外合资经营企业法》,以及 1986 年和 1988 年出台《外资企业法》和《中外合作经营企业法》(以下简称"外资三法")。2019 年 12 月 12 日国务院第 74 次常务会议通过《中华人民共和国外商投资法实施条例》,[①] 自 2020 年 1 月 1 日起施行。《外商投资法》中的多项重要规定,都对标了国际通行的高标准经贸规则,例如实行负面清单制度,强调对知识产权的保护,提高行政程序透明度,倡导营造公平竞争的投资环境等。《外商投资法》通过与国际规则接轨,进一步推动中国的规则等制度型开放。

《外商投资法》生效后,外资三法正式废除。与新法相配套的,将是对我国外商投资立法的全面梳理,针对大量与新法不一致的下位法及规范性文件开展清理和修订工作。中国自 1982 年与瑞典签订第一个双边投资协定开始,截至 2020 年已签订超过一百个双边投资协定,但直到 2010 年后中国才开始被频繁卷入国际投资仲裁中,可见实践对国际投资立法的回应存在一定"滞后效应"。因此,我国政府在制定《外商投资法》配套立法时应当提前做好规划,兼具资本准入国与资本输出国的思维,准确界定《外商投资法》涉及的关键概念,对标国际通行的高标准经贸规则对于我国实施准入前国民待遇、重构外商投资法律体系尤为重要。

一、完善对"领土"的界定

《外商投资法》第 2 条规定:"在中华人民共和国境内(以下简称中国境内)的外商投资,适用本法。"第 3 条规定:"国家坚持对外开放的基本国策,鼓励外国投资者依法在中国境内投资。"由此可见,外商投资位于中国境内是适用本法的前提条件。除此之外,《外商投资法》第 5 条、第 6 条、第 16 条、第 21 条、第 33 条和第 41 条均提到在中国"境内"的投资。《外商投资法实施条例》也有关于"境内"的规定,如第 12 条规定:"外国投资者以其在中国境内的投资收益在中国境内扩大投资的,依法享受相应的优惠待遇";第 47 条规定:"外商投资企业在中国境内投资,适用外商投资法和本条例的有关规定。"可见在我国的外商投资立法中界定"领土内"与投资定义、投资者定义、外商投资所获待遇等内容息息相关。

[①] 中华人民共和国中央人民政府网站:《中华人民共和国外商投资法实施条例》,http://www.gov.cn/zhengce/content/2019-12/31/content_5465449.htm,2020 年 6 月 15 日最后访问。

但是，与中国缔结的双边投资协定不同，《外商投资法》和《外商投资法实施条例》并未对"境内"的含义予以进一步界定。鉴于"境内"界定引发的国际投资争端日趋争端，加之科学技术的迅猛发展和电子商务的出现模糊了传统的边境界定路径，建议在《外商投资法》配套措施中对于何为"中华人民共和国境内"加以界定，且界定方式宜与我国近年缔结的双边投资协定保持一致性。这样有助于增强外商投资者对其投资行为的可预见性，同时有利于我国国内立法与缔结的国际投资协定接轨并保持协调一致。

二、完善负面清单制度

《外商投资法》第4条规定："国家对外商投资实行准入前国民待遇加负面清单管理制度。""所称负面清单，是指国家规定在特定领域对外商投资实施的准入特别管理措施。国家对负面清单之外的外商投资，给予国民待遇。"外商投资准入特别管理措施包括不符合国民待遇原则的外商投资准入特别管理措施和其他针对外商投资的特别管理措施。外商投资准入特别管理措施目录一般又称为"负面清单"。"负面清单"指向的东道国予以保留的不适用国民待遇的产业和部门，实为"冻结承诺"。原则上东道国不可在负面清单之外增加新的不符措施。负面清单通过使外国投资者迅速确定其投资领域是否面临以及面临怎样的限制和约束，意在增加东道国外商投资管理体制的透明度。

外商投资准入特别管理措施目录明确了外商投资的产业政策。对此，应当做好外商投资准入特别管理措施目录与《外商投资法》的衔接，既保持稳定性也具有灵活性，并且充分重视其透明度。[①] 2013年上海自由贸易区成立以来，我国开始在自由贸易区探索负面清单。其后，每年都由国家发展和改革委员会与商务部联合发布当年的外商投资负面清单。外商投资准入特别管理措施目录的制定标志着我国正式由原来的"准入后国民待遇"开放模式转变为"准入前国民待遇加负面清单"的开放模式。通过修订负面清单，缩短清单的长度，我国以更大力度推进对外开放，推动重点领域开放，是适应经济全球化新形势和国际投资规则变化的制度变革。[②]

毫无疑问，《外商投资法》中对外商投资实行准入前国民待遇加负面清单

---

① 孔庆江：《〈中华人民共和国外商投资法〉与相关法律的衔接与协调》，《上海对外经贸大学学报》2015年第3期，第5—6页。

② 中华人民共和国国务院新闻办公室：《中国与世界贸易组织》白皮书，2018年6月发布，http://www.scio.gov.cn/ztk/dtzt/37868/38521/index.htm，2020年6月15日最后访问。

管理制度的规定对于我国深化对外开放具有举足轻重的意义。但同时也应注意到，我国与准入前国民待遇配套的负面清单制度仍有待完善。一是我国目前公布的负面清单缺乏对各项特别管理措施法律依据的列举，一定程度上有损清单的透明度，对此可考虑借鉴《全面与进步跨太平洋伙伴关系协定》等负面清单发布模式的有益经验，在负面清单目录中增设具体的法律依据作为指引。[1] 二是实现负面清单的可预见性和外商投资立法稳定性间的平衡。《外商投资法》作为法律，自然应当具备稳定性，不宜经常变更。负面清单目录制定的是具体投资产业政策，应当随着形势和政策进行调整。[2] 但是负面清单不仅涉及外商到我国境内的投资，更会影响我国对外开展双边投资协定和国际贸易协定谈判。因此，负面清单的调整频率应当适中，为国际条约谈判留下余地。三是协调中央政府和地方政府在制定负面清单中的角色。《外商投资法》第四条规定："负面清单由国务院发布或者批准发布。"可见，只有国务院才有批准和发布负面清单的权力。而地方政府作为负面清单真正的执行者，应当对中央及时反馈清单实行效果。此外，我国各省的经济发展程度差异很大，同样的清单目录在不同的省适用有可能出现不同的效果，如何兼顾各地之间的发展差异，适时调整清单也是中央政府应当考虑的问题。

完善负面清单制度还要求加强对外商投资事中事后监管的制度建设。针对外商投资保护范围的扩大，我国设立了相应制度加强事中事后监管。但体系设计距离完善监管体系，充分发挥监管机制作用的目标仍是任重而道远。一些省份的社会信用体系规划尚未制定出台，配套的规范性文件和规章制度缺位。多地公共信用信息系统尚未建立，已建立的系统所收集的数据也不全面，更新不及时。信用信息和信用产品的使用严重不足，守信激励和失信惩戒手段较为单一，部门间的联合奖惩机制尚未形成等问题。从近期看，应在强化顶层设计、完善工作机制的同时，健全信用管理制度，构建联合奖惩机制，在重点领域和关键环节推进信用记录和信用报告的应用，在各省信息平台的基础上建立全国统一的公共信用信息平台。从长远看，应扎实推进政务信息和司法信息公开，强化重点部门和行业的信息化建设，加大信用人才培养力度和持续推进诚信文化建设，全面推进社会信用体系建设。反垄断执法方面，多数案件集中在由发

---

[1] 杨荣珍、陈雨：《TPP 成员国投资负面清单的比较研究》，《国际商务（对外经济贸易大学学报）》2017 年第 6 期；盛斌、段然：《TPP 投资新规则与中美双边投资协定谈判》，《国际经济评论》2016 年第 5 期。

[2] 孔庆江：《〈中华人民共和国外商投资法〉与相关法律的衔接与协调》，《上海对外经贸大学学报》2015 年第 3 期，第 6 页。

展改革部门负责的价格反垄断领域，商务部门和工商部门近年来反垄断执法力度渐弱，且透明度不高，主管负责部门自由裁量权较大。在机构改革之后，发改委、商务部和工商局三部门的执法权力统一由市场监管局行使，避免了执法管辖冲突。对于新成立的市场监管局，应及时设立权力清单与负面清单，协调与其他部委之间的关系；规范执法自由裁量权，提高透明度和公平性；制定《反垄断法》配套实施条例和指导性文件，增强其可操作性，以保护市场公平竞争，提高经济运行效率。

三、完善外资国家安全审查制度

由于我国企业近年来赴美开展的并购频频遭遇滑铁卢，[①] 中美双边投资协定谈判的焦点问题之一便是国家安全审查制度。[②] 伴随进一步扩大对外开放，无论是我国企业对外投资遭遇他国的国家安全审查，还是外商投资接受我国的国家安全审查制度，都是学界和实务界的关注焦点。与外资有关的国家安全问题主要是准入问题。[③] 国家安全审查制度是外资准入的门槛，是东道国在外资准入阶段采取的措施，有违反双边投资协定实体待遇条款的风险，因而有学者建议国在签订双边投资协定中排除其适用。[④] 但作为吸收外商投资的"安全阀"，在国内立法中对国家安全审查制度应给予足够重视。

《外国投资法（草案）》用专门章节规定了国家安全审查制度，在我国既有的外资并购安全审查制度之上做出了拓展和延伸。[⑤] 但《外国投资法（草案）》中对国家安全审查享有行政复议和行政诉讼豁免的规定，[⑥] 可能引发外国投资者对安全审查机制公信力的质疑。最终公布的《外商投资法》第35条选择了对外商投资安全审查制度进行原则性规定，而将细化的工作留给了其后的配套立法。《外商投资法》第35条规定："国家建立外商投资安全审查制度，对影

[①] 自2005年中海油对优尼科公司的收购计划因美国联邦贸易委员启动国家安全审查程序被搁浅以来，华为、三一重工等中国企业对美标的的投资并购屡屡遭遇阻挠，多次被美国外资投资委员会依据2007年《外商投资与国家安全法案》，以中国企业的投资可能危害到美国的国家安全为由否决。

[②] 陈辉萍：《中美双边投资条约谈判中的国家安全审查问题》，《国际经济法学刊》2015年第1期，第103页。

[③] UNCTAD，The Protection of National Security in IIAs, 2009, pp. xv—xviii.

[④] 陈辉萍：《中美双边投资条约谈判中的国家安全审查问题》，《国际经济法学刊》2015年第1期，第103—122页。

[⑤] 2006年出台的《关于外国投资者并购境内企业的规定》第12条。

[⑥] 《中华人民共和国外国投资法（草案征求意见稿）》第73条规定："对于依据本章做出的国家安全审查决定，不得提起行政复议和行政诉讼。"

响或者可能影响国家安全的外商投资进行安全审查""依法做出的安全审查决定为最终决定"。可见，构建外商投资的安全审查制度是配合《外商投资法》顺利实施的应有之义。尤其是我国实施准入前国民待遇，进一步扩大对外开放后，加强对外商投资的合理监管对于维护国家安全和经济主权的重要作用进一步凸显。

2015年，国务院办公厅印发了《自由贸易试验区外商投资国家安全审查试行办法》，规定了在自贸区对外资进行国家安全审查的范围、内容、标准和程序，创设了信息联动机制，设计了附条件的监督执行、安审年度报告等事中事后监督管理规则。《外商投资安全审查条例》尚在酝酿之中，并未纳入立法进程。对此，对于外商投资进行国家安全审查的具体细节有待于在《外商投资安全审查条例》中予以明晰。我国政府在制定《外商投资安全审查条例》时，应当做好该《条例》与我国现行立法以及我国缔结的双边投资协定的协调。

一是做好《外商投资安全审查条例》与《外商投资法》《国家安全法》的协调。《外商投资法》第6条规定："在中国境内进行投资活动的外国投资者、外商投资企业，应当遵守中国法律法规，不得危害中国国家安全、损害社会公共利益。"第35条规定："国家建立外商投资安全审查制度，对影响或者可能影响国家安全的外商投资进行安全审查。"均引入了国家安全的概念，但并未对其定义。根据《国家安全法》第3条规定："国家安全工作应当坚持总体国家安全观，以人民安全为宗旨，以政治安全为根本，以经济安全为基础，以军事、文化、社会安全为保障，以促进国际安全为依托，维护各领域国家安全，构建国家安全体系，走中国特色国家安全道路。"可见，国家安全的范围正在拓展，外商投资安全审查也不宜再局限于对并购进行安全审查。[①]《外商投资安全审查条例》宜对国家安全做出界定，并且契合总体国家安全观的要求。

二是做好《外商投资安全审查条例》与我国缔结的双边投资协定的协调。根据我国最新缔结的双边投资协定，即《中国与加拿大双边投资协定》第1条第3款规定，"'措施'包括任何法律、法规、规定、程序、决定、要求、行政行为或实践"，可见"措施"的内涵非常广泛，与国家安全审查有关的法律、法规、程序、要求或做法都属于国际投资协定规定的措施或待遇。因此，对外资并购进行国家安全审查有可能违反我国缔结的国际投资协定，包括国民待遇义务。对此，应当做好国家安全审查制度与我国缔结的国际投资协定中的例外

---

① 孔庆江：《〈中华人民共和国外商投资法〉与相关法律的衔接与协调》，《上海对外经贸大学学报》2015年第3期，第7页。

条款的协调。可行的做法是在制定准入前国民待遇配套的负面清单时,将国家安全审查整体性地列入不适用国民待遇的负面清单,从而将国家安全审查排除出国民待遇义务。①

三是提供对国家安全审查决定的救济渠道。国家安全问题天然带有"政治属性",因此很多国家将国家安全审查排除在了司法审查之外。但为外商投资者提供必要的救济途径是公平正义化解争端的应有之义,② 因此,构建外资准入国民待遇的救济体系具有必要性。具体而言,应当做好国内救济与国际救济、私人诉权与国家诉权、损害赔偿与实际履行、裁判机制与替代机制等制度关系的处理,可从救济平台、诉权分配、诉请内容、救济方法等角度展开。③ 在现有规定尚未对国家安全审查的透明度和可问责性做出实质性制度设计的情况下,有必要通过司法审查监督等国内问责机制、争端解决机制等国际问责机制的双轨制路径加以补充。④

此外,《外商投资法》中关于国民待遇的规定仍有待澄清之处。我国《外商投资法》第4条还规定:"中华人民共和国缔结或者参加的国际条约、协定对外国投资者准入待遇有更优惠规定的,可以按照相关规定执行。"这里的措辞是"可以"而非"应当",对于协调中国的双边投资协定与《外商投资法》中不一样的规定做出了指引。但在具体实践中,什么情况下由哪个部门决定按照我国缔结或参加的国际条约、协定对外国投资者提供更优惠的准入待遇仍需进一步明晰。

本章小结

我国近三十年来缔结了大量双边投资协定,从中国和瑞典签订第一个双边投资协定至今已近40年,现有的一些双边投资协定已难以满足中国企业对外开展投资的需求。鉴于此,我国迫切需要修订和升级现有的双边投资协定,并与重要的投资伙伴国缔结更高水平保护和更开放的双边投资协定,助力"一带一路"建设的开展,也为外资营造更加国际化法治化便利化的营商环境。中国

---

① 陈辉萍:《中美双边投资条约谈判中的国家安全审查问题》,《国际经济法学刊》2015年第1期,第111页。
② 徐树:《外资准入国民待遇的救济体系论》,《环球法律评论》2020年第2期,第165页。
③ 徐树:《外资准入国民待遇的救济体系论》,《环球法律评论》2020年第2期,第162—179页。
④ 陶立峰:《外国投资国家安全审查的可问责性分析》,《法学》2016年第1期,第73页。

与美国的双边投资协定谈判和中国与欧盟的双边投资协定谈判也备受关注。虽然中美双边投资协定谈判由于中美贸易摩擦的影响暂缓，但未来仍有可能重新启动，因为缔结一个权利义务对等的双边投资协定是中美两国共同的心愿。此外，《中欧全面投资协定》在历时七年谈判后终于初步完成文本谈判。若该协定生效，必将对中欧双方吸引外商投资产生积极的影响。

继2007年的"谢业深诉秘鲁案"拉开了我国投资者通过国际仲裁解决投资争端的序幕后，近十年来我国在国际投资仲裁庭所涉的案件数量与日俱增。随着我国"一带一路"重要倡议的实施和"走出去"力度的进一步加大，可预见我国所涉国际投资仲裁案会呈持续上升趋势。在我国涉国际投资仲裁案件的已出裁决中，出现了一些不利于我国或和我国立场相左的裁判。例如，新加坡最高法院上诉法庭对"Sanum诉老挝案"的判决，认定《中国与老挝双边投资协定》适用于澳门，这引发了中国外交部的明确抗议。[①] 此外，我国平安公司在"中国平安保险公司诉比利时案"的管辖权阶段获得了不利判决。我国政府被诉至国际投资仲裁的案件均涉及地方政府的征收行为。这些案件都反映出，我国的政府和企业均需要更加准确地把握国际投资仲裁的理论与实践规则。

在我国成为世界上最主要的资本输入国兼最主要的资本输出国这样"身份混同"的背景下，我国政府应当作为国际投资法体制改革的支持者，思考如何在较好地保留本国政府规制主权的同时，为海外投资者提供更充分的保护。对我国政府而言，在进行国内的投资法改革的过程中，对已有的投资协定进行修订和重新谈判是一种循序渐进的较为稳妥的思路。在投资协定文本的整体构建中，一方面，应在投资协定文本中增加对具体条款的解释，既利于外国投资者对其投资行为后果具有充分的可预见性，又可以限制仲裁庭做出不利于东道国的任意解释，还有利于保障我国文化、法律的多元化。我国政府在缔结双边投资协定时尽量在国民待遇条款的设计上平衡公私冲突，在保护我国海外投资者的同时保留我国政府对外资的规制主权。另一方面，可通过文本条款与仲裁实践相结合的方式，表明我国政府对国际投资仲裁实践所采取的认定路径的态度。尤其是在一些关键问题的界定上，仲裁庭可能存在大相径庭的解释。在国际投资争端解决中心有时意图扩大其管辖权的情况下，我国政府在开展投资协

---

① 外交部："新加坡法院关于中老投资协定适用于澳门特区的认定是错误的"，http://cn.chinadaily.com.cn/2016-10/21/content_27134676.htm. 外交部在发言中特别指出"新加坡法院关于中老投资协定适用于澳门特区的认定是错误的，中央政府对外缔结的投资协定原则上不适用于特区，除非在征询特区政府意见并同有关缔约方协商后另行做出安排。"

定谈判时应当在双边投资协定中尽可能限制仲裁庭对条约解释的权力。[①] 由于我国历史悠久、民族众多,文化、语言都相对复杂,仲裁庭不一定对于我国多元的文化背景有全面的了解,但对于一国签订的双边投资协定进行解释往往又需要结合该国具体国情。如果可借鉴《全面与进步跨太平洋伙伴关系协定》国民待遇条款中文本与仲裁实践结合的做法,对仲裁案件中一些争议概念表明态度,仲裁庭在解释双边投资协定相关条款时,则可能参考我国的解释路径或者相关法律解释,很可能给出更符合我国国情的解释。

准入前国民待遇加负面清单管理模式已成为我国在国际投资仲裁中的"新常态",我国需要从国内和国际两个层面双管齐下,加强对投资协定的规范研究和投资仲裁的实证研究,完善我国直接投资法律体系,逐步统一对内对外的法律法规,融入并构建国际投资新秩序;做好"新常态"时期把握投资机遇,应对投资风险的准备,为"一带一路"倡议的实施提供法律服务和制度保障。此外,企业在开展投资前应当对东道国国内法进行深入研究,并结合国际投资仲裁的案例裁决,充分了解相关的国际法规则,方能在遭遇风险或损失时寻求最有利的救济途径。正如2019年《政府工作报告》中所指出的:"要坚定不移扩大对外开放,稳定产业链供应链,以开放促改革促发展。"

[①] 参见陈辉萍:《ICSID 仲裁庭扩大管辖权之实践剖析——兼评"谢业深案"》,《国际经济法学刊》2010 年第 3 期,第 103 页。

结　论

在投资者与东道国争端解决机制进入多边改革之际，国际投资协定的实体待遇条款改革也成为各国关注的焦点，如何在实体待遇条款中做好投资者保护与东道国规制权的平衡是改革的核心问题。国民待遇作为国际投资协定中最重要的实体条款之一，其内涵及外延正日渐明晰。在内部发展上，近年来国民待遇条款逐渐成为一项重要的独立实体标准，通常表述为"东道国有义务给予外国投资者以及外国投资以不低于在相似情形下给予本国投资者以及本国投资的待遇"。在外部发展上，国际贸易法的国民待遇和国际投资法的国民待遇既密切联系，又存在差异。因均起源于非歧视原则，同样追求自由化的目标，导致二者在准入规则和清单模式上具有相似性。但国际贸易法侧重于宏观目标，强调维护竞争以提高经济效率，需平衡南北矛盾；而国际投资法偏重微观目标，着眼以利益平衡提供投资保护，面对公私冲突。因此，国际贸易法的国民待遇和国际投资法的国民待遇在实践中涉及国民待遇要件构成规则解释上采取路径不同。

国际投资仲裁庭对国民待遇条款的解释路径反映出国际投资法在多元化和一体化之间的平衡。不同国家对国民待遇条款中的"投资"和"投资者"做出不同范围的界定，这与各国自身的文化传统观念、历史背景、经济形势和政治愿景等因素密切相关。探究各国定义投资者国籍原则的路径也可知，各国的政策选择也深受其国家文化影响。例如，英国多年来持续在其殖民地开展了大量投资活动，因此支持采用主要营业地来判断公司国籍，便于英国对殖民地的投资公司享有属人管辖权。此外，"领土"的定义在适用国民待遇条款中的重要性日益凸显也是国际法对多元文化背景的回应之一。一方面，投资形式日益多样化。例如，随着互联网时代的到来，电子商务飞速发展，越来越多的财物交易通过网络达成，大量无形资产的涌现给认定投资是否在领土内带来了一定难度。另一方面，领土形式引发了国际投资仲裁中的诸多领土认定问题，如我国签订的国际投资协定在香港特区、澳门特区的适用问题。国民待遇的例外情形也体现着国际投资法的多元化发展。投资协定中的例外条款基于东道国国内需要，主要包括维护公共政策、经济需要、保护文化遗产等。虽然文化、法律、政策等因素的多元化在一定程度上造成了国际投资法的碎片化，但与此同时，国际投资法的一体化仍在推进。在国民待遇条款的适用上，仲裁庭采用的"三步走"分析法逐渐统一。此外，投资仲裁庭的裁决在认定国民待遇条款的部分要件所采路径上也逐渐趋同。例如，投资仲裁庭多认为外国投资者无须证明东道国对其具有歧视的主观意图。

在平衡投资者利益保护和东道国规制权的问题上，国际投资仲裁庭在适用国民待遇条款时，采取的解释路径倾向于投资者利益的保护。仲裁庭多采用"三步走"法认定东道国的行为是否违反国民待遇义务。首先分析外国投资（者）和国内投资（者）之间是否竞争关系，或者是否处于同一经济领域，来判断二者是否处于相似情形。如果二者处于相似情形，则仲裁庭考察东道国是否给予外国投资者不低于本国投资的待遇。由于仲裁庭普遍认为证明歧视待遇不需要东道国有歧视的意图，外国投资者享有的待遇应不低于处于相似情形的所有国内投资者中的"最优待遇"，这都给予了外国投资者较高的保护水平，并降低了投资者的举证责任。而在量化何种程度的差别待遇构成"事实上的歧视"时，投资仲裁庭采取的路径从"不成比例的优势"到"不合理区分"，再至"实质性影响"，同样趋于加强对投资者的保护。国民待遇原则的例外实为平衡投资者利益和东道国规制权的一项重要设计。国民待遇原则意在防止基于国籍原因对外国投资者的歧视，而国民待遇原则的例外允许投资东道国在特定情形下对外商投资者和本国投资者进行区分，以促成高保护水平的投资条约，建立可持续发展的国际投资法体系。国民待遇的例外为保障东道国的合理规制权提供了基础，但东道国的规制权同样受到约束。为防止例外条款的滥用，国际投资仲裁庭认定国民待遇的例外条款不可溯及既往，在条款效力、适用阶段等问题上均采用严格解释路径。但由于国际投资争端解决中心存在管辖权扩张，且仲裁庭适用条款具有不确定性，东道国的做法是在协定文本中尽量多地纳入例外条款并扩张协定文本例外条款的内涵，以保留东道国对外商投资的规制权。

国际投资仲裁机制在多元化和一体化之间的平衡将经历长远的发展历程。在国际投资仲裁实践呈现碎片化的同时，国际投资协定的区域化和一体化也迅速发展。无论是欧盟对投资法院的设立，还是正在推进的《全面与进步跨太平洋伙伴关系协定》《跨大西洋贸易与投资伙伴协议》等区域经贸协定联盟，抑或在众多学者呼吁建立的投资者与东道国争端解决机制的上诉机制，或许都意味着国际投资法在一体化道路上的可能。而在平衡外国投资者保护和东道国规制权这一对价值时,国际投资仲裁庭由于近年来过度保护外国投资者利益的实践而被抨击正当性缺失。国际投资仲裁庭对东道国是否违反国民待遇采纳的认定路径也反映出维护外国投资者利益的倾向。伴随投资者与东道国争端解决机制的多边改革,后期国民待遇的条约和仲裁实践中呈现重视东道国规制主权的做法。以新近缔结的《全面与进步跨太平洋伙伴关系协定》为例,具体表现为细化国民待遇条款,限制投资者请求,扩增例外条款等。《全面与进步跨太平洋伙伴关系协定》中的国民待遇条款代表着"卡尔沃主义"的回归。作为修正的"卡尔沃主义",这意味着一个权利义务更加平衡,更具备可持续发展力的国际投资法体系正在建立。

我国在国际投资法中的实践日渐增多。在我国成为世界上最主要的资本输入国兼最主要的资本输出国这样"身份混同"的背景下,如何在较好地保留本国政府规制主权的同时,为海外投资者提供更充分的保护已成为我国政府亟须思考和解决的问题。在仲裁实践方面,近年来我国政府和企业涉国际投资仲裁案件与日俱增。我国企业提起的国际投资仲裁案件主要涉及"投资"界定、"领土"界定等国民待遇适用的前提条件问题,而我国政府作为被申请方被诉至国际投资仲裁的案件均涉及地方政府的征收行为,这反映出我国政府和企业把握国际投资规则的能力有待提高。

在文本实践方面,中国缔结的双边投资协定量已位居世界第二,其中超过半数双边投资协定包含了国民待遇条款。面对国际投资法中的多元化和一体化发展进程,鉴于投资仲裁庭表现出的对外国投资者保护的利益倾向,我国在国际投资协定谈判和外商投资立法改革中应当充分考量,做出应对。尤其是在准入前国民待遇加负面清单管理模式成为我国在国际投资协定中的"新常态"这一背景下,在《外商投资法》及其实施条例生效之际,我国的投资协定谈判和修订应当循序渐进、"小步慢走"。我国双边投资协定中国民待遇条款的行为逻辑包括需求、类型和供给三个维度,分别与国家资本流动活跃度,国家利用外资和外商投资比例,国内国际规则差异度密切相关。通过分析改革开放初期、加入世界贸易组织和中美双边投资协定谈判三个时间节点上中国国民待遇的国际和国内法律实践,可以明确中外双边投资协定中的国民待遇条款和中国对外开放发展之间的深刻联系。为合理平衡我国对外开放与规制主权,适当规避我国卷入投资争端风险,我国未来投资协定应对准入前国民待遇中的关键概念做出界定,并通过谨慎明晰准入前国民待遇适用条件,明确国民待遇例外,限定最惠国待遇条款适用等方式,对准入前国民待遇条款的适用加以限定。在外商投资立法中，我国政府也应充分考量国际投资仲裁适用国民待遇条款的规则，完善对"领土"的界定、负面清单制度和外资国家安全审查制度，在吸引外商投资的同时保留对外资的合理规制权。

附　录

国际法院案例

[1] Nottebohm Case (Liechtenstein v. Guatemala), [1955] ICJ Rep 4, online: http://www.icj-cij.org/docket/files/18/2674.pdf.

[2] Barcelona Traction, Light and Power Co Case (Belgium v. Spain), [1970] ICJ Rep 3, online: http://www.icj-cij.org/docket/files/50/5387.pdf.

[3] East Timor (Portuguese. v. Australia), dissenting opinion of Judge Skubiszewski, [1995] ICJ Rep 90, online: http://www.icj-cij.org/docket/files/84/6963.pdf.

[4] Case Concerning Oil Platforms (Iran v. United States of America), [2003] I.C.J. Report, online: http://www.icj-cij.org/docket/index.php?p1=3&p2=3&k=0a&case=90&code=op&p3=4.

[5] Case concerning the Gabcikovo-Nagymoros Project (Hungary v. Slovakia), [1997] I.C.J. Report, online: http://www.icj-cij.org/docket/index.php?p1=3&p2=3&k=8d&case=92&code=hs&p3=4.

[6] Border and Transborder Armed Actions Case (Nicaragua v. Honduras), Jurisdiction and Admissibility, judgment December 20, 1988, ICJ Rep 69, online: https://www.icj-cij.org/en/case/74/judgments.

[7] Certain Questions of Mutual Assistance in Criminal Matters (Djibouti v. France), Judgment, I.C.J. Reports 2008, online: https://www.icj-cij.org/en/case/136/judgments.

[8] SHALIABUDDEEN M. Dissenting opinion of Judge Mohamed

Shahabuddeen, online: https://www.icj-cij.org/public/files/case-related/93/093-19960708-ADV-01-04-EN.pdf.

ICSID & NAFTA 仲裁庭案例

[1] S. D. Myers, Inc. v. Canada, NAFTA (UNCITRAL), Partial Award, 13 November 2002, online: http://ita.law.uvic.ca/documents/SDMeyers-1stPartialAward.pdf.

[2] United Parcel Service of America v. Government of Canada, NAFTA (UNCITRAL), Award on the Merits, 24 May 2007, online: http://icsidfiles.worldbank.org/icsid/ICSIDBLOBS/OnlineAwards/C5546/DC8855_En.pdf.

[3] United Parcel Service of America Inc. v. Government of Canada, NAFTA (UNCITRAL), Separate Statement of Dean Ronald A. Cass, 24 May 2007, online: http://icsidfiles.worldbank.org/icsid/ICSIDBLOBS/OnlineAwards/C5546/DC8855_En.pdf.

[4] Pope & Talbot, Inc. v. Government of Canada, NAFTA (UNCITRAL), Award on the Merits of Phase 2, 10 April 2001, online: http://ita.law.uvic.ca/documents/FinalAward-AwardinRespectofCosts2002_11_26_Pope.pdf.

[5] Mihaly International Corporation v. Democratic Socialist Republic of Sri Lanka, ICSID Case No. ARB/00/2, Award of the tribunal, 15 March 2002, online: http://icsidfiles.worldbank.org/icsid/ICSIDBLOBS/OnlineAwards/C189/DC606_En.pdf.

[6] Fedax NV v. Venezuela, ICSID Case No. ARB/96/3, Decision of the Tribunal on Objections to Jurisdiction, 11 July 1997, online: http://ita.law.uvic.ca/documents/Fedax-March1998.pdf.

[7] SGS Société Générale de Surveillance SA v. Republic of the Philippines, ICSID Case No. ARB/02/6, Decision of the Tribunal on Objections to Jurisdiction, 29 January 2004, online: http://icsidfiles.worldbank.org/icsid/ICSIDBLOBS/OnlineAwards/C6/DC657_En.pdf.

[8] Philippe Gruslin v. The State of Malaysia, ICSID Case No. ARB/99/3,

Award, 27 November 2000, online: http://www.italaw.com/cases/515.

[9] The Canadian Cattlemen for Fair Trade v. United States of America, NAFTA (UNCITRAL), Award on Jurisdiction, 28 January 2008, online: http://www.italaw.com/sites/default/files/case-documents/ita0114.pdf.

[10] Bayview Irrigation District et al v. Mexico, ICSID Case No. ARB (AF) /05/1, Award, 19 June 2007, online: https://icsid.worldbank.org/ICSID/FrontServlet?requestType=CasesRH&actionVal=showDoc&docId=DC653_En&caseId=C246.

[11] Apotex Holdings Inc. and Apotex Inc v. United States of America, ICSID Case No. ARB (AF) /12/1, Award of the Tribunal, 25 August 2014, online: http://icsidfiles.worldbank.org/icsid/ICSIDBLOBS/OnlineAwards/C2080/DC5075_En.pdf.

[12] Cargill Incorporated v. United Mexican States, ICSID Case No. ARB (AF) /05/2, Award, 18 September 2009, online: http://icsidfiles.worldbank.org/icsid/ICSIDBLOBS/OnlineAwards/C60/DC1992_En.pdf.

[13] Grand River v. United States of America, NAFTA (UNCITRAL), Award, 12 January 2011, online: http://www.italaw.com/sites/default/files/case-documents/ita0384.pdf.

[14] Ceskoslovenska Obchodni Banka A.S v. the Slovak Republic, ICSID case No. ARB/97/4, Decision of the Tribunal on Objections to Jurisdiction, 24 May 1999, online: http://icsidfiles.worldbank.org/icsid/ICSIDBLOBS/OnlineAwards/C160/DC556_En.pdf.

[15] Alpha Projektholding GMBH v. Ukraine, ICSID Case No. ARB/07/16, Award, 8 November 2010, online: http://icsidfiles.worldbank.org/icsid/ICSIDBLOBS/OnlineAwards/C108/DC1751_En.pdf.

[16] Abaclat and Others v. The Argentina Republic, ICSID Case No. ARB/07/5, Decision on Jurisdiction, 4 August 2011, online: http://www.italaw.com/sites/default/files/case-documents/ita0236.pdf.

[17] Amco Asia Corporation and others v. Republic of Indonesia, ICSID Case No. ARB/81/21, Decision on Jurisdiction, 10 May 1998, online:

http://icsidfiles.worldbank.org/icsid/ICSIDBLOBS/OnlineAwards/C126/DC663_En.pdf.

[18] Emilio Agustin Maffezini v. Kingdom of Spain, ICSID Case No. ARB/97/7, Decision on Objections to Jurisdiction, online: http://icsidfiles.worldbank.org/icsid/ICSIDBLOBS/OnlineAwards/C163/DC566_En.pdf.

[19] Salini Costruttori S.p.A. and Italstrade S.p.A. v. Kingdom of Morocco, ICSID Case No. /ARB/00/4, Decision on Jurisdiction, 23 July 2001, online: http://www.italaw.com/sites/default/files/case-documents/ita0738.pdf.

[20] Methanex Corporation v. United States of America, NAFTA (UNCITRAL), Final Award, 3 August 2005, online: http://www.italaw.com/sites/default/files/case-documents/ita0529.pdf.

[21] Consortium R.F.C. C v. Kingdom of Morocco, ICSID Case No. ARB/00/6, 2003, Arbitration Award, online: http://icsidfiles.worldbank.org/icsid/ICSIDBLOBS/OnlineAwards/C193/DC613_Fr.pdf.

[22] Champion Trading Company and Ameritrade International, Inc. v. Arab Republic of Egypt, ICSID Case No. ARB/02/9, Award, 27 October 2006, online: http://www.italaw.com/sites/default/files/case-documents/ita0148.pdf.

[23] Bayindir Insaat Turizm Ticaret Ve Sanayi A.S. v. Islamic Republic of Pakistan, ICSID Case No. ARB/03/29, Award, 27 August 2009, online: http://www.italaw.com/sites/default/files/case-documents/ita0075.pdf.

[24] Archer Daniels Midland Company and Tate & Lyle Ingredients Americas, Inc. v. United Mexican States, ICSID Case No. ARB (AF) /04/5, Award, 21 November 2007, online: http://icsidfiles.worldbank.org/icsid/ICSIDBLOBS/OnlineAwards/C43/DC782_En.pdf.

[25] Marvin Feldman v. Mexico, ICSID Case No. ARB (AF) 99/1, Award, 16 December 2002, online: http://icsidfiles.worldbank.org/icsid/ICSIDBLOBS/OnlineAwards/C175/DC587_En.pdf.

[26] Merrill & Ring Forestry L. P. v. Government of Canada, NAFTA (UNCITRAL), ICSID Administrated, Award, 31 March 2010, online: http://icsidfiles. worldbank. org/icsid/ICSIDBLOBS/OnlineAwards/C5406/DC7890 _ En. pdf.

[27] Glamis Gold, Ltd. v. United States, NAFTA (UNCITRAL), Award, 8 June 2009, online: http://www. italaw. com/sites/default/files/case-documents/ita0378. pdf.

[28] Metalclad Corporation v. Mexico, ICSID Case No. ARB (AF) /97/1, Award, 30 August 2000, online: http://icsidfiles. worldbank. org/icsid/ICSIDBLOBS/OnlineAwards/C155/DC542 _ En. pdf.

[29] Tecnicas Medioambientales Tecmed, S. A. v. United Mexico States, ICSID Case No. ARB (AF) /00/2, Award, 29 May 2003, online: http://icsidfiles. worldbank. org/icsid/ICSIDBLOBS/OnlineAwards/C3785/DC4872 _ En. pdf.

[30] CMS Gas Transmission Company v. The Republic of Argentine, ICSID Case No. ARB/01/8, Award, 12 May 2005, online: http://icsidfiles. worldbank. org/icsid/ICSIDBLOBS/OnlineAwards/C4/DC504 _ En. pdf.

[31] Continental Casualty Company v. Argentine Republic, ICSID Case no. ARB/03/9, Award, 5 September 2008, online: http://www. italaw. com/cases/329.

[32] Sempra v. Argentina, ICSID Case No. ARB/02/16, Award, 28 September 2007, online: http://icsidfiles. worldbank. org/icsid/ICSIDBLOBS/OnlineAwards/C8/DC694 _ En. pdf.

[33] Sempra v. Argentina, ICSID Case No. ARB/02/16, Annulment Proceeding, 29 June 2010, online: http://icsidfiles. worldbank. org/icsid/ICSIDBLOBS/OnlineAwards/C8/DC1550 _ En. pdf.

[34] Joseph C. Lemire v. Ukraine, ICSID Case No. ARB/06/18, Award, 28 March 2011, online: http://www. italaw. com/cases/614.

[35] Philip Morris Brand Sàrl (Switzerland), Philip Morris Products S. A. (Switzerland) and Abal Hermanos S. A. (Uruguay) v. Oriental Republic of Uruguay, ICSID Case No. ARB/10/7, Decision on Jurisdiction, 2 July 2013, online: http://icsidfiles. worldbank. org/

icsid/ICSIDBLOBS/OnlineAwards/C1000/DC3592_En.pdf.

[36] El Paso Energy v. Argentina, ICSID Case No. ARB/03/15, Decision on Jurisdiction, 27 April 2006, online: http://www.italaw.com/sites/default/files/case-documents/ita0268_0.pdf.

[37] Asian Agricultural Products Limited v. Democratic Socialist Republic of Sri Lanka, ICSID Case No. ARB/87/3, Final Award, 27 June 1990, online: http://www.italaw.com/sites/default/files/case-documents/ita1034.pdf.

[38] International Thunderbird Gaming Corporation v. Mexico, NAFTA (UNCITRAL), Arbitral Award, 26 January 2006, online: http://www.italaw.com/sites/default/files/case-documents/ita0431.pdf.

[39] Ping An Life Insurance Company of China, Limited and Ping An Insurance (Group) Company of China, Limited v. Kingdom of Belgium, ICSID Case No. ARB/12/29, Award of the Tribunal, 30 April 2015, online: https://icsid.worldbank.org/ICSID/FrontServlet?requestType=CasesRH&actionVal=showDoc&docId=DC5912_En&caseId=C2463.

[40] Tza Yap Shum v. The Republic of Peru, ICSID Case No. ARB/07/6, Award, 12 February 2007, online: https://icsid.worldbank.org/apps/ICSIDWEB/cases/Pages/casedetail.aspx/CaseNo=ARB/07/6/

[41] Beijing Urban Construction Group Co. Ltd. v. Republic of Yemen, ICSID Case No. ARB/14/30, Decision on Jurisdiction, 31 May 2017, online: https://icsid.worldbank.org/en/Pages/cases/casedetail.aspx?CaseNo=ARB/14/30.

[42] Generation Ukraine v. Ukraine, ICSID Case No. ARB/00/9, Award, 16 September 2003, online: https://www.italaw.com/cases/482.

[43] Biwater Gauff v. Tanzania, Award, 24 July 2008, online: https://icsid.worldbank.org/en/Pages/cases/casedetail.aspx?CaseNo=ARB/05/22.

[44] Impregilo S.p.A. v. Argentina, Award, 21 June 2011, online: https://icsid.worldbank.org/en/Pages/cases/casedetail.aspx?CaseNo=ARB/07/17.

[45] Hochtief v. Argentina, Decision on Jurisdiction, 24, October 2011,

online: https://icsid. worldbank. org/en/Pages/cases/casedetail. aspx?CaseNo=ARB/07/31.

[46] Joy Mining Machinery Limited v. The Arab Republic of Egypt, ICSID Case No. ARB/03/11, Award on Jurisdiction, 6 August 2004, online: https://icsid. worldbank. org/en/Pages/cases/casedetail. aspx?CaseNo=ARB/03/11.

[47] Toto Construzioni Generali S. p. A. v. Republic of Lebanon, ICSID Case No. ARB/07/12, Decision on Jurisdiction, 11 September 2009, online: https://icsid. worldbank. org/en/Pages/cases/casedetail. aspx?CaseNo=ARB/07/12.

[48] Saba Fakes v. Turkey, ICSID Case No. A/07/20, Award, 14 July 2010, online: https://icsid. worldbank. org/en/Pages/cases/casedetail. aspx?CaseNo=ARB/07/20.

[49] Consortium Groupement LESI – Dipenta v. People's Democratic Republic of Algeria, ICSID Case No. ARB/03/8, Award, 10 January 2005, online: https://icsid. worldbank. org/en/Pages/cases/casedetail. aspx?CaseNo=ARB/03/8.

[50] Helnan International Hotels A/S v. Arab Republic of Egypt, ICSID Case No. ARB/05/19, Decision of the Tribunal on Objections to Jurisdiction, 17 October 2006, online: https://icsid. worldbank. org/en/Pages/cases/casedetail. aspx?CaseNo=ARB/05/19.

[51] Phoenix Action Ltd v. Czech Republic, ICSID Case No. ARB/06 /5, Award, 15 April 2009, online: https://icsid. worldbank. org/en/Pages/cases/casedetail. aspx?CaseNo=ARB/06/5.

[52] Sempra Energy International v. The Argentine Republic, ICSID Case No. ARB/02/16, Award, 28 September 2007, online:

[53] National Grid P. L. C. v. Argentina Republic, UNCITRAL, Award, 3 November 2008, online: https://www. italaw. com/cases/732.

[54] MTD Equity Sdn Bhd and MTD Chile SA v. Chile, ICSID Case No ARB/01/7, Award, 25 May 2004, online: https://icsid. worldbank. org/en/Pages/cases/casedetail. aspx?CaseNo=ARB/01/7.

[55] Alex Genin, Eastern Credit Limited, INC. and A. S. Baltoil v.

[56] Republic of Estonia, ICSID Case No. ARB/99/2, Award, 25 June 2001, online: https://icsid.worldbank.org/en/Pages/cases/casedetail.aspx?CaseNo=ARB/99/2.

[56] Waguih Elie George Siag & Clorinda Vecchi v. Arab Republic of Egypt, ICSID Case No. ARB/05/15, Award, 1 June 2009, online:

[57] Cervin Investissements S. A. and Rhone Investissements S. A. v. Republic of Costa Rica, ICSID Case No. ARB/13/2, Decision on Jurisdiction, 15 December 2014, online: https://icsid.worldbank.org/en/Pages/cases/casedetail.aspx?CaseNo=ARB/13/2.

[58] Middle East Cement Shipping and Handling Co. S. A. v. Arab Republic of Egypt, ICSID Case No. ARB/99/6, Award of the Tribunal, 12 April 2002, online: https://icsid.worldbank.org/en/Pages/cases/casedetail.aspx?CaseNo=ARB/99/6.

[59] Waguih Elie George Siag & Clorinda Vecchi v. Arab Republic of Egypt, ICSID Case No. ARB/05/15, Award, 1 June 2009, online: https://www.italaw.com/cases/documents/1024.

[60] Siemens A. G. v. Argentine Republic, ICSID Case No. ARB/02/8, Award, 6 February 2007, online: https://icsid.worldbank.org/en/Pages/cases/casedetail.aspx?CaseNo=ARB/02/8.

[61] LG&E Energy Corp., LG&E Capital Corp. and LG&E International Inc. v. Argentine Republic, ICSID Case No. ARB/02/1, Decision on Liability, 3 October 2006, online: https://icsid.worldbank.org/en/Pages/cases/casedetail.aspx?CaseNo=ARB/02/1.

[62] Azurix Corp. v. Argentine Republic, ICSID Case No. ARB/01/12, Award, 14 July 2006, online: https://icsid.worldbank.org/en/Pages/cases/casedetail.aspx?CaseNo=ARB/01/12.

[63] Deutsche Bank AG v. Democratic Socialist Republic of Sri Lanka, ICSID Case No. ARB/09/2, Award, 31 October 2012, online: https://www.italaw.com/cases/documents/1746.

[64] International Thunderbird Gaming Corporation v. United Mexican States, NAFTA/UNCITRAL, Award of 26 January 2006, online: https://www.italaw.com/cases/571.

[65] Philip Morris SARL v. Oriental Republic of Uruguay, ICSID Case No.

ARB/10/7, Award, 8 July 2016, online: https://icsid.worldbank.org/en/Pages/cases/casedetail.aspx?CaseNo=ARB/10/7.

[66] Conocophillips Petrozuata B. V., Conocophillips Hamaca B. V. and Conocophillips Gulf of Paria B. V. v. Bolivarian Republic of Venezuela, ICSID Case No. ARB/07/30, Decision on Jurisdiction and the Merits, 3 September 2013, online: https://icsid.worldbank.org/en/Pages/cases/casedetail.aspx?CaseNo=ARB/07/30.

[67] Saar Papier Vertriebs GmbH v. Republic of Poland, UNCITRAL, Final Award, 16 October 1995, online: https://www.italaw.com/cases/946.

[68] Europe Cement Investment & Trade SA v. Turkey, ICSID Case No. ARB (AF) /07/2, Award of 13 August 2009, online: https://www.italaw.com/cases/documents/422.

WTO 案例

[1] Japan—Taxes on Alcoholic Beverages (complaint by the European Communities), WTO Appellate Body Report, WT/DS8, 10, 11/AB/R, 4 October 1996, online: http://www.wto.org/english/tratop_e/dispu_e/cases_e/ds8_e.htm.

[2] Korea—Measures Affecting Imports of Fresh, Chilled and Frozen Beef, WTO Appellate Body Report, WT/DS161/AB/R, 11 December 2000, online: https://www.wto.org/english/tratop_e/dispu_e/ab_reports_e.htm.

[3] European Communities - Measures Affecting Asbestos and Asbestos-Containing Products, WTO Panel Report, WT/DS135, 12 March 2001, 40ILM1408, online: https://www.wto.org/english/tratop_e/dispu_e/cases_e/ds135_e.htm.

[4] European Communities - Measures Affecting Asbestos and Asbestos-Containing Products, WTO Appellate Body Report, WT/DS135/AB/R, 5 April 2001, online: https://www.wto.org/english/tratop_e/dispu_e/ab_reports_e.htm.

[5] Chile－Taxes on Alcoholic Beverages, WTO Appellate Body Report, WT/DS110, 13 December 1999, online：https://www.wto.org/english/tratop_e/dispu_e/ab_reports_e.htm.

[6] Korea－Taxes on Alcoholic Beverages, WTO Appellate Body Report, WT/DS75/AB/R, 18 January 1999, online：https://www.wto.org/english/tratop_e/dispu_e/ab_reports_e.htm.

[7] United States－Measures Affecting Alcoholic and Malt Beverages (US-Malt Beverages), GATT Panel Report, DS23/R, BISD 39S/206, 19 June 1992, online：https://www.wto.org/english/tratop_e/dispu_e/91alcohm.pdf.

[8] Canada－Certain Measures Affecting Periodicals, WTO Panel Report, WT/DS31, 14 March 1997, online：https://www.wto.org/english/tratop_e/dispu_e/cases_e/ds31_e.htm.

[9] European Communities—Regime for the Importation, Sale and Distribution of Bananas, WTO Appellate Body Report, WT/DS27/AB/R, 25 September 1997, online：https://www.wto.org/english/tratop_e/dispu_e/cases_e/ds27_e.htm.

[10] Mexico－Tax Measures on Soft Drinks and Other Beverages, WTO Panel Report, WT/DS308/R, 24 March 2006, online：https://www.wto.org/english/tratop_e/dispu_e/cases_e/ds308_e.htm.

[11] Thailand－Customs and Fiscal Measures on Cigarettes from the Philippines, WTO Panel Report, WT/DS371/AB/R, 15 July 2011, online：https://www.wto.org/english/tratop_e/dispu_e/cases_e/ds370_e.htm.

[12] European Communities-Measures Prohibiting the Importation and Marketing of Seal Products (EC- Seal Products), WTO Panel Report, WT/DS400/AB/R, 18 June 2014, online：https://www.wto.org/english/tratop_e/dispu_e/cases_e/ds400_e.htm.

[13] Mexico－Tax Measures on Soft Drinks and Other Beverages, WTO Panel Report, WT/DS308/R, 24 March 2006, online：https://www.wto.org/english/tratop_e/dispu_e/cases_e/ds308_e.htm.

[14] United States－Measures Affecting the Cross－Border Supply of Gambling and Betting Services, WTO Appellate Body Report, WT/DS285/AB/R, 20 April 2005, online：https://www.wto.org/english/

tratop_e/dispu_e/cases_e/ds285_e.htm.

[15] Dominican Republic—Measures Affecting the Importation and Internal Sale of Cigarettes, WTO Appellate Body Report, WT/DS302/AB/R, 19 May 2005, online: https://www.wto.org/english/tratop_e/dispu_e/cases_e/ds302_e.htm.

[16] United States—Measures Affecting Alcoholic and Malt Beverages (US—Malt Beverages), GATT Panel Report, DS23/R, BISD 39S/206, 19 June 1992, online: https://www.wto.org/english/tratop_e/dispu_e/91alcohm.pdf.

[17] Brazilian Internal Taxes, GATT Panel Report, BISDII/181, 30 June 1949, online: https://www.wto.org/english/tratop_e/dispu_e/49inttax.pdf.

[18] United States—Taxes on Petroleum and Certain Imported Substances, GATT Panel Report, BISD 34S/136, 17 June 1987, online: https://www.wto.org/english/tratop_e/dispu_e/87superf.pdf.

[19] Japan—Customs Duties, Taxes and Labelling Practices on Imported Wines and Alcoholic Beverages, GATT Panel Report, BITSD 34S/83, 10 November 1987, online: https://www.wto.org/english/tratop_e/dispu_e/87beverg.pdf.

[20] Thailand—Restrictions on Importation of and Internal Taxes on Cigarettes, WTO Panel Report, DS1O/R, BISD 37S/200, 7 November 1990, online: https://www.wto.org/english/tratop_e/dispu_e/90cigart.pdf.

[21] Sweden—Import restrictions on certain footwear, GATT Document 22L/4250, online:.

[22] Russia—Measures concerning Traffic in Transit, WTO Panel Report, WT/DS512/R, 5 April 2019, online: http://www.worldtradelaw.net/reports/wtopanelsfull/russia—trafficintransit(panel)(full).pdf.download#page=0.

其他法院及仲裁庭案例

[1] United Mexican States v. Cargill, Court of Appeal for Ontario,

Incorporated, 210 ONSC 4656.

[2] Occidental Exploration & Prod. Co. v. Republic of Ecuador, London Cout of International Arbitration, Case No. Un 3647, Award, 1 July 2004, online: http://www.italaw.com/sites/default/files/case-documents/ita0571.pdf.

[3] William Ralph Clayton, William Richard Clayton, Douglas Clayton, Daniel Clayton and Bilcon Delaware Inc. v. Government of Canada, PCA Case No. 2009-04, Award on Jurisdiction and Liability, 17 March 2015, online: http://www.italaw.com/sites/default/files/case-documents/italaw4212.pdf.

[4] Saluka v. Czech Republic, UNCITRAL, Partial Award, 17 March 2006, online: http://www.italaw.com/sites/default/files/case-documents/ita0740.pdf.

[5] Sanum Investments Ltd v. Lao People's Democratic Republic, Permanent Court of Aribtration, PCA Case No. 2013-13, Claimant's Statement of Claim and Response on Jurisdiction.

[6] Sanum Investments Ltd v. Lao People's Democratic Republic, Permanent Court of Aribtration, PCA Case No. 2013-13, Award on Jurisdiction.

[7] Government of the Lao People's Democratic Republic v. Sanum Investments Ltd, Singapore High Court, [2015] SGHC 15.

[8] R v. Secretary of State for the Home Department ex p. Gardian (1996) COD 306, CA.

[9] R v. Chief Constable of Sussex ex p. International Traders' Ferry Ltd (1998) QB 477, CA.

[10] Ladd v. Marshall, 1 WLR 1489 (1954) (Lord Denning L. J., dissenting).

[11] Thon Kien Peng & Mah Siew Peun v. Thannimalai A/L Subramaniam, Civil Appeal No. P-04-50-2006, the Court of Appeal Presiding at Putrajaya. Judgment of Abul Malik Bin Ishak, JCA (Dissenting), online: http://www.kehakiman.gov.my/directory/judgment/file/P%2004%202050%202006%20%20Teoh%20Kien%20Peng%20[Thannimalai]%20[Dissenting].pdf.

[12] Natvest Lombard Factors Ltd v. Arbis, The Times, 10 December 1999, Hart J.

[13] Hertfordshire Investments Ltd. v. Bubb And Another, 1 W. L. R. 2318 (2000).
[14] Sara Lee Household & Body Care U. K. Ltd v. Johnson Wax Ltd (2001) Fleet Street Reports 17.
[15] Murphy Exploration and Production Company International v. Republic of Ecuador II, PCA Case No. 2012-16 (formerly AA 434), Partial Final Award, 6 May 2016,
[16] PL Holdings S. A. R. L. v. Republic of Poland, SCC Case No V2014/163, Partial Award, 28 June 2017.
[17] Isolux Infrastructure Netherlands, BV v. Kingdom of Spain, SCC Case No. V2013/153, Dissenting Opinion of Arbitrator Prof. Dr. Guido Santiago Tawil, 12 July 2016.

参考文献

一、著作类

[1] 曾华群. 国际投资法学 [M]. 北京：北京大学出版社，1999.

[2] 余劲松. 国际投资法 [M]. 北京：法律出版社，1999.

[3] 周鲠生. 国际法 [M]. 北京：商务印书馆，1976.

[4] 姚梅镇. 国际投资法 [M]. 武汉：武汉大学出版社，1989.

[5] 池尾和人，财务省财务综合政策研究所. 市场型间接金融的经济分析 [M]. 东京：日本评论社，2006.

[6] 赵维田. 世贸组织（WTO）的法律制度 [M]. 长春：吉林人民出版社，2000.

[7] 卡塞斯. 国际法 [M]. 蔡从燕，等译，北京：法律出版社，2009.

[8] 上海市统计局. 上海统计年鉴 [M]. 上海：上海人民出版社，2001.

[9] 上海市统计局. 上海统计年鉴 [M]. 上海：上海人民出版社，1986.

[10] 张任. 美国对华直接投资：1980－1991 年 [M]. 上海：复旦大学出版社，1993.

[11] 陈安. 国际经济法论丛（第 1 卷）[M]. 北京：法律出版社，1998.

[12] 王西安. 国际条约在中国特别行政区的适用 [M]. 广州：广东人民出版社，2006.

[13] 陈安. 国际投资争端仲裁——"解决投资争端国际中心"机制研究 [M]. 上海：复旦大学出版社，2001.

[14] 陈卫东. WTO 例外条款解读 [M]. 北京：对外经济贸易大学出版社，2002.

[15] DOLZER R，STEVENS M. Bilateral Investment Treaties（2）[M]. Hague：Martinus Nijhoff Publishers，1995.

[16] DOLZER R, SCHREUER C. CSB [M]. Cambridge: Cambridge University Press, 2008.

[17] NEWCOMBE A, PARADELL L. Law and Practice of Investment Treaties: Standards of Treatment [M]. Hague: Kluwer Law International, 2009.

[18] MITCHELL A D, HEATON D, HENCKELS C. Non-Discrimination and the Role of Regulatory Purpose in International Trade and Investment Law [M]. Northampton: Edward Elgar Publishing, 2016.

[19] KINNEAR M N, BJORKLUND A K, HANNAFORD J F G. Investment Disputes under NAFTA: An Annotated Guide to NAFTA Chapter 11 [M]. Hague: Kluwer Law International, 2009.

[20] VANDEVELDE K. Bilateral Investment Treaties: History, Policy, and Interpretation [M]. New York: Oxford University Press, 2010.

[21] ILERIES S. The Service Economy, A Geographical Approach [M]. Hoboken: John Wiley & Sons Ltd, 1996.

[22] LUKE P E. Human Rights and Bilateral Investment Treaties: Mapping the Role of Human Rights Law Within Investor-State Arbitration [M]. Montreal: International Centre for Human Rights and Democratic Development, 2009.

[23] SAUVÉ P, STERN R M, et al. GATS 2000 - New Directions in Services Trade Liberalization [M]. Washington D C: Brooking Institution Press, 2000.

[24] POLLAN T. Legal Framework for the Admission of FDI [M]. Hague: Eleven International Publishing, 2006.

[25] GALBRAITH J K. A History of Economics [M]. London: Penguin, 1987.

[26] BISHOP R D, CRAWFORD J, REISMAN W M. Foreign Investment Disputes: Cases, Materials and Commentary [M]. Hague: Kluwer Law International, 2005.

[27] SEGGER M, GEHRING M, NEWCOMBE A P, et al. Sustainable Development in World Investment Law [M]. Hague: Kluwer Law International, 2011.

[28] BROWNLIE I, et al. Principles of Public International Law (6) [M]. New York: Oxford University Press, 1998.

[29] PAUWELYN J H B, GUZMAN A. International Trade Law [M].

Hague: Wolters Kluwer Law & Business, 2009.

[30] VOON T. Cultural Products in the World Trade Organization [M]. Cambridge: University of Cambridge, 2007.

[31] GARNER B A, et al. Black Law's Dictionary (9) [M]. Toronto: Thomson West Press, 2009.

[32] YANNACA-SMALL K. Arbitration under International Investment Agreements: A Guide to the Key Issues [M]. New York: Oxford University Press, 2010.

[33] SHAN W. The Legal Framework of EU-China Investment Relations: A Critical Appraisal [M]. Oxford: Hart Publishing, 2005.

[34] MARTINEZ-FRAGA, PEDRO J, REETZ C R. Public Purpose in International Law: Rethinking Regulatory Sovereignty in the Global Era [M]. Cambridge: Cambridge University Press, 2015.

[35] BREWER T L, YOUNG S. The Multilateral Investment System and Multinational Enterprises [M]. New York: Oxford University Press, 1998.

[36] LIPSON C. Standing Guard: Protecting Foreign Capital in the Nineteenth and Twentieth Centuries [M]. Oakland: University of California Press, 1985.

[37] SCHRIJVER N. Sovereignty over Natural Resources: Balancing Rights and Duties [M]. Cambridge: Cambridge University Press, 1997.

[38] MALANCZUK P. Akehurst's Modern International Law (7) [M]. London: Routledge, 1997.

[39] PHILIPS C H. The East India Company: 1784-1834 [M]. London: Routledge, 1961.

[40] GALBRAITH J K. A History of Economics [M]. London: Penguin, 1987.

[41] HARTEN G V. Investment Treaty Arbitration and Public Law [M]. New York: Oxford University Press, 2007.

[42] BREWER T L, YOUNG S. The Multilateral Investment System and Multinational Enterprises [M]. New York: Oxford University Press, 1998.

[43] GOODE W. Dictionary of Trade Policy Terms (4) [M]. Cambridge: Cambridge University Press, 2003.

[44] MAS-COLELL A, WHINSTONM D, Green J R. Microeconomic Theory [M]. New York: Oxford University Press, 1995.

[45] DOUGLAS Z. The International Law of Investment Claims [M]. Cambridge: Cambridge University Press, 2009.

[46] Frankel J A. Regional Trading Blocs in the World Economic System [M]. Washington: Institute for International Economics, 1997.

[47] GALLAGHER N, SHAN W. Chinese Investment Treaties: Policy and Practice [M]. New York: Oxford University Press, 2009.

[48] COLE T. The Structure of Investment Arbitration [M]. London: Routledge, 2013.

[49] SAUVANT K, SACHS L. The Effect of Treaties on Foreign Direct Investment: Bilateral Investment Treaties, Double Taxation Treaties, and Investment Flows [M]. New York: Oxford University Press, 2009.

[50] MYRDAL G. Economic Theory and Underdeveloped Regions [M]. London: Gerald Duckworth, 1957.

[51] HIRSCH M. Arbitration Mechanism of the International Center for the Settlement of Investment Disputes [M]. Amsterdam Kluwer Academic Publishers, 1993.

[52] NEWCOMBE A, PARADELL L. Law and Practice of Investment Treaties [M]. Hague: Kluwer Law International, 2009.

[53] REINISCH A, BUNGENBERG M. From Bilateral Arbitral Tribunal and Investment Courts to A Multilateral Investment Court: Options Regarding the Institutionalization of Investor-State Dispute Settlement [M]. Berlin: Springer, 2018.

[54] GARNER B A. Black's Law Dictionary, 2nd edition [M]. St. Paul, Minn.: West Group Publishing, 1910.

[55] GARNER B A. Black's Law Dictionary, 9th edition [M]. St. Paul, Minn.: West Group Publishing, 2009.

二、期刊论文类

[1] 肖军. 国际投资条约中国民待遇条款的解释问题研究——评 Champion Trading Company & Ameritrade International, Inc. 诉埃及案 [J]. 法学评论, 2008 (2): 59-65.

[2] 单文华. 外资国民待遇及其实施条件 [J]. 中国社会科学, 1998 (5):

128-145.

[3] 单文华. 市场经济与外商投资企业的国民待遇研究 [J]. 中国法学, 1994 (5): 24-31.

[4] 单文华. 我国外资国民待遇制度的发展与完善 [J]. 法学研究, 1995 (6): 53-60.

[5] 单文华. 外资国民待遇与陕西的外资政策研究 [J]. 西安交通大学学报 (社会科学版), 2013 (3): 81-88.

[6] 徐崇利. 试论我国对外资实行国民待遇标准的问题 [J]. 国际经济法论丛, 1998 (1): 175-201.

[7] 杨国华. 中美贸易战中的国际法 [J]. 武大国际法评论, 2018 (3): 120-141.

[8] 韩冰. 准入前国民待遇与负面清单模式：中美 BIT 对中国外资管理体制的影响 [J]. 国际经济评论, 2014 (6): 101-110.

[9] 胡家祥. 国际投资准入前国民待遇法律问题探析——兼论上海自贸区负面清单 [J]. 上海交通大学学报（哲学社会科学版）, 2014, 22 (1): 65-73.

[10] 赵竞竞. 银行业外资"准入前国民待遇"制度比较——以上海自贸区的实践为视角 [J]. 国际经贸探索, 2018 (2): 70-83.

[11] 商舒. 中国（上海）自由贸易试验区外资准入的负面清单 [J]. 法学, 2014 (1): 28-35.

[12] 曾华群. 论 WTO 体制与国际投资法的关系 [J]. 厦门大学学报（哲学社会科学版）, 2007 (6): 106-114.

[13] 刘笋. 贸易与投资——WTO 法与国际投资法的共同挑战 [J]. 法学评论, 2004 (1): 98-105.

[14] 吴成贤. GATS 对承诺方式的选择及其分析——兼谈对服务贸易自由化的影响 [J]. 国际经贸探索, 2001, 17 (4): 14-18.

[15] 赵玉敏. 国际投资体系中的准入前国民待遇——从日韩投资国民待遇看国际投资规则的发展趋势 [J]. 国际贸易, 2012 (3): 46-51.

[16] 郑蕴, 徐崇利. 论国际投资法体系的碎片化结构与性质 [J]. 现代法学, 2015, 37 (1): 162-171.

[17] 谢平, 尹龙. 网络经济下的金融理论与金融治理 [J]. 经济研究, 2001 (4): 24-31.

[18] 陈辉萍. ICSID 仲裁庭扩大管辖权之实践剖析——兼评"谢业深案"

[J]. 国际经济法学刊, 2010 (3): 78-105.

[19] 池漫郊. 刍议国际混合仲裁的法律适用——兼论ICSID仲裁庭在"谢业深案"中的法律适用 [J]. 国际经济法学刊, 2010 (3): 122-137.

[20] 沈伟. 论中国双边投资协定中限制性投资争端解决条款的解释和适用 [J]. 中外法学, 2012 (5): 1046-1068.

[21] 王璐. 论投资条约中的"符合东道国法律"要求——兼论我国在中美投资条约谈判中的立场选择 [J]. 法商研究, 2013, 30 (1): 120-126.

[22] 石静霞. "同类产品"判定中的文化因素考量与中国文化贸易发展 [J]. 中国法学, 2012 (3): 50-62.

[23] 王楠. 危急情况之习惯国际法与投资条约中的不排除措施条款——兼论CMS案和LG&E案 [J]. 比较法研究, 2010 (1): 112-121.

[24] 张倩雯. 国际投资仲裁中国民待遇条款的"相似情形"问题研究 [J]. 武大国际法评论, 2015 (2): 294-295.

[25] 王利明. 负面清单管理模式与私法自治 [J]. 中国法学, 2014 (5): 26-40.

[26] 龚柏华. 中国(上海)自由贸易试验区外资准入"负面清单"模式法律分析 [J]. 世界贸易组织动态与研究, 2013 (6): 23-33.

[27] 徐崇利. 试论我国对外资实行国民待遇标准的问题 [A] //陈安. 国际经济法论丛. 法律出版社, 1998 (1): 175-201.

[28] 徐崇利. 经济全球化与国际经济条约谈判方式的创新 [J]. 比较法研究, 2001 (3): 62-71.

[29] 余劲松. 国际投资条约仲裁中投资者与东道国权益保护平衡问题研究 [J]. 中国法学, 2011 (2): 132-143.

[30] 徐程锦. WTO安全例外法律解释、影响与规则改革评析——对"乌克兰诉俄罗斯与转运有关的措施"(DS512)案专家组报告的解读 [J]. 信息安全与通信保密, 2019 (7): 38-51.

[31] 余劲松. 中国发展过程中的外资准入阶段国民待遇问题 [J]. 法学家, 2004 (6): 12-17.

[32] 左海聪. GATT环境保护例外条款判例法的发展 [J]. 法学, 2008 (3): 127-134.

[33] 张倩雯. 国际投资仲裁中跨境金融投资的"境内"认定问题 [J]. 国际经贸探索, 2017, 33 (1): 105-114.

[34] 单文华. 从"南北矛盾"到"公私冲突": 卡尔沃主义的复苏与国际投资

法的新视野[J]. 西安交通大学学报：社会科学版，2008，28（4）：1－15，21.

[35] 韩秀丽. 再论卡尔沃主义的复活——投资者—国家争端解决视角[J]. 现代法学，2014，36（1）：121－135..

[36] 黄志雄. 效率和公平视角下的 WTO 多哈回合谈判与多边贸易体制的完善[J]. 武汉大学学报：哲学社会科学版，2008（5）：694－699.

[37] 谢平，尹龙. 网络经济下的金融理论与金融治理[J]. 经济研究，2001（4）：24－31.

[38] 郭玉军. 论国际投资条约仲裁的正当性缺失及其矫正[J]. 法学家，2011（3）：141－152.

[39] 张倩雯. 国际投资仲裁中的"领土"问题研究及对我国投资仲裁实践的启示[J]. 国际经济法学刊，2016，23（1）：82－103.

[40] 李玉梅，张琦. 中国签署双边投资协定的引资效应——基于 1994－2013 年面板数据的实证分析[J]. 亚太经济，2015（4）：132－137.

[41] 太平，刘宏兵. 签订双边投资协定对中国吸收 FDI 影响的实证分析[J]. 国际商务，2014（4）：53－61.

[42] 李平，孟寒，黎艳. 双边投资协定对中国对外直接投资的实证分析——基于制度距离的视角[J]. 世界经济研究，2014（12）：53－58.

[43] 王鹏. 论国际投资法与国内法的互动[J]. 国际经贸探索，2014，30（9）：85－96.

[44] 周川. 充分发挥沿海开放城市的优势——十四个新开放城市简介[J]. 经济管理，1984（9）：53－59.

[45] 张耀辉. 中美双边投资法律协定对美国对华投资的影响与作用[J]. 上海师范大学学报（社会科学版），1998（4）：52－54.

[46] 张彬. 中美双边货物贸易互补性的演变与分析——基于 1991－2011 年数据的分析[J]. 国际贸易问题，2013（12）：58－67.

[47] 刘红. 日本企业融资模式转换的新进展—从相对型间接金融到市场型间接金融[J]. 时代金融，2012（3）：258－270.

[48] 陈安. 对香港居民谢业深诉秘鲁政府案 ICSID 管辖权裁定的四项质疑——《中国—秘鲁 BIT》适用于"一国两制"下的中国香港特别行政区吗[J]. 国际经济法学刊，2010，17（1）：1－40.

[49] 王海浪. 谢业深诉秘鲁政府案管辖权决定书简评——香港居民直接援用《中国—秘鲁 BIT》的法律依据[J]. 国际经济法学刊（集刊），2010

（1）：41-60.

[50] 漆彤. 论中国在 ICSID 被诉第一案中的仲裁管辖权问题 [J]. 南京大学法律评论，2014（1）：251-264.

[51] 陈安. 中外双边投资协定中的四大"安全阀"不宜贸然拆除——美、加型 BITs 谈判范本关键性"争端解决"条款剖析 [J]. 国际经济法学刊，2006，13（1）：16-50.

[52] 陈安. 区分两类国家，实行差别互惠：再论 ICSID 体制赋予中国的四大"安全阀"不宜贸然全面拆除 [J]. 国际经济法学刊，2007，14（3）：56-98.

[53] 陈辉萍. 中美双边投资条约谈判中的国家安全审查问题 [J]. 国际经济法学刊，2015，22（1）：103-122.

[54] 陶立峰. 外国投资国家安全审查的可问责性分析 [J]. 法学，2016（1）：67-75.

[55] 韩震. 美国自由主义思想的演变 [J]. 国外理论动态，2003（7）：19-22.

[56] 胡伟希. 中国自由主义之父——严复 [J]. 甘肃社会科学，1994（2）：10-16.

[57] 俞祖华，赵慧峰. 近代中国政治自由主义的发展轨迹与演进形态——以近代自由主义的三份标志性文本为中心 [J]. 学术月刊，2012（5）：126-134.

[58] 朱文龙. 国际投资领域投资定义的发展及对中国的启示 [J]. 东方法学，2014（2）：152-160.

[59] 赵骏. 国际投资仲裁中"投资"定义的张力和影响 [J]. 现代法学，2014，36（3）：161-174.

[60] 韩秀丽. 双边投资协定中的自裁决条款研究——由"森普拉能源公司撤销案"引发的思考 [J]. 法商研究，2011（2）：17-24.

[61] 龚柏华. "三共"原则是构建人类命运共同体的国际法基石 [J]. 东方法学，2018（1）：30-37.

[62] 朱文龙. 我国在国际投资协定中对国民待遇的选择 [J]. 河北法学，2014（3）：181-189.

[63] 梁丹妮. 国际投资协定一般例外条款研究——与 WTO 共同但有区别的司法经验 [J]. 法学评论，2014（1）：100-106.

[64] 陶立峰. 投资者与国家争端解决机制的变革发展及中国的选择 [J]. 当

代法学，2019（6）：37-49.

[65] 王鹏. 中立、责任与参与：国际投资仲裁的多边改革与中国对策 [J]. 国际政治研究，2018（2）：107-128.

[66] 杨荣珍，陈雨. TPP 成员国投资负面清单的比较研究 [J]. 国际商务（对外经济贸易大学学报），2017（6）：76-85.

[67] 盛斌，段然. TPP 投资新规则与中美双边投资协定谈判 [J]. 国际经济评论，2016（5）：9-30.

[68] 杜玉琼. 我国自贸区外资国家安全审查程序探析 [J]. 西南民族大学学报（人文社会科学版），2017（11）：86-89.

[69] 徐树. 国际投资仲裁庭管辖权扩张的路径、成因及应对 [J]. 清华法学，2017（3）：185-207.

[70] 徐树. 外资准入国民待遇的救济体系论 [J]. 环球法律评论，2020（2）：162-179.

[71] 张倩雯. 多元化纠纷解决视阈下国际投资仲裁裁决在我国的承认与执行 [J]. 法律适用，2019（3）：114-122.

[72] 赵宏. 疫情防控下个人的权利限缩与边界 [J]. 比较法研究，2020（2）：11-24.

[73] 石静霞. 世界贸易组织上诉机构的危机与改革 [J]. 法商研究，2019（3）：150-163.

[74] 孔庆江.《中华人民共和国外商投资法》与相关法律的衔接与协调 [J]. 上海对外经贸大学学报，2015（3）：5-13.

[75] 曾建知. 国际投资条约一般例外条款研究——兼论我国的选择 [J]. 武大国际法评论，2018（1）：306-326.

[76] 李鸿渊. 论网络主权与新的国家安全观 [J]. 行政与法，2008（8）：120-122.

[77] 邓婷婷. 中欧双边投资条约中的投资者—国家争端解决机制——以欧盟投资法庭制度为视角 [J]. 政治与法律，2017（4）：99-111.

[78] 邓婷婷. 欧盟多边投资法院：动因、可行性及挑战 [J]. 中南大学学报（社会科学版），2019（4）：62-72.

[79] WANG W. Super-national Treatment：A Misconception or A Creation with Chinese Characteristics? [J]. Frontiers l. China，2010，5（1）：376-396.

[80] WANG Z M. Negative List in the SHPFTZ and Its Implications for

China's Future FDI Legal System [J]. Journal of World Trade, 2016, 50 (1): 117-145.

[81] LIPSEY R E, WEISS M Y. Foreign Production and Exports in Manufacturing Industries [J]. The Review of Economies and Statistics, 1981, 66 (2): 488-494.

[82] HUFBAUER G C, LAKDAWALLA D, MALANI A. Determinants of Foreign Direct Investment and Its Concentration to Trade [J]. UNCTAD Review, 1994: 39-51.

[83] PAUWELYN. The Transformation of World Trade [J]. Michigan Law Review, 2005, 104 (1): 1-65.

[84] CIVELLO P. The TRIMs Agreement: A Failed Attempt at Investment Liberalization [J]. Minnesota Journal of Global Trade, 1999, 8 (1): 97-126.

[85] DIEBOLD N F. Standards of Non-Discrimination in International Economic Law [J]. 60 International and Comparative Law Quarterly, 2011, 60: 831-865.

[86] TRACHTMAN J P. Trade in Financial Services under GATS, NAFTA and the EC: A Regulatory Jurisdiction Analysis [J]. Columbia Journal of Transnational Law, 1996, 34 (1): 37-122.

[87] WEBER R, et al. Tensions Between Developing and Traditional GATS Classifications in IT Markets [J]. Hong Kong Law Journal, 2013, 43: 77-110.

[88] WALKER H. Provisions on Companies in United States Commercial Treaties [J]. American Journal of International Law, 1956, 50 (2): 373-393.

[89] ZHANG Q. Opening Pre-establishment National Treatment in International Investment Agreements: An Emerging "New Normal" in China? [J]. Asian Journal of WTO & International Health Law and Policy, 2016, 11 (2): 437-476.

[90] PINCHIS-PAULSEN M. Trade multilaterlism and U. S. National Security: The making of the GATT Security Exception [J]. Michigan Journal of International Law, 2020, 41 (1): 109-193.

[91] WEILER T. Prohibitions Against Discrimination in NAFTA Chapter 11

[J] //WEILER T. NAFTA Investment Law and Arbitration: Pas Issues, Current Practice, Future Prospects. New York: Ardsley: Transnational Publishers, 2004.

[92] VIJAY J, TANG J. Tax Reforms, Debt Shifting and Tax Revenues: Multinational Corporations in Canada [J]. International Tax and Public France, 2001, 8 (1): 5—25.

[93] LEE L J. Barcelona Traction in the 21st Century: Revising its Customary and Policy Underpinnings 35 Years Later [J]. Standford Journal of International Law, 2006, 42 (2): 237—289.

[94] SINCLAIR A C. The Substance of Nationality Requirements in Investment Treaty Arbitration [J]. ICSID Review—Foreign Investment Law Journal, 2005, 20 (2): 357—388.

[95] KNAHR C. Investment "in the Territory" of the Host State [J] //BINDER C. International Investment Law for the 21st Century: Essays in Honour of Christoph Schreuer. New York: Oxford University Press, 2009.

[96] KRONBY M. Cargill v. Mexico: The Territorial Scope of Damages under the NAFTA [J]. Global Trade and Customs Journal, 2013, 8 (10): 359—366.

[97] FRANK S D. The Legitimacy Crisis in Investment Treaty Arbitration: Privatizing Public International Law through Inconsistent Decisions [J]. Fordham Law Review, 2005, 73 (4): 1521—1626.

[98] SZYDLOWSKI G F. The Commoditization of Water: A Look at Canadian Bulk Water Exports, the Taxas Water Dispute, and the Ongoing Battle under NAFTA for Control of Water Resources [J]. Colorado Journal of International Environmental Law and Policy, 2007, 18: 679.

[99] CHEN A. Could China—Peru BIT 1994 Be Applied to Hong Kong Special Administration Region under "One Country, Two Systems? —A Jurisprudential Analysis on the Case of *Tza Yap Shum v. Republic of Peru* [A] //CHEN A. on International Economic Law. Shanghai: Fudan University Press, 2008: 1939—2026.

[100] CHEN A. Queries to the Recent ICSID Decision on Jurisdiction upon

the Case of Tza Yap Shum v. Republic of Peru: Should China-Peru BIT 1994 Be Applied to Hong Kong SAR under the "One Country Two Systems [J]. Journal of World Investment &Trade, 2009, 10 (6): 337-372.

[101] SHAN W. Towards A Balanced Liberal Investment Regime: General Report on the Protection of Foreign Investment, General Report on the Protection of Investment for the XVIIIth International Congress of Comparative Law 2010 Washington DC [J]. ICSID Review: Foreign Investment Law Journal, 2010 (2): 421-497.

[102] WANG H. The (In) applicability of Sino - Foreign BITs to Hong Kong and Macao [J]. Manchester Journal of International Economic Law, 2011, 8 (2): 81-101.

[103] REINISCH A. Back to Basics: From the Notion of "Investment" to the Purpose of Annulment—ICSID Arbitration in 2007 [J]. The Global Community Yearbook of International Law and Jurisprudence, 2008, 2: 1591.

[104] GARCIA-BOLIVAR O E. The Teleology of International Investment Law: The Role of Purpose in the Interpretation of International Investment Agreements [J]. The Journal of World Investment & Trade, 2005, 6: 751-771.

[105] KNAHR C. Investment "in accordance with host state law" [J]. Transnational Dispute Management, 2007, 4 (5).

[106] DOUGHERTY K. Comment - Methanex v. United States: the Realignment of NAFTA Chapter 11 with Environment Regulation [J]. Northwestern Journal of International Law & Business, 2007, 277 (3): 735-754.

[107] BEPPUD. When Cultural Value Justifies Protection: Interpreting the Language of the GATT to Find A Limited Cultural Exception to the National Treatment Principle [J]. Cardozo Law Review, 2008, 29: 634-635.

[108] SABAH B. National Treatment—Is Discriminatory Intent Relevant? [A] //WEILER G, et al. Investment Treaty Arbitration and International Law. JurisNet, LLC, 2008: 284.

[109] HUDEC R E. GATT /WTO Constraints on National Regulation: Requiem for An "Aim and Effect" Test [J]. International Lawyer, 1998, 32: 619—649.

[110] KURTZ J. Adjudging the Exceptional at International Investment Law: Security, Public Order and Financial Crisis [J]. The International and Comparative Law Quarterly, 2010, 59 (2): 325—371.

[111] YELPAALA K. Fundamentalism in Public Health and Safety in Bilateral Investment Treaties (Part II) [J]. Asian Journal of WTO & International Health Law and Policy, 2008, 3 (1): 235—260.

[112] YANG S. China's Administrative Mode for Foreign Investment: from Positive List to Negative List [J]. Singapore Law Review, 2015, 33.

[113] DU M. Treatment No Less Favourable and the Future of National Treatment Obligation in GATT Article III: 4 after EC—Seal Products [J]. World Trade Review, 2015, 15 (1): 139—163.

[114] VANDEVELDE K J. Rebalancing Through Exceptions [J]. Lewis & Clark Law Review, 2013, 17 (2): 449—459.

[115] MANTILLA—SERRANO F. The Effect of Bolivia's Withdrawal From the Washington Convention: Is BIT — Based ICSID Jurisdiction Foreclosed? [J]. Mealey's International Arbitration Report, 2007, 22: 534—535.

[116] KURTZ J. The Delicate Extension of MFN Treatment to Foreign Investors: Maffezini v. Kingdom of Spain [J]. Quintessence of Dental Technology, 1980, 4 (1): 57—61.

[117] SHIHATA I F I. Recent Trends Relating to Entry of Foreign Direct Investment [J]. ICSID Review — Foreign Investment Law Journal, 1994, 9 (1): 47—70.

[118] SCHILL S W. Tearing Down the Great Wall: the New Generation Investment Treaties of the People's Republic of China [J]. Cardozo Journal of International Comparative Law, 2007, 15: 95.

[119] BERGER A. China's New Bilateral Investment Treaty Programme: Substance, Rational and Implications for International Investment Law Making [J]. American Society of International Economic Law Interest Group 2008 Conference in Washington, DC, November. 2008: 12.

[120] BOED R. State of Necessity as A Justification for Internationally Wrongful Conduct [J]. Yale Human Rights and Development Law Journal, 2001, 3 (1): 423—480.

[121] BRUKE – WHITE W W, STADEN A V. Investment Protection in Extraordinary Times: The Implication and Application of Non – Preclude Measures Provisions in Bilateral Investment Treaties [J]. Virginia Journal of International Law, 2008, 48 (2): 307—410.

[122] WALLACE D JR, BAILEY D B. The Inevitability of National Treatment of Foreign Direct Investment with Increasingly Few and Narrow Exceptions [J]. Cornell International Law Journal, 1998, 31 (3): 615—630.

[123] HUDEC R E. Judicialization of GATT Dispute Settlement, In Whose Interest? [A] //HART M M, STEGERS D P. Due Process and Transparency in International Trade. Centre for Trade Policy and Law, 1992: 9—43.

[124] ROESSLER F. Beyond the Ostensible: A Tribute to Professor Robert Hudec's Insights on the Determination of the Likeness of Products under the National Treatment Provisions of the General Agreement on Tariffs and Trade [J]. The Journal of World Investment& Trade, 2003, 37 (4): 771—781.

[125] TRACHTMAN J. FDI and the Right to Regulate: Lessons from Trade Law [A] //UN Conference on Trade & Development. The Development Dimensions of FDI: Policy and Rule – Making Perspectives. New York: United Nations Publication, 2003, 189.

[126] MANN H. The Right of States to Regulate and International Investment Law: A Comment [A] //UN Conference on Trade & Development. The Development Dimensions of FDI: Policy and Rule— Making Perspectives. New York: United Nations Publication, 2003: 189.

[127] SCHNURMANN C. Wherever Profit Leads Us, to Every Sea and Shore…: the VOC, the WIC, and Dutch Methods of Globalization in the Seventeenth Century [J]. Renaissance Studies, 2003, 17 (3): 474—493.

[128] MILES K. International Investment Law: Origins, Imperialism and Conceptualizing the Environment [J]. Colorado Journal of International Environemntal Law and Policy, 2010, 21 (1): 1-47.

[129] BROWER C N, SCHIL S Wl. Is Arbitration a Treat to a Boon to the Legitimacy of International Investment Law? [J]. Chicago Journal of International Law, 2009, 9 (2): 471-498.

[130] BURKE-WHITE W W, STADEN A V. Private Litigation in a Public Law Sphere: The Standard of Review in Investor-state Arbitration [J]. Yale Journal of International Law, 2010, 35: 283-346.

[131] CHAYES A. The Role of the Judge in Public Law Litigation [J]. Harvard Law Review, 1976, 89 (7): 1281-1316.

[132] LEVINSON L H. The Public Law/Private Law Distinction in the Courts [J]. The George Washington Law Review, 1989, 57 (6): 1593.

[133] HARTEN G V, LOUGHLIN M. Investment Treaty Arbitration as a Species of Global Administrative Law [J]. European Journal of Interantional Law, 2006, 17 (1): 121-150.

[134] JOUBIN-BRET A, KALICKI J E. Reshaping the Investor-State Dispute Settlement System-Journeys for the 21st Century [J]. Brill, 2016, 17 (5): 864-870.

[135] MASCIO N D, PAUWELYN J. Nondiscrimination in Trade and Investment Treaties: Worlds Apart or Two Sides of the Same Coin [J]. Amercian Journal of International Law, 2008, 102 (1): 48-89.

[136] DAMRO C. The Political Economy of Regional Trade Agreements [A] //BARTELS L, ORTINO F. Regional Trade Agreements and the WTO Legal System. New York: Oxford University Press, 2010, 26.

[137] CHUNG O. The Lopsided International Investment Law Regime and Its Effect on the Future of Investor-State Arbitration [J]. Virginia Journal of International Law, 2007, 47: 956-957.

[138] SORNARAJAH M. A Coming Crisis: Expansionary Trends in Investment Treaty Arbitration [A] // SAUVANT K P. Appeals Mechanism in International Investment Disputes. New York: Oxford University Press, 2008: 1521-1523.

[139] BROWER C N, BLANCHARD S. What's in a Meme? The Truth about Investor-State Arbitration: Why It Need Not, and Must Not, Be Repossessed by States [J]. Columbia Journal of Transnational Law, 2014, 52 (3): 689-779.

[140] WANG W. Historical Evolution of National Treatment in China [J]. International Lawyer, 2005, 39 (3): 759-779.

[141] CAI C. China-US BIT Negotiations and the Future of Investment Treaty Regime: A Grand Bilateral Bargain with Multilateral Implications [J]. Journal of International Economic Law, 2009, 12 (2): 457-506.

[142] SHAN W, GALLAGHER N, ZHANG S. National Treatment for Foreign Investment in China: A Changing Landscape [J]. ICSID Review, 2012, 27 (1): 120-144.

[143] COUGHLIN W E. The U. S. Bilateral Investment Treaty: An Answer to Performance Requirements? [J] //FISHER B S, TURNER J. Regulating the Multinational Enterprise: National and International Challenges. Westport: Praeger Publishers, 1983.

[144] WANG G. China's Practice in International Investment Law: From Participation to Leadership in the World Economy [A] // ARSANJANI M H. Looking to the Future: Essays on International Law in Honor of W. Michael Reisman. Leiden: Martinus Nijhoff Publishers, 2011: 845-890.

[145] WANG H. The (In) Applicability of Sino-Foreign BITs to Hong Kong and Macao [J]. Manchester Journal of International Economic Law, 2011, 8 (2): 81-101.

[146] QURESHI A H, PARK N. The WTO as A "Facilitator" in the Harmonisation of Domestic Trade Laws [J]. Asian Journal of WTO & International Health Law and Policy, 2013, 8 (1): 217-247.

[147] ALFARO L, CHANDA A, KALEMLI-OZCAN S, SAYEK S. FDI and Economic Growth: The Role of Local Financial Markets [J]. Journal of International Economics, 2004, 64 (1): 89-112.

[148] SCHILL S W. Tearing Down the Great Wall: The New Generation Investment Treaties of the People's Republic of China [J]. Cardozo

Journal of International and Comparative Law,2007,15(1):116.

[149] CHUNG J H. Studies of Central-Provincial Relations in the People's Republic of China: A Mid-Term Appraisal [J]. China Quarterly,1995,142(142):487-508.

[150] LI L C. Provincial Discretion and National Power: Investment Policy in Guangdong and Shanghai,1978—1993 [J]. China Quarterly,1997,(152):778-804.

[151] PENG M W. Modeling China's Economic Reforms Through an Organizational Approach: The Case of the MForm Hypothesis [J]. Journal of Management Inquiry,1996,5(1):45-58.

[152] PENG M W. Controlling the Foreign Agent: How Governments Deal with Multinationals in A Transition Economy [J]. Management International Review,2000,40(2):141-165.

[153] AGRAST M D,BOTERO J C,PONCE A. The World Justice Project Rule of Law Index 2011 Report [J]. The World Justice Project,2011:106.

[154] GORTARI C S D,UNGER R M. The Market Turn Without Neo-liberalism Challenge [J]. Challenge,1999,42(1):14-33.

[155] TAMS J C. An Appealing Option? The Debate about an ICSID Appellate Structure? [J]. Transnational Economic Law,2006(57):1-50.

[156] GAILE G L. The Spread-Backwash Concept [J]. Regional Studies,1980,14(1):15-25.

[157] VIETORISZ T,HARRISON B. Labor Market Segmentation: Positive Feedback and Divergent Development [J]. American Economic Review,1973,63(2):366-376.

[158] BROCHES A. Awards Rendered Pursuant to the ICSID Convention: Binding Force,Finality,Recognition,Enforcement,Execution [J]. ICSID Review—Foreign Investment Law Journal,1987,2(2):287-334.

[159] KANTOR M. Little Has Changed in the New US Model Bilateral Investment Treaty [J]. ICSID Review,2012(2):335-378.

[160] PAPPAS A J. References on Bilateral Investment Treaties [J]. ICSID Review-Foreign Investment Law Journal,1989(1):189-203.

[161] GHAFFARI P. Jurisdictional Requirements under Article 25 of the ICSID Convention: Literature Review [J]. Journal of World Investment & Trade, 2011, 12 (4): 603-625.

[162] DOLZER R. The Notion of Investment in Recent Practice [M] // CHARNOVITZ S, STEGER D, BOSSCHE P V D, et al. Law in the Service of Human Dignity: Essays in Honor of Florentino Feliciano. Cambridge: Cambridge Press, 2005: 261-275.

[163] KRISHNAN D. A Notion of ICSID Investment [J]. Oil, Gas and Energy Law journal, 2009 (6): 314.

[164] DUPONT P E. The Notion of ICSID Investment: Ongoing "Confusion" or "Emerging Synthesis"? Journal of World Investment & Trade, 2011, 12 (2): 245-272.

[165] MARKERT L. The Crucial Question of Future Investment Treaties: Balancing Investors Rights and Regulatory Interests of Host States [J] // BUNGENBERG M, GRIEBEL J, HINDELANG S, et al. European Yearbook of International Economic Law, Special Issue: International Investment Law and EU Law. New York: Springer, 2011.

[166] ALI N M. Appropriate Comparator in National Treatment under International Investment Law: Relevance of GATT/WTO, EU and International Human Rights Jurisprudences [J]. University of Dundee, 2014.

[167] ZHANG Q. China's "new normal" in International Investment Agreements [J]. Columbia FDI Perspectives. No. 174, May 23, 2016.

[168] ZHANG S. The China-United States BIT Negotiations: A Chinese Perspective [J]. Columbia FDI Perspective, 6 January 2014.

三、研究报告

[1] United Nations Conference on Trade and Development. World Investment Report 2016: Investment Nationality: Policy Challenges [R]. Geneva: United Nations Publication, 2015.

[2] United Nations Conference on Trade and Development. World Investment

Report 1996: Investment, Trade and International Policy Arrangements [R]. Geneva: United Nations Publication, 1996.

[3] United Nations Conference on Trade and Development. Admission and establishment, UNCTAD Series on Issues in International Investment Agreements [R]. Geneva: United Nations Publication, 2002.

[4] United Nations Conference on Trade and Development. Bilateral Investment Treaties 1995-2006: Trends in Investment Rulemaking [R]. Geneva: United Nations Publications, 2007.

[5] ICSID. Report of the Executive Directors on the Convention 42 [EB/OL]. [2021-5-1]. http://icsid.worldbank.org/ICSID/StaticFiles/basicdoc/CRR English-final.pdf.

[6] United Nations Conference on Trade and Development. World Investment Report 2019: Investment and New Industrial Policies [R]. Geneva: United Nations Publication, 2018.

[7] United Nations Conference on Trade and Development. Declaration on International Investment and Multinational Enterprises [R]. Geneva: United Nations Publication, 1996.

[8] United Nations General Assembly. Questions of Western Sahara [R]. Geneva: General Assembly Resolution, 1980.

[9] United Nations General Assembly. Declaration on Principles of International Law Concerning Friendly Relations and Co-operation among States [R]. Geneva: General Assembly Resolution, 1970.

[10] GATT. Report of the Working Party: Border Tax Adjustments [R]. Geneva: GATT, 1970.

[11] United Nations Conference on Trade and Development. Preserving Flexibility in IIAs: the Use of Reservations [R]. Geneva: United Nations publication, 2006.

[12] United Nations Conference on Trade and Development. The Protection of National Security in IIAs, UNCTAD Series on International Investment Policies for Development [R]. Geneva: United Nations publication, 2009.

[13] United Nations Conference on Trade and Development. World Investment Report 2013: Global Value Chains: Investment and Trade

for Development [R]. Geneva: United Nations Publication, 2012.

[14] International Law Commission. Fragmentation of International Law: Difficulties Arising from the Diversification and Expansion of International Law [R]. Geneva: United Nations Publication, 2006.

[15] United Nations Conference on Trade and Development. Trends in International Investment Agreements: An Overview [R]. Geneva: United Nations Publication, 1999.

[16] United Nations Conference on Trade and Development. World Investment Report 1998: Trends and Determinants [R]. Geneva: United Nations Publication, 1998.

[17] United Nations Conference on Trade and Development. World Investment Report 2008: Transnational Corporations, Extractive Industries and Development [R]. Geneva: United Nations Publication, 2008.

[18] United Nations Conference on Trade and Development. Reforming International Investment Governance [R]. Geneva: United Nations Publication, 2015.

[19] United Nations Conference on Trade and Development. World Investment Report 2010: Investing in a Low-carbon Economy [R]. Geneva: United Nations Publication, 2010.

[20] United Nations Conference on Trade and Development. World Investment Report 2014: Investing in the SDGs: An Action Plan [R]. Geneva: United Nations Press, 2014.

[21] HOWSE R, TEITEL R G. Beyond the Divide: The Covenant on Economic, Social and Cultural Rights and the World Trade Organization [R]. Geneva: Friedrich-Ebert-Stiftung, 2007.

[22] WTO Secretariat. The World Trade Report 2003 [R]. Geneva: World Trade Organization, 2003.

[23] WTO Secretariat. The World Trade Report 2009 [R]. Geneva: World Trade Organization, 2009.

[25] United Nations Conference on Trade and Development. The Protection of National Security in IIAs [R]. New York and Geneva: United Nations Press, 2009.

四、其他

[1] 王鹏. 中韩自贸协定：提升两国经贸法治化程度［N］. 法制日报，2015－6－9.

[2] 中华人民共和国商务部条约法律司. 我国对外签订双边投资协定一览表［EB/OL］. （2016－12－12）［2023－11－15］. http：//tfs. mofcom. gov. cn/article/Nocategory/201111/20111107819474. shtml.

[3] 中华人民共和国商务部. 商务部新闻发言人沈丹阳就中美积极推进投资协定谈判发表谈话［EB/OL］. （2013－7－12）［2023－11－15］. http：//www. mofcom. gov. cn/article/ae/ag/201307/20130700196677. shtml.

[4] 新华网. 中美战略与经济对话经济成果丰硕［EB/OL］. （2013－7－13）［2023－11－15］http：//www. xinhuanet. com/world/2013－07/13/c_116520838. htm.

[5] 联合国国际贸易法委员会. 投资人与国家间争端解决制度可能的改革中国政府提交的意见书［EB/OL］. （2019－7－19）［2023－11－15］. https：//uncitral. un. org/sites/uncitral. un. org/files/wp117c. pdf.

[6] 人民网. 商务部：已有77个国家采用准入前国民待遇和负面清单模式［EB/OL］. （2013－7－12）［2023－11－15］. http：//finance. people. com. cn/n/2013/0712/c1004－22173506. html.

[7] 中华人民共和国国家统计局. 2013年世界经济回顾及2014年展望［EB/OL］. （2014－2－27）［2023－11－15］. http：//www. stats. gov. cn/sj/zxfb/202302/t20230203_1898458. html.

[8] 国家发展和改革委员会. 利用外资"十一五"规划［EB/OL］. （2007－9－29）［2023－11－15］. https：//www. ndrc. gov. cn/fggz/fzzlgh/gjjzxgh/200709/P020191104622949006033. pdf.

[9] 中华人民共和国商务部，Foreign Affairs and International Trade Canada. 中国—加拿大经济互补性研究［EB/OL］. （2012－8－15）［2023－11－15］. http：//www. mofcom. gov. cn/accessory/201208/1345032346970. pdf.

[10] 新华网. 习近平首次系统阐述"新常态"［EB/OL］. （2014－11－9）［2023－11－15］. http：//www. xinhuanet. com//world/2014－11/09/c_1113175964. htm.

[11] 中青在线. 40次国务院常务会议21次强调"简政放权"[EB/OL].（2015－1－9）[2023－11－15]. http://zqb.cyol.com/html/2015－01/09/nw.D110000zgqnb_20150109_2－07.htm.

[12] 中华人民共和国中央人民政府. 李克强作政府工作报告（文字实录）[EB/OL].（2016－3－5）[2023－11－15]. https://www.gov.cn/guowuyuan/2016－03/05/content_5049372.htm?wecha_id=0.

[13] 中国人民银行. 关于做好个人征信业务准备工作的通知[EB/OL].（2015－1－5）[2023－11－15]. http://www.pbc.gov.cn/goutongjiaoliu/113456/113469/2810004/index.html.

[14] 新华网. 李克强会见欧盟委员会副主席、外交和安全政策高级代表莫盖里尼[EB/OL].（2015－5－6）[2023－11－15]. http://www.xinhuanet.com/politics/2015－05/06/c_1115201066.htm.

[15] 中华人民共和国商务部. 中韩自贸协定正式签署[EB/OL].（2015－6－1）[2023－11－15]. http://www.mofcom.gov.cn/article/ae/ai/201506/20150600996379.shtml.

[16] 中华人民共和国国务院新闻办公室. 商务部预测2015年中国对外投资规模或超吸收外资规模[EB/OL].（2014－10－21）[2023－11－15]. http://www.scio.gov.cn/gxzt/xwfbzt/2014/gxbjxxxdbjwtzglbfqkfbh/xgbd_20094/202209/t20220920_393222.html.

[17] 中华人民共和国商务部. 中华人民共和国外国投资法（草案征求意见稿）及中华人民共和国外国投资法（草案征求意见稿）说明[EB/OL].（2015－1－19）[2023－11－15]. http://tfs.mofcom.gov.cn/article/as/201501/20150100871010.shtml.

[18] 中华人民共和国全国人民代表大会. 关于《中华人民共和国网络安全法（草案）》的说明[EB/OL].（2017－2－20）[2023－11－15]. http://www.npc.gov.cn/npc/c1773/c1849/c6680/c33634/c33635/201905/t20190521_262627.html.

[19] 中华人民共和国中央人民政府. 中国企业对"一带一路"沿线国家投资累计超1000亿美元[EB/OL].（2019－9－30）[2023－11－15]. https://www.gov.cn/xinwen/2019－09/30/content_5435149.htm.

[20] 央广网. 1－10月我国对外投资合作稳中有进 对"一带一路"国家新增投资114.6亿美元[EB/OL].（2019－11－14）[2023－11－15]. http://finance.cnr.cn/gundong/20191114/t20191114_524858538.

shtml.

[21] 中国日报网. 外交部：新加坡法院关于中老投资协定适用于澳门特区的认定是错误的[EB/OL]. (2016-10-21)[2023-11-15]. http://cn.chinadaily.com.cn/2016-10/21/content_27134676.htm.

[22] 中华人民共和国国务院新闻办公室.《中国与世界贸易组织》白皮书[EB/OL]. (2018-6)[2023-11-15]. http://www.scio.gov.cn/ztk/dtzt/37868/38521/index.htm.

[23] 中华人民共和国政府网. 国家发展改革委印发《关于应对疫情进一步深化改革做好外资项目有关工作的通知》[EB/OL]. (2020-3-12)[2023-11-15]. https://www.gov.cn/xinwen/2020-03/12/content_5490205.htm.

[24] 中华人民共和国中央人民政府网. 商务部等部门联合发布《2018年度中国对外直接投资统计公报》[EB/OL]. (2019-9-13)[2023-11-15]. http://www.gov.cn/xinwen/2019-09/13/content_5429649.htm.

[25] ALAN B, FRANCES W. Doha Trade Talks Collapse [EB/OL]. (2008-7-20)[2023-11-15]. https://www.ft.com/content/0638a320-5d8a-11dd-8129-000077b07658.

[26] YOO J, DELAHUNTY R J. How to Make China Pay for COVID-19, The American Enterprise Institute, https://www.aei.org/op-eds/how-to-make-china-pay/.

[27] OECD. Treatment of Investors and Investments (Pre/Post-Establishment)[EB/OL]. (1995-10-11)[2023-11-15]. http://www1.oecd.org/daf/mai/pdf/ng/ng953e.pdf.

[28] European Commission. Multilateral Investment Court Project [EB/OL]. [2023-11-15]. https://policy.trade.ec.europa.eu/enforcement-and-protection/multilateral-investment-court-project_en.

[29] European Commission. Concept Paper: Investment in TTIP and Beyond-the Path for Reform [EB/OL]. (2015-5-5)[2021-5-1]. http://trade.ec.europa.eu/doclib/docs/2015/may/tradoc_153408.PDF.

[30] World Health Organization. Advice on the Use of Masks in the Context of COVID-19 [EB/OL]. (2020-8-21)[2023-11-15]. https://www.who.int/publications/i/item/WHO-2019-nCoV-IPC_Masks-Children-2020.1.

[31] European Commission. EU and 15 World Trade Organization Members Establish Contingency Appeal Arrangement for Trade Disputes [EB/OL]. (2020－3－27) [2023－11－15]. https：//ec. europa. eu/commission/presscorner/detail/en/IP＿20＿538.

[32] Australian Government Foreign Investment Review Board. Temporary Measures in Response to the Coronavirus [EB/OL]. (2020－9－3) [2023－11－15]. https：//foreigninvestment. gov. au/sites/firb. gov. au/files/guidance－notes/GN53％20％20－％20Temporary％20measures％20in％20response％20to％20coronavirus. pdf.

[33] United Nations Conference on Trade and Development. UNCTAD Expert Meeting on Taking Stock of IIA Reform [EB/OL]. (2016－3－16) [2023－11－15]. https：//worldinvestmentforum. unctad. org/sites/wif/files/documents/Statement－UNCITRAL. pdf.

[34] BERNASCONI－OSTERWALDER N. The Draft Investment Chapter of the Canada－EU Comprehensive Economic and Trade Agreement：A Step Backwards for the EU and Canada？ [EB/OL]. [2021－5－1]. http：//www. iisd. org/itn/2013/06/26/the－draft－investment－chapter－of－canada－eu－comprehensive－economic－and－trade－agreement－a－step－backwards－for－the－eu－and－canada/.

[35] Drafters' Note on Interpretation of "In Like Circumstances" Under Article 9. 4 (National Treatment) and Article 9. 5 (Most－Favoured－Nation Treatment) [EB/OL]. [2023－11－15]. https：//www. mfat. govt. nz/assets/Trade－agreements/CPTPP/Interpretation－of－In－Like－Circumstances. pdf.

[36] ROSEN D H, HANEMANN T. New Realities in the US－China Investment Relationship, April 2014 [EB/OL]. (2014－4) [2023－11－15]. https：//www. uschamber. com/sites/default/files/documents/files/RHG＿New％20Realities＿29April2014. pdf.

[37] United Nations Conference on Trade and Development. Investment by South TNCs Continues to Grow：Developing Asia Became the World's Largest Investor Region [EB/OL]. (2015－5－18) [2023－11－15]. http：//unctad. org/en/PublicationsLibrary/webdiaeia2015d2＿en. pdf.

[38] ICSID Secretariat Discussion Paper. Possible Improvements of the Framework

for ICSID Arbitration [EB/OL]. (2004-10-22) [2023-11-15]. http://icsid. worldbank. org/ICSID/FrontServlet? requestType = ICSIDPublicationsRH&actionVal=ViewAnnouncePDF&AnnouncementType＝archive&AnnounceNo=14_1. pdf.

[39] China Center for International Economic Exchanges. Persistently Developing the China-US Reciprocal Economic and Trade Relationship [EB/OL]. (2012-7-3) [2023-11-15]. http://english. cciee. org. cn/Detail. aspx? newsId=4991.

[40] MALNIK M. Fair and Equitable Treatment (Foreign Investment for Sustainable Development Program, Best Practices Bulletin #3) [EB/OL]. (2009-9) [2023-11-15]. https://www. iisd. org/system/files/publications/best_practices_bulletin_3. pdf.

[41] World Health Organization. Statement on the Second Meeting of the International Health Regulations (2005) Emergency Committee Regarding the Outbreak of Novel Coronavirus (2019-nCoV) [EB/OL]. (2020-1-30) [2023-11-15]. https://www. who. int/news-room/detail/30-01-2020-statement-on-the-second-meeting-of-the-international-health-regulations-(2005)-emergency-committee-regarding-the-outbreak-of-novel-coronavirus-(2019-ncov).

[42] Garrigues. Spain: Royal Decree-Law 8/2020 of March 17, 2020 Launches Urgent and Extraordinary Measures to Confront the Economic and Social Impact of COVID-19 [EB/OL]. (2020-3-18) [2023-11-15]. https://www. garrigues. com/en_GB/new/spain-royal-decree-law-82020-march-17-2020-launches-urgent-and-extraordinary-measures-confront.

[43] Consult-Myanmar. MIC to Accelerate Approvals for Labour-intensive, Healthcare Investments [EB/OL]. (2020-4-24) [2023-11-15]. https://www. consult-myanmar. com/2020/04/24/mic-to-accelerate-approvals-for-labour-intensive-healthcare-investments/.

[44] United Nations Conference on Trade and Development. Investment by South TNCs Continues to Grow: Developing Asia Became the World's Largest Investor Region, Global Investment Trends Monitor [EB/OL]. (2015-5-18) [2023-11-15]. https://unctad. org/system/files/official-document/

webdiaeia2015d2_en.pdf.

[45] World Health Organization. WHO Director-General's Opening Remarks at the Media Briefing on COVID-19 [EB/OL]. (2020-3-11) [2023-11-15]. https://www.who.int/dg/speeches/detail/who-director-general-s-opening-remarks-at-the-media-briefing-on-covid-19---11-march-2020.

[46] DIAMOND N J. Pandemics, Emergency Measures, and ISDS [EB/OL]. (2020-4-13) [2023-11-15]. http://arbitrationblog.kluwerarbitration.com/2020/04/13/pandemics-emergency-measures-and-isds/.